沧海思话

为阳春博士新书付梓题 李乾元

聚商

新商业文明七大推手

李阳春 著

SPM 南方出版传媒 广东人民出版社

·广州·

图书在版编目（CIP）数据

聚商：新商业文明七大推手 / 李阳春著. —广州：广东人民出版社，2021.7

ISBN 978-7-218-15054-3

Ⅰ. ①聚…　Ⅱ. ①李…　Ⅲ. ①民营经济—经济发展—研究—中国　Ⅳ. ①F121.23

中国版本图书馆CIP数据核字（2021）第098682号

JUSHANG: XINSHANGYE WENMING QIDA TUISHOU

聚 商： 新 商 业 文 明 七 大 推 手

李阳春 著

出 版 人：肖风华

责任编辑：梁　茵　廖志芬
装帧设计：刘红刚
责任技编：周星奎

出版发行：广东人民出版社
地　　址：广州市海珠区新港西路 204 号 2 号楼（邮政编码：510300）
电　　话：（020）85716809（总编室）
传　　真：（020）85716872
网　　址：http://www.gdpph.com
印　　刷：恒美印务（广州）有限公司
开　　本：787mm×1092mm　1/16
印　　张：23　字　数：400 千
版　　次：2021 年 7 月第 1 版
印　　次：2021 年 7 月第 1 次印刷
定　　价：68.00 元

如发现印装质量问题，影响阅读，请与出版社（020-85716849）联系调换。

售书热线：（020）85716826

林毅夫

第十三届全国政协常委

经济委员会副主任

著名经济学家、北京大学新结构经济学研究院院长

广东作为中国改革开放的前沿阵地，历经40多年的变革发展，发生了翻天覆地的历史巨变，成为中华民族从站起来、富起来到强起来的生动缩影，而民营经济的发展在其中扮演着十分重要的角色。躬耕于广东这片民营经济成长的沃土，服务于民营企业十余载，李阳春先生的著述扎根于推动民营企业发展的深入实践，深刻洞见企业家所思所想、所困所惑，为研究当代中国新商业文明与企业家精神，充分发挥新时代民营经济的市场主体作用提供了有益借鉴和思路。

李稻葵

第十三届全国政协常委

经济委员会委员

著名经济学家、清华大学中国经济思想与实践研究院院长

　　大力鼓励、支持和引导民营经济发展，是中国改革开放的重要经验。实践证明，民营经济的健康发展，既要有国家层面的法律定位、制度保障和政策环境，有专家学者的理论研究和学术探索的指导和验证，但也需要勇立改革开放潮头的民营经济管理者的一线视觉，为深入研究中国特色社会主义市场经济理论提供有价值的样本。广东是我国改革开放的前沿阵地，民营经济发展的历史进程、现状和未来方向极具代表意义。李阳春先生朝花夕拾，韬光十余载的思考和著述，就是真实生动的注脚，难能可贵。在负重前行的上坡道，好的推手往往是真正的高手。

徐　涛

中国科学院院士

中国科学院大学副校长

　　十年磨一剑。李阳春先生以长期从事民营经济服务工作的亲身经历为基点，用世界眼光和哲学思维，深入审视改革开放以来我国民营企业、商会组织以及企业家在商海搏击中的奋进足迹与成败得失，将之提升为新商业文明潮头的七个境界，其对民营经济发展的深刻洞见历久弥新，引人入胜。品味这一篇篇具有高度、厚度和温度的"思"与"话"，既体现出作者对所追求事业境界的探索和修炼，也对处于百年未有之大变局下的民营企业家在危机中育先机、于变局中开新局具有启迪作用。

苏国辉

中国科学院院士、美国医学与生物工程学院院士
暨南大学粤港澳中枢神经再生研究院院长

　　王国维在《人间词话》说"古今之成大事业、大学问者，必经过三种之境界"，生动精妙地诠释了一个朴素的真理：有奋斗才会有成功。李阳春先生以"望尽天涯路"的孤苦、"消得人憔悴"的执着和"寻他千百度"的求索，悉心整理服务民营经济发展十余年的所见、所思、所感、所述，通时代之变，成一家之言，体现出报国为民的深厚情怀和跨越哲学、经济学、社会学多学科的知识积累。其对新商业文明的见解和当代中国民营企业健康发展道路的阐释，视角新颖、观点深刻，随着时间的推移和世情的变化，更加彰显出现实价值。

戴永久

中国科学院院士
中山大学大气科学学院教授

　　市场活则经济活，企业强则国家强。"欲致其高，必丰其基"，企业强，根基于企业家强，企业家是国家经济社会发展的顶梁柱。广东汇聚了一大批有梦想、有见识、有作为、有担当的企业家，他们艰苦创业，开拓创新，勇立潮头，用心血和汗水拼出了广东民营经济从"萌芽初现"到"星光闪耀"的广阔天地。李阳春先生在为民营经济服务和管理的舞台上深耕细作十余年，为民营经济的健康发展建言献策，走进企业家的精神世界，弘扬企业家精神和粤商文化，探寻民营企业的发展路径和成功密码。新经济和新商业文明的重要特征就是创新，我们需要把"定势思维"转化为"创新思维"，才能更好与未来接轨。书中内容汇聚作者多年实践与思考，洋溢着催人奋进的激情与对广东这片热土热爱的情怀。

目录
C O N T E N T S

第一章 **托起朝阳**
引领风骚立潮头

第二章 | **拥抱春天**
春江潮水连海平

第三章 | **把握大势**
大鹏一日乘风起

第四章　**延伸手臂**
同舟共济聚合力

第五章　**扶持新人**
芳林新叶催陈叶

第六章 | **推波助澜**
　　　　抱团向洋走世界

第七章 | **打造"航母"**
　　　　直挂云帆济沧海

沧海横流，
方显英雄本色

胡 军

（暨南大学原校长，
现任暨南大学"一带一
路"研究院院长，教授）

2020年是中国改革开放第42个年头，中国的面貌发生了"当惊世界殊"的巨变，我们这一代人很幸运地参与、经历、奉献和见证了伟大的历史性变革。伴随着经济全球化和中国社会主义市场经济发展的滚滚洪流，一大批市场主体、产业集群、企业家、商会组织迅速崛起，新商业文明应运而生。

什么是新商业文明？就是指这样一种商业文明形态，它以市场经济体制为基础，以国际化、法治化、便利化的营商环境为依托，一大批具有全球战略视野的创新型企业家，主动对接世界经济大市场，参与国际产业链、价值链分工，尊重市场主体地位，激发和弘扬企业家精神，平等缔结商业规则，共同创造商业价值，公正分享商业利益。经过改革开放42年的发展，中国经济总量跃居世界第二位，综合国力和国际影响力大幅度提升，人民生活水平实现了历史性跨越。推动这种跨越的最主要动力来自于民营经济的发育、成长和壮大。正是民营经济的发展从根本上改变了中国的经济社会面貌。正如习近平总书记在2020年5月23日看望参加政协会议的经济界委员并参加联组会时所说，"民营企业是在中国这片希望的田野上发展起来的。民营企业一开始确实是一片荒芜, 但从夹缝中成长起来了。这也恰恰是中国特色社会主义筚路蓝缕开出的一条路。"

新商业文明在中国, 在融入了儒家的"家国天下"等中华优秀传统文化精髓的同时, 也吸收了经济全球化带来的发达经济体特有的市场经济商业伦理和文明价值。中国民营企业家是最善于学习的聪明人。正是因为这一大批具有世界视野、本土雄心、中国气派、人文情怀的民营企业家, 在激烈竞争的市场环境里立于时代潮头, 才使得中国新商业文明焕发蓬勃生机。

党的十八大以来, 以习近平同志为核心的党中央把科技创新摆在国家发展全局的核心位置, 我国企业的科技水平和竞争能力在追赶中实现了从"跟跑"到同台竞技"并跑", 再到部分领域后来居上"领跑"的"三级跳"。但也毋庸讳言, 我国在众多领域的"硬核"科技方面, 与欧美国家仍然存在很大的差距, 一个重要原因是中国新商业文明发育还不成熟, 不足以引领企业家创新思维方式和行为方式, 难以产生真正卓越的世界级企业家。

沧海横流, 方显英雄本色。当今世界, 正处于"百年未有之大变局", 尽管和平与发展仍然是时代主题, 但大国博弈和竞争之激烈前所未有; 经济全球化的大趋势不可阻挡, 但逆全球化、反全球化浊流声浪之高前所未有。我国民营经济发展正经历转型阵痛期, 突如其来的新冠肺炎疫情, 加之美国对中国发起贸易战、科技战甚至金融战, 不惜用举国之力打压中国高科技企业, 我国民营企业生存和发展的高风险性、不确定性压力之大前所未有。面对空前艰难的时代大考, 需要民营企业家坚定信心, 稳住阵脚, 苦练内功, 立足于做好自己的事情, 在危机中育先机, 在变局中开新局。需要进一步弘扬新时代企业家精神, 厚植爱国情怀, 坚持诚信守法, 勇于创新创造, 承担社会责任, 拓展世界眼光。也需要各级党委、政府和全社会关心企业家成长, 培育孵化更多商会组织, 营造有利于企业健康发展的政治、政策、法治、社会、舆论环境, 推动更多优秀企业走向世界市场, 彰显我们中华商业文明伟大、精妙的魅力和光辉。

法国作家罗曼·罗兰在《米开朗基罗传》里有一句名言: 世界上只有一种真正的英雄主义, 那就是认识生活的真相之后, 依然热爱生活。阳春就是这样一位带有英雄主义性格的奔跑追梦者。他是我在暨南大学任校长和EMBA指导教师时期的学生, 从国有企业基层岗位一路登攀, 数十年不断求索, 积聚了较深厚的哲学、经济学、管理学等多学科理论功底和向上向善的生命品格。在他的职业生涯中，既有长期在国企工作的经历，也有省委和省政府部门及群团组织工作经验，具有跨地域、跨体制、跨行业的丰富人生历练。特别是他在广东省工商联任专职副主席长达十年，亲身见证了民营企业的快速发展和民营经济人士的群体性崛起，有机会结识和服务大量的企业、企业家和商会会长、秘书长，集交叉型理论素养与多岗位实践探索于一身，涵养了典型学者型官员的独特气质，虽在官场而毫无"官气"，跻身学海又不显"学究气"。他的思考和语言自成一派，既连"天线"，政治站位高；又接"地气"，极具亲和力。他的文章，能够用理论思维和文学想象，综合运用国际眼光、长远眼光、改革开放眼光和现实眼光，提炼出新商业文明潮头七大"推手"，即托起朝阳、拥抱春天、把握大势，延伸手臂、扶持新人、推波助澜、打造"航母"，以及与之相对应的七个境界，即引领风骚立潮头、春江潮水连海平、大鹏一日乘风起、同舟共济聚合力、芳林新叶催陈叶、抱团向洋走世界、直挂云帆济沧海。每个"推手"都是为了一个共同的宗旨——"聚商"：为立于新商业文明潮头的企业家服务，凝聚共识，凝聚人心，凝聚智慧，凝聚力量，每个境界都与大海有关，充分表现出"水大鱼大"之胸怀和积极向上、朝气蓬勃、奋发有为的进取姿态；每一篇滚烫的文字，都能体现出作者的理想追求和家国情怀，相信对广大企业家会有所启发。也希望阳春能够继续努力，把该方向的研究不断深入下去，有更多更好的大作问世！

是以为序。

二

烙在心底的情愫

王理宗

（广东省政协常委、
广东高科技产业商会会长）

我和阳春的相识，是他在广东省工商联任副主席的时候，转眼已近20年。

记得那是一个初春的早上，省工商联组织了一个关于民营企业融资难的座谈会，他主持这次会议，我有幸被邀请参会并做发言。由于人较多，要求每人只讲5分钟，当我发言的时候，我发现他一直看着我，时而微笑、时而点头，我感觉他对我的观点很认同。

散会后，我主动过去和他交换了名片，从此就结下了我们之间的不解之缘和深厚情谊。当时我是商会秘书长，主要服务于民营企业，而且喜欢做一些理论研究，对民营经济、民营企业和民营企业家等话题有浓厚的兴趣，所以，经常和他交流观点，特别是他后来读了哲学博士，我也是哲学爱好者，在价值取向和思维方式上我们非常有默契，观点极度契合，总是能产生强烈的共鸣。

随着时间推移，我们的交流越来越多，涉及的话题也越来越广，我渐渐发现，我们已成为知己，谁也离不开谁，我也渐渐发现他身上更多的闪光点。

他的思想、观点像一壶酱香型老酒，越品越甘醇，越品越有味；他的性格像盛开的玫瑰，永远热情豪迈，总是绽放着简单直接的芬芳；他的表达逻辑像悬念迭起的故事，层次分明、引人入胜；他的为人，像一本让人爱不释手的书，越看越想看，让人感动、给你喜悦、让你深思。和他相处，从来不用设防，从来无需伪装。

我最喜欢的是听他演讲，抑扬顿挫、表达流畅、声如洪钟、激情飞扬、饱含深情，有时像清澈的小溪娓娓流淌，有时像高山的瀑布飞流直下，他的演讲让别人陶醉，也让他自己如醉如痴，不能自已。此时，他更像一个热爱歌唱的"麦霸"，倾注了全部的生命激情，希望把他所有最美好的东西都奉献给大家。更让我肃然起敬的是，他的观点可用"广深高速"四字来概括，知识面的广度、内涵的深度、思想的高度和语言的速度，作为在讲台上身经百战的老将，我自愧不如。正是因为我们共同的兴趣和事业，我们的交情历久弥新。

我一直希望阳春能把他的演讲整理成册，并多次敦促他将之出版，是对自己的总结，也可和朋友们分享。但是他觉得自己是在位的官员，是否太高调了，我说他是在传播正能量的思想，是为民营企业和商会发展加油打气，是人人都会点赞的好事，不必过多担心。

本书是阳春的又一力作，多年来的勤于思考、笔耕不辍结出硕果，虽然后来他离开了工商联到港澳办、统战部工作，但他心里却一直保持对民营企业和商协会的深深爱恋，坚持不懈地在研究、促进、推动它的发展。他始终把自己的成长与命运和民营经济及民营企业的发展紧紧联系在一起，无论何时何地，只要谈到民营经济，他就眉飞色舞、滔滔不绝。他已把这种情愫融在血液里，播撒在心田中。虽然书中有些文章已经久远，但其精神、内涵却与日俱新。他经常和我谈及新商业文明的七个境界，这些理论总在我脑际翻滚。可喜的是，现在这七个境界又进一步演绎出七大推手，提炼为《聚商：新商业文明七大推手》出版问世，并与广大读者朋友见面了。

本书是阳春事业、思想轨迹和文采飞扬的一次精彩回放，从中可以窥见广东民营企业沧海桑田的变迁，识见中国民营经济沧海一粟的成长，有成功者的荣耀，失败者的经验，也有见证者的记录，推动者的思考，内容包罗万象，这里可以看到许多民营企业家的影子和民营企业负重前行的足迹。阳春是个有心人，他把时代的命运和自己紧紧相连。

阳春个人的成长与他眼中民营企业的发展一脉相承，有两点贯穿始终：一是大视野，二是韧性。如果把中国和广东的民营企业放到历史的大视野、大镜像和大框架下，就能看到中国民营企业和民营经济在中国改革开放蓝图中浓墨重彩的挥毫泼墨，这也为阳春作为学者、官员双重身份、双重知识体系和资源边界带给他看问题的融合优势，也成就了他对民营经济从诞生到发展、创新和辉煌的历史纵深构建。

韧性关乎性格，世间的道理，大多已被说尽，然而往往知易行难，做事和做人皆尽然。

这本演讲集还能告诉我们什么呢？阳春用《有脚阳春》做跋，自谦这本集子仅作为他人生轨迹的铭记，我想读者从中会获得更多对我们所处时代的关照，对环境的洞察和对演讲的认知。他的一篇篇演讲，并非奇技淫巧，是他走过的路、读过的书、做过的事、见过的人、经历过的风雨和奔跑过的春秋掠影；是对民营企业、民营经济，对这片火热的土地深深的爱恋；是烙在心底深处用时光沉淀的浓浓的情愫，更是超越事物本身的哲学式探索。他是一个理想主义者，是用理想和激情留住青春的人，也是不被世俗裹挟前行的人。这也是我喜欢阳春，喜欢这部心血之作的原因。

立于新商业文明潮头：
姿态与境界

本书最初起名为《沧海思话：新商业文明潮头的七种姿态与境界》。

沧海者，沧茫之大海也。一片汪洋，四望无边，碧波浩淼，亘古不变。遥想当年，魏武挥鞭，东临碣石，以观沧海，但见：水何澹澹，山岛竦峙；树木丛生，百草丰茂；秋风萧瑟，洪波涌起；日月之行，若出其中；星汉灿烂，若出其里。此情此景，曹公由衷感叹：幸甚至哉，歌以咏志。吾不敢自比曹公，也非发思古之悠情。然面对大海，常有赶海踏浪之心，虽自觉沧海一粟，亦随浪来涛往，闻道而笃行之。有道是：读书万壑归沧海，下笔微云起泰山，何其高远、博大，表现出思想者、言说者之大境界。本书最初定名为《沧海思话：新商业文明潮头的七种姿态与境界》，沧海思话，正是以归于沧海起自泰山的情怀，汇十年思想之精华，集百场演讲之记忆而成！

20世纪80年代初，未满二十岁的我投身铁路，从站段奠事业之基，开人生之步。恰青春年少，风华正茂，逢时代变革，大潮初起，机遇大门初开，幸运之神伸手，得以从湘入粤，成为新广东人。广铁二十余载，初生牛犊，勤学精进，屡获提升，踌躇满志，豪气干云，砥砺发愤。

斗转星移，千禧轮替。广东引领风潮，首推厅官公选，广揽从政人才，堪称世纪盛举。我本属央企，跨界应试，竟然摘桂，金榜题名。2003年冬，摇身"转会"，任职省工商联副主席，时年三十有九，居年轻厅官之列。人生场景转换，前路光明开阔。心潮澎湃，骏马飞驰，神姿英发，激情燃烧。真有时不我待，舍我其谁之意气，故不敢丝毫懈怠，付出不逊于任何人之努力。

"十年磨一剑，霜刃未曾试。今日把试君，谁为不平事？"自己虽无贾岛之诗才，却秉豪侠之雄风。本书所录之篇章，为韬光十载，良工锻炼之剑也。非寒光闪闪、锋芒毕露之战剑，却因人生快意，年轻气盛，文思泉涌，发而难收，身影跻身于讲坛，文字挥洒于报章！然各种演讲，多临场发挥，随性道来，往往未曾留下只字片语。不想有心者，录音整理，部分得以保存。不少文章，报刊发表，较易收集。未曾料想，已有百三十篇，五百页之多！后几经删减，忍痛割爱，留下六十余篇。虽时过境迁，有些已成旧话，然亦可为当时心境、思想、话语、精神之真实写照。

"沧海一声笑，滔滔两岸潮。"新世纪开初十几年，正值中国民营经济开疆拓土、民企英雄筚路蓝缕、工商社团春笋勃生之际，闪耀着产业兴邦、工商盛昌、商帮崛起、大商辈出的新商业文明之光。工商联事业东方风来，满园春色，承先启后，变革鼎新，继往开来，万象缤纷。我今生有幸，人逢盛世，正当盛年，见证盛事。承蒙组织栽培，担当历史重任，决心感恩图报，夙夕在公，不辱使命！本书所记，正是十年之所思、所梦、所为、所得、所憾也。善言显真情，方寸天地美，此中有痴心，谁解其中味？

书分七章，以展现一个民营经济的守护者和服务者，立于新商业文明潮头的七种姿态。第一章，托起朝阳。此为尊重民营企业家、弘扬企业家精神之姿态。民营企业家创造阳光财富，实现健康成长，重塑社会形象，弘扬工商文明，遵循商业道德，受到世人尊重，犹如红日喷薄出于东海之上。第二章，拥抱春天。此为迎接工商联事业春天到来之姿态。进入新世纪，工商联得到党和政府重视支持，新的定位，新的职能，如春光拂面，春风化雨，呈春意盎然之景象。第三章，把握大势。此为站立于民营经济发展时代新风口审时度势之姿态。中国民营经济处于黄金机会，转型升级正当其时，促进健康发展，我辈责无旁贷。第四章，延伸手臂。此为论道现代商会变革，力促发挥商会功能之姿态。盖因市场为无形之手，政府为有形之手，故谓社会组织为美丽之手。现代商会，快速生长，有政治热情，经济实力，社会影响，其手臂日益伸展，成为发展经济、繁荣市场、行业自律、扶贫济困、交流合作的重要力量。参与商会者，皆为出钱出力，奉献社会之企业家，他们成就事业、报效桑梓、敬天爱人，心美丽，自非凡。彰显了我为人人，人人不必为我的利他精神。我多年致力发展商会上百家，提出商会经济理念模式、方法途径，献谋划策，频频发声，汇聚合力。正所谓：同舟而济，遇风，其相救也如左右手。第五章，扶持新人。此为以长远眼光培育造就新生代民营企业家之姿态。随着改革开放以来民营企业家进入代际传承阶段，需要为新生代创业发展，添薪加火，搭建平台，使之生生不息，打造百年基业。第六章，推波助澜。此为民企拼搏击海洋、蓝色崛起推波助澜之姿态。意为推动民营企业走出广东，投资国际，助力广货北上，东进西行，为参与全球竞争创造条件。第七章，打造"航母"。此为助力中国当代民营企业称雄全球之姿态。借鉴韩国三星公司的国际化发展经验，期望中国民营企业做强做大，打造出一批有世界品牌、华商气派、本土雄心的跨国公司，催生和发展出一批世界级商业航母。

此七章者，用手及其动作贯而穿之，时而托起，时而拥抱，时而把握，时而延伸，时而扶持，时而助推，直至打造，都离不开有力的手那各种挥洒变化的姿态。盖因手是除了语言器官之外最多展现人自身想法的器官，如果说人的"内在"是灵魂，那么手也像被赋予了灵魂一样，而且手能依据人的意志直接创造一些东西，制造和携带劳动工具，摘取劳动果实。因此，人无时不在塑造着自己的手，也无时不在通过手塑造周围的事物，改变自然，改变世界，也改变人类自身。正因为美妙之手产生的灵感，体悟到在"船到中流浪更急，人到半坡路更陡"的征途上，有力的推手才是真正的高手，我将本书用"推手"作为金线串链起来，提炼出"新商业文明七大推手"，形成了全新的话语体系。

在聚焦多年来服务民营企业这七种姿态并提升为新商业文明七大推手的基础上，我又作深度阐发，把时间的情境拉回到当下，以过去、现在和未来三个维度，进行历史和哲学层面的延伸思考，总结提炼出在新商业文明大潮之中，当代中国民营企业家需要具有的七个境界：第一个境界：引领风骚立潮头。彰显民营企业家在改革开放和市场经济大潮中奔跑追梦、奋勇搏击的精神风貌。第二个境界：春江潮水连海平。反映进入新世纪，工商联事业受到党和政府的重视，迎来了春天的景象。第三个境界：大鹏一日乘风起。昭示在经济全球化和科技革命加速变化的大趋势下，民营经济要抓住机遇，乘势而上，顺势而为，实现新崛起。第四个境界：同舟共济聚合力。表现现代商会组织不可替代的凝聚力、组织力、服务力、文化力。第五个境界：芳林新叶催陈叶。关注新一代民营企业家的成长和未来发展，以及新的历史担当和时代要求。第六个境界：抱团向洋走世界。体现大国商帮抱团出海谋求商机，东西方商业文明在互鉴中交融，中国民营企业与全球企业在合作中共赢的发展大势。第七个境界：直挂云帆济沧海。展现中国民营企业界勇于直面国际国内市场环境的严峻挑战，砥砺奋进，破浪前行，创造称雄世界的商业奇迹的不懈追求和坚强意志。

伦敦威斯敏斯特教堂地下室无名氏墓碑，有一碑文，大意如是：当我年轻时，雄心万丈，自视甚高，怀揣改变世界之梦想；成熟以后，世界依然无力改变，便将目光缩短，一尽想改变国家；进入暮年，发现欲改变国家，非一己之力所能为，最后愿望，仅为改变我之家庭，但亦不可能。行将就木时，幡然醒悟：如果最初愿望是改变自己，然后作为一个榜样，则可能改变我的家庭；受家人鼓励，可能为报效国家，尽绵薄之力。然后谁知道呢？我甚至可能改变世界。此段碑文，与中国先知修齐治平的理想异曲同工。中外英雄，所见略同。以此铭志，终身践行。

古有《沧浪之水歌》言：沧浪之水清兮，可以濯我缨。沧浪之水浊兮，可以濯我足。《汉书新注》解之为：君子处世，遇治则仕，遇乱则隐。此即达则兼济天下，穷则独善其身也。吾逢治世，非达非穷，介于两者之间，识天宜听风，临流须观澜。潮平岸阔雄心在，惯看秋月春光来。长风破浪会有时，直挂云帆济沧海！

2020年12月30日，我受邀参加广东省家居建材商会年会，这次盛会在广州市白云国际会议中心东方厅举行，到会的行业嘉宾上千人，大家聚首言欢，论道商机，畅想未来，共谋发展，气氛十分热烈。年会结束之前，商会会长们一再要求我作一个提振信心的即席演讲。盛情难却，我抬头看到大会的会标赫然显示"聚商、重构未来"几个大字，就借题发挥，把我思考的"新商业文明七大推手"的理念进行了一番演绎，博得大家一致认同，使这次年会的"尾声"变成了"高潮"。那天晚上异常兴奋，深夜突然来了灵感，何不把《沧海思话：新商业文明潮头的七种姿态与境界》更改为《聚商：新商业文明七大推手》？正应了那句话：一切遇见都是最好的安排啊！

是为前言。

第一章

托起朝阳：引领风骚立潮头

2020年7月21日，习近平总书记在企业家座谈会上对弘扬新时代企业家精神提出了五点希望，即：增强爱国情怀，勇于创新，诚信守法，承担社会责任，拓展国际视野。这是新时代企业家精神的基本内涵和本质要求。爱国情怀是"根基"，勇于创新是"灵魂"，诚信守法是"标线"，敢于担当是"底色"，国际视野是"内核"。企业家既是财富的创造者，也是国家和全社会的宝贵财富。中国要强盛，就必须像托起朝阳一样大力弘扬企业家精神，让创富英雄在全球闪耀中华商业文明之光。

新粤商宣言①

南国春风，又绿珠江两岸；云山含情，木棉花开正旺。海内外千名粤商，聚首羊城，同商新发展大计，共谱新世纪华章。

回望南粤大地，顾首千年粤商。汲巍巍南岭血脉之精华，集泱泱南海蛟龙之灵光。发端于秦汉，兴起于盛唐，宋元明清延绵不绝，粤商文化源远流长。海上丝绸之路、十三行、珠矶巷，商脉连绵，天下流芳。广府、潮汕、客家商人，一体同根，叶茂枝繁。承千秋商道，粤商人通商五大洲；创百载辉煌，粤商魂传播四大洋。

30年改革开放，崛起一代新粤商。得东方风来之天时，占毗邻港澳之地利，新粤商敢为人先，拓土开疆。广聚海内外人脉，新粤商菁英云集，群星璀璨；海纳"异地商帮"文化，新粤商除旧布新，蓬勃向上。引领经济大潮，开拓全球市场，筑起"世界工厂"。八方来仪，四海归心，舐犊恩重，赤子情长。粤港澳商界同心相系，铸就大珠三角经济畅旺。海内外粤商携手合力，打造大中华最强势商界联盟。新时代，新粤商，新起点，新理想。杀开一条血路，继续解放思想，适应市场变革，实现科学发展。重资源环境之优，走自主创新之路，担回报社会之责，扬合作共赢之帆。打造长青基业，铸就世界品牌，树立新形象，再创新辉煌。

谨此，参加首届新粤商大会的全体代表向世人郑重宣告：

---

① 2008年5月27日至29日，首届新粤商大会在广州举行，来自海内外1800余名粤商代表参加了此次大会。本文是笔者为大会起草的宣言。

"敢为人先"，新粤商在解放思想的历程中定当锐意进取，再开先河。

"务实创新"，新粤商在科学发展的道路上定当与时俱进，再立潮头。

"开放兼容"，新粤商在全球合作的格局中定当寻求共赢，再展雄风。

"利通五洲"，新粤商在市场经济的大潮中定当坚守诚信，再创伟业。

"达济天下"，新粤商在创造财富的基础上定当回报社会，再扬美名。

新粤商属于全世界，全世界瞩目新粤商。推动广东新一轮大发展，实现祖国繁荣富强，是全体新粤商同一个梦想。

粤商是"生猛海鲜"的商帮[①]

一、商帮是怎样形成的

陈扬[②]：一谈到粤商，我们好像知道很多，因为我们生活在广东，这个中国最成熟的商业环境当中，周围有很多经商者。但是如果真想梳理一下，好像又有点模糊。今天我们请来两位权威人士，从一个最简单的问题开始探讨，什么是粤商？我们讲粤商，就会涉及徽商、晋商，等等。中国到底有几个商帮？

陈忠烈[③]：我先讲一下什么是商帮。所谓商帮，用今天的话说，是商人聚会的集团。很多人以为自从有了商业就有商帮，其实不然，它有一个产生、兴起和演进的过程。特别到了现代，这个演变就更加强烈一点。

比如说，广州是海上丝绸之路的始发港。自西汉开始，广州就成为南部中国珠玑、犀角、果品、布匹的集散之地，到了宋代，广州已成为"万国衣冠，络绎不绝"的著名对外贸易港。但当时的所谓商品是香料、高级丝绸、瓷器、珠玉、象

---

　　①　本文是羊城晚报社2011年1月组织的第17场岭南与亚洲对话，全文刊载于《羊城晚报》，题目为《"生猛海鲜"的粤商精神》。

　　②　陈扬，著名媒体人。

　　③　陈忠烈，广东省政协常委、广东省政协文化和文史资料委员会副主任、广东省社会科学院历史研究所研究员。他对广东省哲学社会科学事业、文化遗产抢救和保护、图书档案工作、古村落保护和开发调研、文化产业发展和农村基层文化建设等问题的提案，被省政府有关部门采纳。其撰写的《广东历史人文资源调研报告》荣获广东省社科院颁发的该项目的优秀科研成果一等奖。

牙、犀角等奢侈品，而中原腹地商业主要是国家统制物资盐、铁等。从严格意义上，上述奢侈品还不是标准的"商品"，海外贸易业的性质也不同于标准意义上的"商业"。商人虽已有地缘分化，但并未形成"商帮"。

陈扬： 那么后来是什么促进了商帮的形成呢？

陈忠烈： 从唐汉时候，商人的地域分化逐渐明显。作为一个"帮"，真正形成是在明中叶之后，大概在十五六世纪这段时间。明朝的嘉靖、隆庆、万历这三个朝代，中国发生了很重要的变化，在历史上是一个大的转机，就是全国农产品和手工业商业化。此外，城市经济发展，商业资本聚集，商人集团也就迅速形成。对于中国而言，珠江三角洲继长江三角洲之后也进行了开发，成为国内新的经济核心区域。

人们常提到的商帮有五个：粤商、徽商、晋商、浙商、苏商。我觉得，所谓粤商，也就是广东商人独具特色的共同标签，是我国从古至今都是实力相当强的商帮。

二、从广商到新粤商

陈扬： 无论怎么划分，我们都发现，除了晋商之外，其他大商帮都位于沿海地区，即商品经济比较发达的地区。那么，在改革开放之前，历史上粤商的概念是怎样的？

陈忠烈： 其实，粤商依托的是一个大的地域概念，但里面还有分支：比较大的一个是潮汕帮，主要在韩江流域，也就是潮州府；一个是广州帮，广州府在明清两代包括14个县，基本涵盖现在所说的大珠三角这个范畴；一个是客家帮，在梅州和河源那一带。其实还不止这些，还有琼商（海南），以及海南和广府之间的地带，即广东南路，高雷地区的高雷帮等。但如果说粤商，还是主要指珠三角这一带的商人，即特指广商。

陈扬： 从现代社会的层面，一般讲的粤商又主要是什么？

李阳春： 刚才陈老师讲的，珠三角这一带的商人从历史上就被主要称为"粤商"，而现在我们讲得更多的，是改革开放以来形成的新粤商。这一段时期，广东出现了很多新的商人，很多从外省、港澳、甚至是国外来这里做生意的人，时间长了以后成了常住人口了，当然也要给他们一个归属类，他们可以被归为"新粤商"，但不是纯粹的本土粤商。比如说从湖南来广东创业的商人，既是湘商，同时又是新粤商。广东很多浙商、闽商，他们也是双重身份。

另外一方面，我们还有一大批广东本土的企业家，到全国各地、甚至到海外去做生意，他们是另一种类型新粤商。总的来说，"新粤商"就是由在本土发展的、本土到外面发展的、外地来广东发展的这三种路径形成的一个新的商人群体。恰好在这个概念上，可以把广府商人、客家商人、潮汕商人融合在一起。

三、新商帮的繁荣

陈扬：看来无论是"粤商"还是"新粤商"，都是一个多元复合的概念。

李阳春：目前，在广东就有不少新的地域性商帮出现。比如，"顺商"就很明显，即顺德商人。他们以生产家电闻名于世，出现了很多知名的企业和企业家。深圳是个移民城市，建特区以来工商业发展突飞猛进，外地移民来的商人起了决定性作用，其中最明显的就是高新科技产业的发展，也出现了很多创新科技企业，比如华为、中兴等企业。一个实力强劲的特区商帮——"深商"迅速崛起。东莞以两头在外的加工贸易产业而勃兴，"莞商"中有本地的，但更多是外来的商人在莞打工，学了技术之后自己开厂创业当老板，成了"新莞人"，自然也就属于"莞商"了。我觉得，这几个地方的新粤商都非常具有代表性。

陈扬：新粤商的概念让我们看到了时代的发展。但是，问得刁钻一点，为什么改革开放以来，人们的印象中除了广州周边地区的顺商、深商、莞商之外，反而就很少提起广州的"广府商人"了呢？

李阳春："广府商人"作为一个大的群体，确实是存在的，也有很大的发展。但为什么给人造成这种不知名的感觉呢？一方面，因为广州国企的力量比周边地区更加雄厚，国企生长的土壤在这儿是非常丰沃的。大的产业包括中外合资的汽车产业、装备制造业、大型国有商业等都在广州，占用了很大空间，使草根经济生长的空间受到了限制。另一方面，有很多在广州读书成长的工程师、管理人才去到周边的南海、顺德等地了。没有广州的文化积淀、人才的聚散，就不可能有周边民营经济的繁荣。

陈扬：哦，看来对于民营经济来讲，广州还有非常大的发展空间。而且从广州所处的我国南方中心城市地位来看，需要重振"广府商人"的雄风啊！

李阳春：广州国企的比重、中外合资大产业所占的比重，要远远高过其他地方，虽然民营经济也同步得到了发展，但相对于深圳、佛山、东莞等地方，就相形见绌了。比如顺德地区的民营经济比重都超过90%了，而广州最多就是40%～50%。

陈忠烈：其实地域分化，在明清时候就很明显。比如潮州那样，就是人多地少，以海为田，所以向外发展，"有潮水的地方就有潮商"。广府是珠三角最核心的地方，最肥的田、最大的工商业市镇都在这里，提供了很多农产品加工，大的工商业市场，广州、佛山、江门、石龙包括澳门和近代开发的香港，都是依靠广府的繁荣。

陈扬：现代社会流动性增加，给新粤商带来新的机会。刚才说的"潮商"，确实是粤商当中很有实力和代表性的重要分支。

李阳春：潮商在中国商帮历史上，有独特地位。长久以来，潮商下南洋、闯世界，在海外有一千多万潮汕商人，占整个粤商在海外人数的2/3。另外在改革开放以后，特别是20世纪90年代以后，在全国各地经商的潮商越来越多。全国有24个省市自治区有广东商会，据我不完全统计，其中超过一半的商会会长是潮汕人。全国有80个地级市有专门的潮汕商会，每年的年会都是当地的盛事。可以说，潮商已经形成了一个既有国际影响、又在全国各地遍地开花的大商帮。

潮汕商人一个突出特点是非常团结。我上次参加杭州潮汕商会成立大会，当地市区领导在会上非常积极地招商引资，推介杭州的投资项目，可见潮商在浙江的实力、影响力之强大。义乌的小商品城本来应该是浙商云集吧？其实，直接在那里店铺经商的十万商人中有1/3是潮商！还有在当地13个小商品加工市场做生意的，加起来（包括家属）足有十五六万人。所以从某种意义上说，没有潮商，义乌的小商品市场就不会发展到今天的规模。

四、粤商的性格与特质

陈扬：既然粤商历史悠久，独具特色，改革开放以来又得到了新的发展，那么请教两位，粤商的性格、特质怎样呢？

陈忠烈：现在对粤商成功秘诀的评论很多，一般都说是敢为人先、开放兼容、利达五洲、对商业信息反应快等。但此类评论缺少了很重要的一点，就是"诚信"。

举个例子，安徽休宁人叶权（1522—1578年）曾在广东做官，他在"游岭南记"中写道："广城人家大小具有生意，人柔和，物价平……广城人得一二分息成市矣。"他还发现，在广州，商品买回去5到7天后，如果发现有问题还可以更换，但是在苏杭一带就转身不认了，所以他觉得广东人经商的诚信程度超过江浙。

陈扬：这真是珍贵的史料。

陈忠烈：这样的记载还不少呢。到了清朝，很多外国商人来广州做生意，美国旗昌洋行的商人亨特写了一本《广州番鬼录》，描述了当时洋行与十三行做生意的情形，比如做茶丝贸易，比方只是口头约定以到货时间的价格来定价，双方各自记账，没有签订书面协议，没有双方签字，也无须盖印，从未发生过故意破坏合约的事件。至于货物的数量和质量问题，行商方面是很忠实很认真地履行合约的。买卖双方既无收据，也无支票簿，大笔款项的支付由买办经手，只在一张小小的纸片上签署该行号的大写字母。这是中国商人与外国人做生意诚实守信的真实记录。

这本书还记载了一件与"义盛行"有关的例子来说明粤商的诚实和公正：1822年十三行大火，大量私人财物和货物被烧毁，铂金斯商行的约翰·顾盛当时有5000匹绉纱存放在义盛行，准备染色，价值五万元。当时广州还没有保险业。但火灾后次日，义盛走进顾盛的办公室，报说火灾时顾盛的绉纱只损失了84匹，而为抢救顾盛的绉纱，放任自己的财产全部没入火海。

李阳春：我很认同陈老师的看法。不过，除了诚信之外，粤商的性格中还有一些特质，我想到用"生猛海鲜"四个字来概括。

生——就是就生存法则、生长路径而言，粤商是非常坚韧的、草根生长者较多。他们生存生长的第一法则是低调务实，否则就不可能维持这么旺盛的发展，而且保持持久的生机和活力。我所接触的粤商都有非常强烈的抱负和梦想，不断地从小做到大，比如张茵，用三万元起家在东莞创办玖龙纸业，打造出了中国最大的包装纸生产企业，成为中国大陆首位女首富。

猛——很多"猛龙"出自广东，像何享健、马化腾、李东生等；不少外来的"猛龙"在广东风生水起，如贵州人任正非、安徽人王传福等；越来越多广东的"猛龙"又往外地发展。所以，广东盛产知名企业家，我称作"猛龙"，还有就是出产"猛料"，"广货神州行"绝非虚言，"广东制造"的知名度和美誉度越来越高，广东品牌打开了全球市场，发展势头迅猛。

海——就是带有海洋的特色，即有国际视野，同时把涓涓细流汇成汪洋大海。与内地商帮甚至是其他与海洋有关的浙商、闽商相比，粤商更具有外向性和开放性，因为毗邻港澳、连通世界，对海外市场信息的敏感度更高，把握商机的能力更强。

鲜——就是不断有新鲜的创意，这种创新的意念和动力特别强烈。例如，顺德何享健创办美的品牌，最先是做塑料瓶盖的，后来生产电风扇，又开发冰箱、空调、电饭煲等系列家电产品，行销世界，成为现在销售额超过一千亿的公司。王传福在深圳创办比亚迪公司，从模仿日本工艺生产汽车电池起步，然后不断地创新，自主研发了垂直式生产流程，把零部件的成本大幅度下降，受到省政府奖励。他下一步计划生产新能源汽车。格兰仕最初是做鸡毛掸子的，现在做起了微波炉。

五、粤商的社会责任与慈善情怀

陈扬：粤商除了会做生意、会赚钱之外，在承担社会责任方面都有哪些作为？

李阳春：我认为，企业家最大的社会责任是把自己的企业做好。粤商是中国商帮中是最具有社会责任的群体。只有做好企业，才有能力解决就业。试问，哪一个商帮能为两三千万劳动力提供就业岗位？就是这三十年来粤商担当的最大社会责任。其中中小企业解决了占80%以上的新增就业。

而且，在历次大的自然灾害面前，粤商也最慷慨。我就举两个例子，一个是汶川地震，通过广东捐往灾区的有50亿元，占全国十分之一，当然这跟整个经济实力也是相匹配的。其中，广东省工商联发动的民营企业就捐了七亿多元。2010年6月30号的"扶贫济困日"，全省共捐助30亿元，民营企业就捐助了17亿元。

陈扬：传统历史上，关于粤商在社会责任、公益慈善方面的承担，陈老师有什么例子？

陈忠烈：其实在中国儒家文化里，是鄙视商业的，士、农、工、商，商业排在末位。但儒家思想中博爱、慈善等文化素养在商人身上却很起作用，使得他们积极参与有关地方的教育、医疗、赈灾、慈善、地方建设、水利等事业。

比如说1908年广东遭遇了大水灾大风灾，地方社会临时成立救灾总公所为中心，粤港澳合办，外埠商人会馆、各地同乡官员、海外华侨纷纷汇款救济，形成了一个以粤省为中心辐射海内外的多层赈灾救济圈。而1915年珠江流域发生特大洪水，与珠江相邻的韩江、闽江、赣江和湘江、沅江等流域也同时发生大洪水或特大洪水，三角洲所有堤圩几乎全部溃决，受灾人口379万人，死伤十余万人，水淹广州市七天之久。救灾一方面靠民国政府，另一方面最重要的还是靠广东商人。商人不仅自己捐钱，还发动全球各个商会捐钱救灾。

另外，在慈善方面，我觉得粤商有一个很成功的例子——东华三院，它于1870年由广东商人在香港创立，本来是一个庙宇，商人在那里聚会，处理商业纠纷，慢慢变成了一个医院，然后发展成三间，即东华三院。到现在还在运营，是香港最大的民间慈善组织，很多资金都是靠商人捐款的。在全中国，能够这么长寿、维持这么久慈善运作的，这是我所知道的唯一案例。

六、商会组织的发展与政府职能转移

陈扬：商会作为商人组织，是一个非营利性的实体组织，算不算非政府组织（NGO）？商业行会的情形从古至今是怎么样的？

陈忠烈：商帮是一个集团，一定要有一个组织。商会组织有两种形式：一个是行业性的，即是业内组织，主要是行业商会，比如说，冶铁、纺织、纸品加工等各行各业都有自己的商会；另一种是地缘性的，即是会馆，这在广东特别多，尤其是大量集中在工商业发达地区，比如佛山就有大量外省的会馆。行业内部有自己的行规，一个是禁止内部恶性竞争，一个是禁止做损害行业信誉的事情，另一个就是组织起来反哺社会，回报社会。

李阳春：我们工商联有一项职能就是服务商会建设、推动商会健康发展。在中国，商会从唐朝就有了，叫做"肆"。到了民国，有的叫行业商会，有的叫同业公会。经过20世纪50年代的社会主义改造，60年代"文革"以后，商会销声匿迹了，改革开放以后又重新兴起，成为企业、政府之外的第三方力量。

商会是具有民间力量的商人组织，具有自愿性、自律性、非政府性、共同的利益性。通过商会这个平台，可组织商人发展集群性的商会经济。目前，商会数量越来越多，在广东省省一级的商会就有一千多家，一方面由于行业细分的特点，比如汽车配件是一个大行业，又细分轮胎、车灯等多个小行业的商会；另一方面也有综合性的商会，比如民营企业商会，高科技产业商会等。还有一个特征就是高度的融合与分化同时存在：比如福建在广东成立了40多个市县级商会，在此基础上，2010年12月又成立广东省福建商会，这就是融合；分化的趋势就是按照行业、地域不断细分，导致数量越来越多，规模越来越大，商会组织比雨后春笋还要快。

对于商会的勃兴，我觉得这是一个社会的进步，可以帮助政府做想做而做不了的事，甚至可以承接政府的一些职能转移。比如可以帮政府进行统计、打假，用行规来约束从业者、实施行业自律。聪明的政府，就应该把相应职能转移到有能力的商会中去。

七、粤商具有把握先机的基因

陈扬：自古以来，粤商对社会环境的适应性、对商业机会的敏感性都很明显，现在回顾一下，在历史的变化转型当中，粤商对于社会转型的反应怎么样？

陈忠烈：经商一定要把握先机。广东经济的转型经历了几个大的阶段，明中叶那一次，除了得益于全国商品经济发展外，还有一个大的机缘就是珠三角的开发。宋元以来很多移民来到珠三角，起初开发过程比较慢，但到了明代有了明显加快。广东人趁着全国商业发展那股风，不仅解决农民土地增值的问题，不仅是开荒，而且出现了农业、手工业商业化，走向市场。还有同海外联系，沿海海洋经济化的影响也相当大。顺德有人统计过广东当时的商业情况，发现一个很有意思的比例：南海有60%人在经商，顺德有40%，清远有10%，这还只是经营商业的，不包括经营手工业的。到了1757年（乾隆二十二年），清朝闭关，留下广州一口通商，广东商人又把握先机，珠三角飞速发展，商人和商业资本投入沙田开发和桑基鱼塘系统的普及，加速了农产品的商品化。到咸丰年间，顺德那边基本上已经没有农业了，农田都变成鱼塘，产品全部商业化。

到了民国，广东商业又迎来一个重要转机。原本封建国家统治下的商业，终于进入现代商业化过程，商业开始专门化，广东人马上依时而变，有几个事例值得一讲：

在商业现代化过程中，所有商业竞争都要用公司经营集团化的模式化进行，在中国，最早实行公司模式的就是粤商。19世纪上半叶，上海南京路4幢西式建筑分别是：先施、永安、新新、大新四大百货公司，这些都是中山籍商人最先从国外引进的商业公司化经营模式（除了新新外，都从香港向内地发展）。马应彪创立的先施公司，首创不二价、开发票、员工休假、用女工、时装秀等做法，其也被尊称为"中国百货公司之父"。他随后创立永安，又实行产、供、销、服务一体化，运用回扣、让利等促销手段，并利用报纸、电台、娱乐进行商业攻势。这些现代化经营理念都是由广东商人先创新出来的，为中国人树立了公司现代化经营榜样，而且反过来促进了政府各种商业立法的跟进。

八、粤商应在产业转型升级中主动作为

陈扬：这真是岭南文化新发现，一段很重要的历史。现在我们又到了新的历史转折点，广东面临的是产业升级、双转型，新粤商的反应又是怎么样呢？

李阳春：新粤商特别能抓住机遇，顺势而为。广东省提出双转移战略，粤商最积极参与。一种方式是主动求变，转移到外地发展，比如陶瓷行业很多企业都是产业链转移，将整个生产环节转移走，但总部还在佛山。另外一种方式是就地升级，广东有500个专业镇，其中一业一镇的有130多个，它们创造了很重要的转型经验——就地产业升级。比较典型的就是狮岭，狮岭云集了7200家皮具企业，有17300多家小型企业，在政府引导下，由原来工厂到商业街现在做工业园，就地升级，搭建了一个升级平台。所以这几年它们的产值不仅没有下降，还逆势增长了30.12%，到2010年整个产值超过了180个亿，在全国的销售量中占的比重超过50%。

还有企业本身的转型升级，也是非常明显的。例如中山市的"明阳风电公司"，它通过短短的四年时间，产值达到100个亿。最初投资只有3000万，它引进丹麦的技术，然后形成自己的知识产权，能生产包括海拔四千米之上的风力发电机在内的各类发电机，占领了行业高端。如今，明阳风电还能实现把风力储存供无风时发电，等于从制造商变成了风力发电的服务商，并成为在美国纳斯达克上市的中国公司。像这样转型成功的企业还有很多。

九、粤商要有危机意识和国际视野

陈扬：粤商这种灵活应变，自我更新，有什么规律性的原因？

陈忠烈：一方水土养一方人。粤商有自己的性格，同生存环境有关。岭南在明中叶之前是不太发达的地区，偏居祖国的东南一角。但随着珠三角开发，情况改变了，变成中国第二大的经济核心区域，仅次于长三角。这里近海，得风气之先，外面的商业需求、科技、文化都很快传入，人的头脑灵活、经营视野开放。但改革开放30多年，我们的地缘优势正在慢慢失去，现在北部湾、渤海湾都追上来了，我们优势不明显了，要有危机感。我们不能守着地缘优势这个老本，随着现代交通、现代科技的发展，因为全球的空间已经缩小了。粤商除了发挥自己传统优势之外，还要突破局限，扬长避短，与时俱进。

陈扬：全球视野下，新粤商如何有所作为？

李阳春：粤商之所以能成为这么兴盛的一个商帮，有其自身的历史文化渊源、地理环境因素和自身演进的逻辑。粤商得改革开放天时、地利与人和，迎来了创业发展的黄金机遇期，创造了辉煌。但粤商一定要善于反思，有谦卑之心。从全球视野来看，粤企的技术含量还不高，广东制造如何转变成广东智造？广货在国际市场上如何赢得立名扬威、受到追捧？这是摆在广大粤商面前的沉重考题。

前不久，省委主要领导接见新粤商代表讲到的三种意识，一是要有危机意识，企业转型升级，犹如遇险过坎，企业家是需要承担很大压力和风险的；二是要有地域意识，推进粤港澳深度合作，这是广东跟国际接轨的地理优势。现在是群雄并起、百花争艳的年代，中部崛起、西部大开发、海南国际旅游岛等国家战略相继出台，广东过去的优势正在消失，我们要增创新优势，打造新的发展高地；三是要有责任意识，我们企业家要发挥粤商的优势，提升核心竞争力，成为真正受人尊敬的国际企业，成为责任型粤商。这几方面我们还任重道远。

陈扬：粤商要成为受世界尊重、具有世界影响力的企业家，陈老师觉得这种可能性存不存在？

陈忠烈：不但存在，而且历史上已经出现过，比如十三行，就产生了全世界的首富伍秉鉴，其财产达2600万元，是当时世界上最大的私有资产拥有者。现代港澳最富有的商人如李嘉诚、李兆基、霍英东等，也还应该属于广义的粤商。

李阳春：我对此也充满信心。广东是中国发展实力最强的经济第一大省，"亚洲崛起"看中国，"中国崛起"的领头羊是广东，这种发展趋势必然催生国际级伟大企业和企业家。现在广东的民营企业已经拥有很多知名企业、知名品牌，甚至有世界名牌，如格力、华为等；还有一些千亿企业，美的已达到，华为、中兴都接近这个体量。广东省的目标是在2012年培养出四个千亿的企业，2020年要达到15个，要力争培养一到两个跨国公司，目前发展势头非常好。广东的企业家最让我感动的是具有坚韧不拔走向国际的雄心。

TCL的李东生就是最典型的例子。他坚持不懈开拓国际市场，虽然一再受挫，甚至巨额亏损，也矢志不改，愈挫愈奋，最终苍天不负，在海外闯出了一片新天地。我曾跟美国犹太人联合会的主席杰克·罗森有过一次深谈，他非常希望广东的企业家到美国去投资。他说，华商与犹商非常相似：重视教育、讲诚信、重视家文化、都有被侵略的苦难历史，都能在商业上取得大的成就，正所谓苦难造就辉煌。

　　粤商的崛起，就如同大国崛起一样：我们要向西班牙、葡萄牙学习开疆拓土的精神，到世界各地去开拓市场；要学习英国的制度创新，要学习日本的品质管理和执行力；还要学习荷兰的技术创新，学习美国的大国战略、海纳百川，吸引人才、打造人才高地的胸怀……做到了这些，在经济全球化条件下，广东的崛起、粤商的辉煌就一定能实现。

"财富英雄"是这样炼成的①

　　作为身处改革开放年代的中国人，我们是幸运的，因为我们参与并见证了中国五千年历史上最为波澜壮阔的辉煌历史，我们是这个伟大时代的亲历者。地处中国改革开放前沿的广东，更是一部当代中国奇迹的生动历史教科书。30年来，作为改革开放的先行地和中国经济与国际接轨的最重要窗口之一，广东民营企业又以独特的营商风格，成为中国经济大潮中的一道独特风景，涌现出一批走在时代前列的杰出民营企业家。他们中的大多数长期扎根于珠三角这块热土，用自己奋斗的足迹，演绎着无数可歌可泣的创富故事，是一群具有"敢闯、务实、精明"鲜明个性的新时代财富英雄。本书所记录的，就是其中的佼佼者。

　　写这篇短文的时候，正是第29届奥运会在北京举办的日子。我们见证了一届无与伦比的世界体育盛会，在那些激动人心的日日夜夜，作为一个成长于改革开放年代的中国人，我的自豪和热情随之燃烧到了极致。百余年来，奥林匹克运动之所以在全世界范围得到广泛认同，就在于奥林匹克所高举的"更快更高更强"的精神旗帜，具有全人类意义的价值。其实，市场经济也是一个竞技场，改革开放30年的中国民营经济发展所取得的伟大历史成就，足以与这一届奥运会交相辉映。对冠军的追求不仅仅体现在运动员身上，那些科学家、艺术家、各行各业的优秀劳动者，也包括广大的民营企业家，也用自己的行动诠释着冠军精神。

　　财富英雄是怎样炼成的？透过本书中所选录的珠三角民营企业家的人生故事，

---

① 本文是笔者为上海人民出版社2008年12月出版的《珠三角民企英雄传》一书所作的序言。

可以使人们从中得到许多启示。由于职业的关系，这些年我与珠三角地区的民营企业家打交道较多，在与他们的长期接触中，我体会到，企业家价值是我们这个时代的一种稀缺资源，是推动中国经济市场化进程的动力源泉。市场化的过程无疑充满了机遇和挑战，正如奥运选手在竞技场上博弈一样，优胜劣汰是一条永恒定律。诚然，企业家的天赋很重要，运气也很重要，但是，能在激烈竞争的市场经济大赛场上摸爬滚打并最终登上人生之巅的企业家，光凭天赋、只靠运气，是不可能。根据我的观察，大凡成功的企业家，一般都拥有以下共同的优秀品质：

第一，成功来自于奋斗。奋斗是对人生目标的不懈追求，对现状永不满足，即使现在已经是最好的，但是还要追求做得更好。奋斗是一个过程，在充满了艰难和风险的路上收获着快乐。奋斗还是一种态度，不仅希望在和别人竞争中取胜，而且更重要的是不断战胜自己。成功企业家的创富人生是奋斗的人生。

第二，富有创造力。改革开放以来，珠三角这块土地提供了适合于任何人创造财富的环境和氛围。活跃其间的民营企业家，不论其出身是洗脚上田的农民，还是海外回来的"海归"，或是从党政机关、国有企业体制内走出来的，他们都是不受制于传统，敢于对传统规则发出挑战的"不安分"的人，这种"不安分"的性格激发出创造热情，在改革开放的大幕拉开后，演出了精彩纷呈的人生活剧，成就了一批批敢为天下先的财富英雄。

第三，勇气。成就大业的企业家都是有非凡勇气的人。最大的勇者，往往是那些身处困境能够绝处逢生，在危机时刻能够转危为安，在别人怀疑之中坚定信念，矢志不移，在市场变幻之中敢于抓住机遇，勇往直前，赢得最后胜利的人。勇气不是说无所畏惧，而是克服畏惧。因为在民营企业发展道路上，所谓的完美时刻根本不存在，只有勇者才能在无从下手处下手，在难以成功时成功。

第四，专一。成功的企业家大多眼光独到，目标专一，心无旁骛，他们能够把心思集中在自己的企业上，享受创业的过程，从起跑线到良好线再到卓越线，每一步跨越都是一个新起点。他们总是在不停地思索、探求，怎样才能在同行中不当第二名。

第五，不计成败。史玉柱说过："失败是成功之母，成功是失败之父"，作为改革开放以来中国企业家中最典型的成功者、最典型的失败者、最典型的东山再起者，他自己的经历正是这句话最好的注脚。绝对的成功和永远的失败的例子极为少见。享受成功易，承受失败难。成功的企业家多是从失败中来的，跌倒了再站起来，才是真正的财富英雄。

第六，超越自我。这是企业家最重要的一种精神品格。要真正成为竞争中的强者，必须有这样的动力。财富创造是无止境的，优秀的企业家也是很难定义的。企业家要超越自己，不仅是体现在财富的总量上，而更是实现一种更高的道德境界，超越对自身价值的认知，得到财富以外的社会尊重。

奥林匹克的竞技场上，每个参与者都是英雄。市场经济的竞技场上，每个参与者都有可能成为财富英雄。而财富英雄的炼就，没有任何捷径可走，却有上述一些规律可循。每个成功企业家的故事都是不可复制的，只有时间是最伟大的魔术师。我们期望在未来30年，在珠三角，在广东，在整个中国，能够有更多更伟大的民营企业家，进入财富英雄的荣誉殿堂。

应对危机能力是企业领导力的核心①

时光进入2009年的秋天，不经意间，我已经担任广东省工商联副主席、总商会副会长整整六个年头了。

我是干铁路出身的，从1981年8月至2003年12月，为铁路运输事业奋斗了22年，可以说奉献了美好的青春年华。因为广东省委在全国率先推行公开选拔党政领导干部，我得以从铁路企业转行到省工商联工作。正应了"干一行，爱一行，钻一行，专一行"的俗话，我很快就适应了新的工作环境，积极主动地与民营企业家打交道，满腔热情地为民营企业服务，自觉做民营经济的守护者和推动者。几年的工作实践，自己特别关注民营企业家的风险和生存状态，并进行了全方位思考，撰写了《跨越财富天险——企业家生存风险管理之道》一书，通过以反映改革开放伟大历史变革中民营企业家悲喜命运和成败得失的方式，纪念改革开放30周年。

一、为什么研究民营企业家生存状态

人的潜能在遇到机缘被发掘出来并结成新的智慧之果时，往往连自己都觉得惊奇。

有人问我，为什么选择研究民营企业家的生存状态？其实这与我的一个习惯有关。我到省工商联工作后，主要职责就是为民营企业服务，为民营企业家做桥梁纽带，很自然地投入到了解关注自己的服务对象上来，特别是对他们成功和失败案

---

① 本文根据2009年9月24日接受《皮界报》记者董少波的专访整理而成。

例，感触很深。我觉得改革开放至今30年，一个波澜壮阔的时代变革，就是以个体工商户、私人企业主为代表的民营经济阶层的崛起，发展到2009年初，全国中小企业经营者约4000多万（广东省个体工商户300多万，加上民营企业70多万，总共超过400万，占全国的十分之一），这其中经历的事无穷无尽。

30年来，中国个体工商户与民营企业家是"鱼龙混杂、泥沙俱下"，蔚为壮观。作为改革开放前沿的广东更不例外。

创造财富的运动让企业经营者们逐步分化成若干生存状态，我以为大致有这么几种类型：一是在历经风雨、大浪淘沙以后一直挺立的，发展得比较好、比较快的企业，多年的打拼，让企业主成了一个庞大企业的舵主、行业的领军人物；二是绝大多数企业主则是处于事业远没做到非常成功、也没有做得很差，小日子过得不错的这种状态；三是在经历了巨大挫折、起伏跌宕之后（有的企业主是沉沦了，落难了，或者非正常死亡了），能够东山再起、咸鱼翻身的企业主；另外，还有借助新兴产业（以IT业为代表）迅速积累财富的商业新秀。种种状态，不一而足。

我认为，民营企业经营者是一个不可忽视的、越来越重要的阶层，这个阶层的特点之一，即他们是社会物质财富和精神财富的创造者和拥有者，作为立于新商业文明潮头的创富群体，本身也是我们国家、民族和全社会的富贵财富，对他们应给予充分的尊重。在日常与民营企业家接触过程中，我对他们的命运多了一分关切，开始透过一些案例，分析企业家生存风险，并思考、寻求问题的解决之道。

现在不少人要么仇官要么就仇富，网上帖子也明显存在这种倾向。这种情况下需要有正确的舆论进行引导。所以我说，我们要做中国民营经济忠实的守望者，要做民营企业家生存、发展的守护者，同时也要做中国民营经济发展的推动者。我有个基本信条就是要尊重财富，尊重财富创造者，社会财富的创造非常重要——当然，财富的使用和分配也很重要。所以，财富创造者理应获得社会的尊重，得到应有的社会地位。"为富不仁""无商不奸"者当然存在，但只是极少数。

在这种情况下，我觉得对民营企业家的关注、研究和守护，是自己分内的工作，也是我们的责任和使命，应该还原一个真相。

我关注的成功企业，分为两方面，一方面是本身发展很好、战略对头、经营管理有方、有比较好的经济效益和社会效益的企业；另一方面，也是一种成功，就是说，在遇到危机、遇到风险、遇到挫折之后，能够直面挑战、跨越"天险"、转危为机的企业。

我特别关注企业在发展到几近辉煌的时候，企业的财富大厦轰然倒塌的种种个案，分析这当中到底是什么原因？什么因素在起作用？研究这些企业家特别是民营企业家的成长、成功或者失败背后的规律。事实上，民营企业家创造财富之路上的"天险"几乎每天都在发生。

我深刻地认识到做这件事是有意义的，获得的反响也越来越大。特别是现在全球金融危机中，实体经济遇到相当大的冲击，给大家开开讲座，提个醒，敲敲警钟，有实际的作用。

二、民营企业家应学会把舵

从个人经历来看，我是幸运的，曾在国有企业工作20多年，现在又有机会为民营企业服务。

国有企业和民营企业都是我国社会主义市场经济不可或缺的组成部分。但是，国有与民营二者最大的区别是所有制不同。改革开放以来，我国国有企业改革取得了重大进展和显著成效，但深化国企改革，实现国有资产保值增值仍然任重道远。根据我自己在国企工作的切身体会，有的国企之所以经营不善，很重要的原因在于有些管理者错误地把自己作为国有资产的代表者，实际上国有资产的代表者并不是国企的领导者，而是国务院，后来授权给国有资产管理委员会，国企的经营管理层只不过是"雇员"，但是角色的错位，使得管理者把自己当做国有资产的代表者，往往容易不负责任盲目决策，而对决策的后果和经营结果又不承担责任，没有建立起维护国有资产保值增值的动力机制和长效机制。

民营企业的投资是企业家自己的血汗钱，其体制优势在于它的产权很清晰，它们绝大多数是家族企业，百分之九十五以上都是家族企业，"我创业的钱就是我的，我是舵主，我说了算"。

民营企业的问题是什么？打个比方：在第一阶段，企业是条"帆船"，"我是船长，这个船按照我设定的方向前进"；发展到第二个阶段，企业大了，一些家族成员逐步进入了企业核心，这个企业就像"皮划艇"了，这就要求大家目标一致，不能你往前我往后，或者在水上打转，假如遇到险滩，就会翻覆；再往后，到企业做成集团公司了，企业就变成"邮轮"了。邮轮有几层，下面掌舵的有一个船长，还有一个管理层，到了二楼有游泳池，有娱乐设施，有家族的成员包括接班人，在上面玩耍，享受到第一代辛勤劳作的成果。"邮轮时期"就不是一个人可以掌控一条船的了，这时候就需要把企业的所有权和经营权分开，家族和企业的利益分开，企业管理需要进行某种变革。

所以我认为，企业成长过程当中，往往在第一阶段发生问题的不多，第二阶段已经开始淘汰一批了，到第三阶段后，仍然驰骋商海的就是大浪淘沙后的商业英雄了。这是草根阶层出身的企业成长、发展的轨迹。

有一个说法，叫"富不过三代"，这是一个魔咒、一个定律，大体比例是：第一代到第二代能传承的是30%，能传承到第三代的是12%，而传承到第四代的，至少要七八十年了，差不多就是百年企业，这只有3%。"

三、广东应该产生世界级的企业和企业家

粤商分为广府商人、客家商人、潮州商人三大谱系，分别操着白话、客家话、潮州话。历史上，广府商人曾经非常辉煌，20世纪初，十三行是"富到漏油"的，后来由于世局变化也衰落了，改革开放以后，广府商人又重新崛起。客家也有这个特点。一直发展得比较好的是潮汕商人，包括后来在港澳、在海外的潮汕商人，出现了一些世界级的企业家，影响非常大。

改革开放以后，粤商为什么会有这么大的发展？除了地缘文化、地理优势，改革开放的政策优势等根本原因外，还有四个特点。

一是包容性。广东的土地有巨大的包容性，什么地方的人来这里都可以生根，都可以发财，这个是很多地方都不能比拟的；二是务实性，一门心思做自己的事、赚钱；三是创新性，广东这方热土的企业家具有敢为天下先的智慧和勇气，很多第一、首创都是从这里出来的。四是外向性，由于属于海派商人，经常跟海外打交道，相对来讲，广东也是比较有国际眼光的。

但事实很矛盾，我们在说广东企业家比较有国际眼光的同时，也看到了广东的一些中小民营企业经营者，存在缺乏发展远见的局限。

为什么？因为广东绝大多数的民营企业开始都是起步于"三来一补"，起步于

海外的代加工，觉得做OEM①贴牌生产很舒服、很顺畅，不动脑子都可以。没有考虑到外部环境的变化，人工成本越来越高，环境压力越来越大，加上法律环境的变化以及国际金融危机一来，马上就顶不住了。下围棋的时候，下第一步的时候没有考虑好第二、第三步怎么走，将始终停留于初段水平。

我说的这种远见，还体现在企业高层管理人才的培养上，体现在品牌建设上，民营企业下的工夫是不够的，世界知名品牌，只有格力、华为等屈指可数的几个。还有就是缺乏资本运作。企业要做强做大，一定要走资本运作这条路，所以我们看到广东民营企业上市的比例远远低于江浙。这个是最大的短板。

第二个短板是什么？随着时间的推移，我们不难发现企业家创新的动力、开拓的勇气减弱了，失去了改革开放初期"杀出一条血路"的豪情壮志，只满足于小富即安，缺乏蓬勃的生机。还有一个，就反映在企业家的心态和素质上。一些企业家过于自大，比较狂；另一些则比较自闭。就像开平的碉楼一样，把自己封闭在小圈子里面，越来越多老板不热衷于参与社团、商会活动，有些企业甚至做得非常大的企业不愿参与，三顾茅庐他也没有兴趣。广东企业家还有一个软肋：整体文化上的提升与时代发展要求还有差距。

从某种程度上可以说，现在珠三角企业面临的困难，与企业家缺乏远见、缺乏健康的心态和创新的能力都有关系。

通过大量案例分析，我得出一个结论，就是：粤商的命运和广东的经济发展是紧紧联系在一起的，企业家的命运跟国家命运不可分离。

据相关报道，随着区域经济加速融合，包括港澳在内的大珠三角地区将形成一个世界级的城市群和大都市经济圈，与纽约、东京等都市圈等量齐观。由是观之，广东企业的发展空间很大，企业家任务很重，企业家在知识、水平上要跟上转型升级的步伐。

所以我们广东企业需要引导、培育，我们希望在这片改革开放的热土上能够产生伟大的商业机构，伟大的企业家。

在产生伟大企业家方面，广东具有深厚的基础和优越的条件。如深圳以华为的

---

① OEM：俗称"代工"，委托方享有产品知识产权。与此相关的另一个概念ODM，指被委托方进行整体设计，俗称"贴牌"。

任正非、万科的王石、腾讯的马化腾、平安的马明哲为代表的"深商"的崛起。

以王石为例，在深圳创业的企业家里已经出类拔萃了，这至少体现在他的理念上。他说万科可以建筑廉住房，他信奉的理念是不行贿，这起码在道德层面上表现出他比较干净。同时也不断地在反省自己，比如在捐赠的问题上他也做了一些反省。优秀的企业家群体是广东非常宝贵的财富。

另外，在企业危机处理方面，创维集团的案例为我的研究提供了鲜活的化解企业危机的成功范本。在公司掌门人遭遇"不测"之后，创维不仅没有倒，而且发展得更快，实力更强。其创始人黄宏生事后总结这一段经历时，深有感触，他说道："对企业家而言，失败是常态，成功是偶然"；"企业家的责任就是不断激励自己的团队、自己的员工去实现企业目标和共同愿景"；"企业家从一开始就要考虑接班人的问题"。我们可以看到，由于黄宏生早早"储备"了像张学斌这样的一个接班人，为企业打下了厚实的基础，所以他临难不乱，并通过挫折、磨难，逐步地走向成熟，并使得创维集团在化解了重大危机后也变得更加强大了。

因此，对民营企业家来说，危机是一种常态，关键是你怎么样去应对危机，怎么样去跨越财富"天险"，这是有志于长远发展的企业的一个永恒的命题，而我认为，企业家应对危机的能力就是领导力的核心。

我相信，再过十年，到2020年左右，随着珠三角经济圈的发展和粤港澳合作的深化，广东必定能够产生世界级的企业和有全球影响力的企业家。

企业家生存避险十大法则①

　　企业家如何规避生存风险、保证企业与品牌的成功延续一直是热门的话题。本刊记者就此话题，独家采访了广东省工商联副主席李阳春，他正在写作一本研究企业家生存避险之道的书。

　　话题之始，李阳春副主席谈到了冯仑在《野蛮生长》一书序言中提到的"色与戒的关系"：如果没有"色"、没有欲望，经济发展就没有活力，企业家也没有创业的动力与激情；但如果没有"戒"，没有社会道德、法律与责任的规范和约束，金钱的欲望也会成为社会的一大灾难。

　　《看世界》：您见过张茵，您对张茵什么印象？

　　李阳春：她外表是很普通的女性，我去拜访时她还亲自在台阶那里等我，很平易近人。但性格上她是很强势的女人，有时候甚至很强硬。没有这种性格她也是不可能成功的。

　　《看世界》：外界对她颇有微词，您怎么看？

　　李阳春：她是个了不起的企业家，并不像外界说的那样。她是白手起家的，搞废纸收购，她始终是很想成就一番事业的，设备引进什么的都是一步到位的，而且从发展实业这个角度看是非常值得借鉴的。

---

　　① 本文是2009年7月7日接受《看世界》杂志记者关飞的独家专访，有删节。

《看世界》：她的成功之路最值得借鉴的地方是什么？

李阳春：她看准了一个产业，当时国内大量进口国外的包装纸，变废为宝，把废纸变成包装纸。漂洋过海到美国，然后回来投资，都是很大的气魄。

《看世界》：她更像中国企业家还是美国企业家？

李阳春：从工厂的布局看，她是有美国的企业家那种自动化大机器生产的气派，她自己也在美国办了一个很大的废纸收购公司。但她根本上还是中国式的管理方式，富有人情味，经常与管理人员谈话、交心，这是她的细腻之处。

● 链接：玖龙纸业要破产了？ ●

顽强的张茵：金融危机之后，出口遭受冲击。坊间纷纷传言张茵的玖龙纸业将要破产，但张茵坦言玖龙纸业财务状况良好，尽管遭受了重创，玖龙纸业股价相对最高点下挫95%。张茵采取了"瘦身管理"的方法，暂停了许多计划中的扩张项目，保存实力过冬。

《看世界》：您觉得个人性格对问题富豪的影响大吗？

李阳春：所谓性格决定命运，像四川南德集团创始人牟其中就是典型的狂妄不羁性格，他的一些言行也备受争议。300元起家，办了三件大事：飞机易货、卫星发射、开发满洲里，甚至突发奇想要把喜马拉雅山炸开一个口子，让印度洋的暖风吹进青藏高原。2000年因信用证诈骗罪入狱，被判无期徒刑，两年后改判为18年有期徒刑。[①]有的人在生意场上刚愎自用，蛮横霸道，不把合作伙伴当一回事，结果害人害己。温州有个做皮草辅料的老板周祖豹，他在北京与两个同乡王伟坚、屠金安一起合伙做生意，王、屠入股100多万元，周不给人家分红，又不同意撤股退钱，结果他的侄子周建在与对方打斗中被误杀，周祖豹自己也在儿子婚礼当天遇害。这个案例我在书中有详细叙述，每每想起，令人扼腕叹息！这些惨痛的悲剧都可以从内在性格上找到原因。

---

① 2016年9月27日，牟其中刑满出狱。2017年，有媒体报道，牟其中正推进南德集团复业，不过并未透露未来的产业布局方向。2018年9月26日，牟其中首次对外透露其工作重点，即20多年前的满洲里开发计划。据报道，2020年，80岁的牟其中在海南注册成立了"海南南德其中国际贸易有限公司"，投身海南自由贸易港的发展大潮。

《看世界》：企业风险管理可以弥补企业家自身的性格缺陷吗？

李阳春：我分析出了很多问题富豪产生的原因，有自身的原因，也有社会的原因，要找到一个避险防范之道。犯罪的企业家，他自己也不想，那不仅是个人的代价，还是家庭的代价，也是一个企业的和社会的代价，很多品牌就消失了，健力宝是很典型的。我们可以通过这些总结出企业家生存避险之道。

第一法则，回归企业家本位。有些人有点钱之后就到处去讲学作报告，心态上发生了变化，很容易自我膨胀，头脑发热，招摇过市，失去了做企业的本心。自己要低调做人，这才符合中国几千年的传统美德。财富越多，人越要低调，最大的好处就是安全。香港金利来品牌创始人曾宪梓先生有一个人生信条，"在我眼中，所有客户和消费者都高我一等"，正是这种谦卑之心使他取得成功。相反，一味地炫富、露富，树大招风，就容易发生不测，风险就会大大增加，有很多这样的案例。

像曾经的上海首富周正毅，当时他已经没钱了，但他还是给一家研究所捐了2000万，并不是他想这样，而是他不能不这样，他要用自己的高调言行来掩饰自己内心的空虚，维持他苦心建树起来的社会形象。广东的企业家大都非常低调，他们在长期的打拼中积累了人生智慧，懂得低头能见水中天的道理，认识到低头才能看清脚下的路，只有低头处事，才能昂首做人，行稳致远。我也见到个别老板，很喜欢到杂志封面上露脸，陶醉于媒体密集的轰炸报道，这样容易迷失自我。

第二法则，既要讲政治，又要懂政治。企业家，尤其是民营企业家，必须要懂政治，但不能玩政治。

《看世界》：这不矛盾吗？

李阳春：不矛盾。古希腊哲学家亚里士多德说过，人是政治的动物，企业家的经营是离不开政治的。但那些过于高调的企业主，只是用政治的幌子在社会上招摇，其实并不是真的懂政治，反而是欠缺政治智慧的表现。党政官员不能和老板过从甚密，不能逾越边界突破底线。

比如企业家当选了人大代表，或成为政协委员，就是一种政治角色，你要以代表和委员的身份为人民说话，也可以为所属的行业去说话。张茵是全国政协委员，她在会上为造纸行业提了一些提案建议，有人认为不妥，我觉得正是她的职责。

但是，作为企业家切不可去玩政治，不能利用政治去谋取一己之私。企业家，要跟着国家的大势去走，你要判断大的政治走向是什么，这也是对企业家政治素质的要求。比如美国发生了金融危机，如果你能够"春江水暖鸭先知"，未雨绸缪，减少对美国的出口，扩大东南亚和非洲市场，或者出口转内销，就能赢得主动。还有对国家大政方针的把握，比如国家现在对环保要求越来越严，你就不能再去搞重污染的行业。现在企业家参与政治和社会事务的机会很多，人大、政协、商会、协会，都是可以正面发声的平台。

第三法则，要终生学习。改革开放初期的企业家很多都是洗脚上田的，民营的、国企转岗的，你胆子大，就可以赚钱，后来就是"知本家"的时代了，洗脚上田的就被淘汰得所剩无几了。

有机构做过调查，犯罪的民营企业家，70%左右都是初中以下的文化程度，说明在是非面前的认知和判断力是不够的，当然这是总体上讲。因为社会环境越来越复杂，企业做大了之后，缺乏知识就无法驾驭了。我认识香港预发集团总裁陈振东，他今年已经50岁了，刚拿了香港城市大学的博士文凭，他过去拿过一些大学的荣誉博士，但这次是真博士，他觉得这是一生中最开心的事，他还编著了一套服装设计和制作的专业教材，并经常在香港《文汇报》发表政见。博士阶段的学习，提升了他对国际经济形势的研判能力。比如对其长期代理的国际知名品牌"花花公子"，他觉得必须要变出口为内销，在国内开专卖店，我问有没有受到金融危机影响，他说基本没有。现在学习型企业家越来越多了，一边做生意，一边去"充电"，这确实是很有必要的。生意的实践与理论结合在一起，他们就顿悟了，提升就很快。有些动物是冬眠的，有些动物则是化蛹为蝶、逐步进化的，危机出现的冬天也正是学习练剑机会。马云为什么能够最先预见冬天就要来临，做好过冬的准备？一个重要原因，在于他善于"从战争中学习战争"，从危机中把握先机，进而提前备足了过冬的粮草。当寒冬真的来临，甚至暴风雨来袭，又何惧之有呢？

《看世界》：我看您在《跨越财富天险——企业家生存风险管理之道》一书中写到了王石，你觉得他做得最好的是哪里？

李阳春：他有几点是非常成功，比如专一。刚开始做了很多，卖玉米、开超市，后来逐渐转向了单一的地产，经得起任何的诱惑。世界上很多的百年老店，都是专一的。很多倒闭的企业，都是进了多元化的陷阱，摊子铺得太大了。有些策略王石是很明智的，他是第一个提议降价的地产商，还有他培训出了一个非常好的经营团队，把担子交给郁亮了，郁亮①已经成为了一名出色的职业经理人。

他的有些性格是常人做不到的，像冯仑在书里写的，王石是一个自控力非常强的人，比如他们去登山，他规定自己多长时间完成一个路程，然后就在帐篷休息，别人怎么叫他出去活动他都不去，很有定力。

即使像王石，也有考虑不周的地方，去年地震的时候他的一些话受到了指责。后来他在股东大会上还说自己还是太青涩了，不成熟。他是很值得研究的一个人，一个人的成熟不在于管理别人，而在于管理自己。

链接：王石的自我控制

王石第一次接广告，对方给了他250万元，当时王石请冯仑吃涮羊肉，冯仑说："我去了以后，看见他和一帮登山协会的人在一起，吃喝完了以后，把桌子撤了，他们拿出两张纸来，然后王石在上面签字，接着就把250万的支票捐了。"当时王石的年收入是30万元，对财富自控如此，非常人之所及。

《看世界》：我看了你在美国游学的书，你觉得中国的企业家同美国的比，还存在哪些差距呢？

李阳春：美国毕竟是一个高度发达的社会了，商业文化是建立在基督教文化之上的，每个企业家都有原罪的意识，他要想办法去赎罪，有种自我反省的心理机制在。

第四法则，以国内外优秀企业家为榜样。为什么中国出不了比尔·盖茨？为什么没有跨国公司？中国企业家跟世界企业家的差距，就是中国制造与美国制造的差距。

第五法则，企业家必须要凭良心做事。良心是推动市场经济的第三个支柱。法律、良心、道德是最起码的底线。有良心的企业家他就不会去生产假冒伪劣产

---

① 郁亮，北京大学经济学硕士，曾在深圳外贸集团工作，1990年加入万科企业股份有限公司，2001年任公司总经理，荣获2012CCTV中国经济年度人物，2017年接棒万科创始人王石，任公司董事长，现任万科集团董事会主席。

品，不会把自己的工厂变成血汗工厂，不会把自己变成一个残酷无情的剥削者。一些企业家最缺乏的就是对商业道德的敬畏，极端的甚至干出了伤天害理、为财害命之事，比如有的在奶粉里掺入三聚氰胺，有的卖地沟油等。有人说社会存在仇富心理，但同时，企业家你拿什么让别人尊重你？我们亟须商业伦理的重建。

第五法则，不踩雷区。

《看世界》：雷区指的是什么？

李阳春：不做违法犯罪的事情。在自己做好的前提下，还要尽可能地帮助他人，而不是去打压别人。超越道德底线，离违法犯罪就不远了。有些人自己去买凶杀人，参与黑社会了，去行贿了，这都严重违背了法律，自己最后也会被"雷"炸死。第六法则，合纵连横。纵向，与上下游建立和谐的关系，就像李嘉诚讲的，一定要让合作伙伴赚到钱。

《看世界》：那同行之间怎么连横，不矛盾吗？

李阳春：同行之间要"竞和"，既竞争也合作。现在社会，讲整合资源，整合为王，提倡进行整合营销传播。现在很流行一句话，所谓"抱团取暖"，这也只能是同行间抱团取暖，同业商会一起去建设工业园，一起去占领上中下游的产业链，单枪匹马地做肯定是不行的。

《看世界》：这与之前的传统的"同行是冤家"是有区别的。

李阳春：对，必须颠覆掉之前那种看法。凡是好的企业家，不是一定要去排斥别人。大家好才是真的好，合作共赢方为正道。比如同一行业可以组成一个产业联盟，像冯仑在《野蛮生长》里讲的中国房地产联盟，很多地产商组成中国城市地产联盟，凡是好的项目，大家共同投资，一起去买原材料，打造城市联盟地产，成本又低，建的房子供不应求。

第七法则，准确地选择合作伙伴。合作伙伴选不好，就成为冤家了。我刚看到新闻，东莞的一个女老板的孩子被绑架了，就是合作伙伴一直追求她而不成，反目成仇之后干的。有个老板跟我讲，他再也不找合作伙伴了，他只能自己做了。他是做教育考试软件的，他和广州一家公司合作打开市场，让那个公司的老总当合作公司的副总，结果由于理念不同，官司打了两年，焦头烂额，本来还准备上市的，都前功尽弃了。

淡化一些利益之争，还会降低很多风险。人是趋利动物，但利字头上一把刀。关键是怎么建立一种合规合法又合情合理的机制。

第八法则，选好接班人。有些风险就是没选好接班人造成的，所谓"富不过三代"，有人把富二代称为"二世祖"。按照血缘关系来传承，要重视教育。或者建立一个让最优秀的人来接班的机制。像李锦记的家族宪法，家族成员在董事会任职期间有任何的道德问题，就会被开除出董事会，他们有自己的家族规则。

链接：李锦记，家族制照样辉煌

香港调味品企业李锦记已经延续了121年的辉煌历史，而最独特的是，它一直保持着家族企业的特性，拒不上市。"家族宪法"中明确写着："家族利益而非企业利益至上"。但家族成员一定要在族外的企业工作三到五年才可以进入家族企业，而且考核与面试程序与其他人无异。

第九法则，"剩"者为王。尤其是面对危机的时候这点最重要。邓小平为什么能够领导一场改革？如果没有好的身体条件，超常规的高寿，也没法在晚年创造奇迹。很多卓越的企业家都是很高寿的，不知疲倦的。除了身体健康的基本条件，还有就是要考虑使企业活得久，做大做旺还是其次的，做久是最重要的，可持续地发展。到底是做短命草还是常青树？怎么样使自己和自己的企业成为常青树？就要保证企业的逆势生存，留住核心团队，留住可周转资金，留住终端客户资源。我们讲商道论剑，危机的时候，就该收剑，保存自己的能量，学习培训。在此基础上，转势，看准时机再出剑，最后是亮剑，亮剑要有自己核心的品牌。广东的企业就是缺乏国际品牌，缺乏亮剑的实力。危机之后，你会站得更高，看得更远，所谓大浪淘沙。有人讲中国企业淘汰率很高，平均寿命也就3到7年，但世界上企业淘汰率也是很高的。但还是有很多百年老店，甚至连雷曼兄弟156年那种百年老店也不保险了，但要尽可能地使企业做得长久。也必须做到前面八点，才可能做到最后一点，成为剩者，剩者为王。

链接：千年老店金刚组

日本建筑公司金刚组创建于公元578年，是世界上现存最古老的家族企业，原以建筑寺庙为专职，后扩展到整个建筑行业。金刚家族第40代堂主金刚正和曾说："我们公司能生存这么久其实没有什么秘密。正如我常说的，坚持最最基本的业务对公司来说非常重要。"二战时，无庙可修，该公司靠着为军方做木箱子存活了下来。

我曾经听过美国整合营销传播之父唐·舒尔茨的一堂课，他说，芬兰那样的小国家都以有诺基亚这样的世界知名企业和品牌为荣，他相信勤劳智慧的中国人一定可以创造出令世界瞩目的国际品牌。我们是衷心地希望中国可以出现优秀的企业、企业家和优秀的品牌，在不久的将来，中国一定会有自己的比尔·盖茨。

从中国传统文化精髓看企业家的危机处理智慧①

职业经理人团队怎样成为最有价值、最有影响力的团队？我在今天有限的时间里，只能作简要阐述。两年前，为了纪念改革开放30周年，我把我所认识的和不认识的一些民营企业家的悲情故事写成了一本书，叫做《跨越财富天险——企业家生存风险管理之道》。什么是天险？是指最极端的险境。在战争的时候，一方在天堑之地把守，"一夫当关，万夫莫开"。商场如战场。在现代商海之中，企业家也有一些极端的风险，我在书中归纳为五大财富天险：一是因为健康原因而英年早逝；二是因为商场的争斗，互相伤害到致命；三是绑架的威胁；四是因为自己精神上的压力，导致自杀轻生；最后一个就是因为突破了底线，逾越了法律，出现了种种犯罪现象，有的被判了极刑。虽然讲的是民营企业家，但对于职业经理人也有警示作用。

在这样一个高速发展的时代，对职业经理人的要求越来越高，既要有前瞻性，目光敏锐，以变应变；又要有风险意识和底线思维，增强防范和化解企业危机的能力。特别是企业面临生死关头，或者企业家遭遇不测，就是我前面讲的"天险"，要求职业经理人具有力挽狂澜的气魄，及时地用智慧推动企业变革，浴火重生。这种自我更新的精神在企业面对重大危机的时候是非常需要的。一种危机总是告诉我

---

① 本文是2010年6月在第二届中国（广州）职业经理人年会上的演讲。

们，哪怕是伟大的企业家，像比尔·盖茨，做到了世界首富，也要天天思考微软的生存和风险，他经常提醒员工："微软离破产只有18个月！"把这个危机意识灌输给全体员工。在中国知名企业家中，也有不少是以战战兢兢、如履薄冰的心态在经营企业，比如海尔的董事长张瑞敏，深圳华为的董事长任正非等。在中国，企业的成长环境越来越复杂，中小企业的平均寿命只有2.9年，远低于美、德、日等发达国家，经常会有不少企业倒闭，也有一些企业经营者轻生。民营企业的生生死死是很正常的现象，但作为职业经理人，要特别重视企业的危机管理。

2008年以来，企业危机频繁出现，像我前面讲的，一个是企业家的生存危机，一个是企业本身的生存危机。在这样一种危机面前，我们要怎样来跨越财富天险，以怎么样的智慧来对待危机呢？

我认为，中国的传统文化和古老哲学有一些思想精华和精神要素，我们可以从中找到中国的先人是如何思考面对危机，如强调对立和谐、变化发展、自强不息、进德修业、忧患立身，等等，广大企业家和职业经理人从中可以得到启示。

一是要树立对立和谐的系统观。社会和谐需要处理各种各样的利益关系，达成一种稳定与和谐的动态平衡。现在是很多矛盾交织的时代，企业经营者处于这样一个时代当中，就要有对立和谐的生存之道，一阴一阳谓之道。美国管理学家詹姆斯·柯林斯和杰夫·波拉斯合著的《基业长青》中通过跟踪研究18个卓越不凡、长盛不衰的美国企业，分析了这些世界级高瞻远瞩企业的成功基因，其基本研究框架是用中国的八卦阴阳图来描述，一个基业常青在"阳"的方面表现是保持核心，在"阴"的方面就是刺激进步。保持核心、刺激进步，讲的就是一种对立和谐的关系。凡是高瞻远瞩的企业，如何保持核心刺激进步？一有胆大包天的目标，二有宗教教派一般的企业文化，第三就是有优秀的职业经理人团队，多数是在内部培养的，美国通用机器公司的CEO杰克·韦尔奇，作为全球最知名的职业经理人之一，在通用建立了完备的职业经理人选拔机制。第四就是不断超越自我，等等，共18条。企业如何在危机冲突中寻找发展机遇，恰恰是古老的哲学命题告诉我们的一个对立和谐的精神。

二是树立与时俱变的发展观。《易经》讲的是世界万事万物变化的规律，变易，简易，不易。我们的企业在经营过程中，很多时候都需要随时根据条件环境变化作出相应调整，要善变、应变、求变。IBM曾经是美国的电脑制造公司，后来转型为电脑服务的提供商，为客户提供解决方案。诺基亚曾经是生产制造橡胶的企业，后来在电子信息时代，变成全球首屈一指的移动通讯制造商。顺德的格兰仕最先是生产鸡毛掸子，现在成为全球最大的生活电器生产商。这些都是顺应了时代变化发展。企业如果不能顺应这个变化，就很难长久生存。正如达尔文在《物种起源》中说的，能够流传下来、生存下来的物种，它既不是最强壮的，也不是最聪慧的，而是最能适应环境变化的，物竞天择，适者生存。

三是树立自强不息的进取观。我认为但凡是在事业上取得成功的民营企业经营者，都有执着的人生追求。其创业的动机，无论是为了摆脱贫困、改善生活，亦或是为了创造财富，服务社会，更高的理想是报效国家，打造世界级企业，都有一颗坚韧的进取之心。这与《易经》中乾卦倡导的"天行健，君子以自强不息"和坤卦崇尚的"地势坤，君子以厚德载物"的思想是一脉相承的。清华大学第一任校长梅贻琦所撰的校训就体现了《易经》中乾坤二卦的核心要义：自强不息，厚德载物。这也是中国优秀传统文化的精髓，体现了仁人志士胸怀理想，扎根大地，砥砺前行，奋发向上的精神追求。中国一切有抱负的企业经营者，正是在这种精神激励之下战胜重重危机，创造了事业辉煌和中华民族历史辉煌。

四是树立进德修业的学习观。企业家和职业经理人要终生学习，不断修炼。古代圣贤的教育思想，往往含有超越时空的真理光芒。道德文章，道德在前，文章在后。易曰：财聚则民散，财散则民聚，正是这个道理。企业家要以德为本，以才为用。职业经理人要勤于和善于学习，在德行上追求进步，并以专业、专注的精神成为本行业的专家。

五是树立忧患立身的生死观。《易经》本身就是为解除忧患而作，孟子有句名言，叫生于忧患，死于安乐。日本民族值得我们学习的地方，就是它强烈的忧患意识，时刻想到自己生存的几个小岛会很快沉没。民营企业的职业经理人，要有如临深渊、如履薄冰的忧患感，深入领悟忧患立身的理念，就可以从中发现一座沟通古今的无坚不摧的精神金字塔。因为有很多企业商业大厦倒下，并不是在他的创业之初或者面临危机的时候，而恰是在走向辉煌的时候突然倒下的。有很多的商界奇才，由于没有忧患意识，一下之间就从财富英雄变成了阶下囚。

六是树立协理"三才"的和合观。三才就是指天、地、人三者相互协调，是人与人的关系、人与社会的关系、人与大自然的关系的和谐统一。今天的民营企业已经不是一个纯粹的经济型的组织，它也是社会型的组织，它还是需要对环境负责的组织。现在，我们生活的空间是变得越来越人性化了，企业的经营方式、生产活动以及产品和服务，都要符合人性，同时得天时、尽地利，这样才能永续发展。民营企业如何能够更好地从高层次为人类、为自然负责，推动发展绿色企业和低碳经济，是值得民营企业家和职业经理人思考的一个现实问题。

七是要树立原始要终的传承观。靡不有初，鲜克有终。事物发展的因果关系决定其成败。善始重要，善终更重要。现在广东改革开放初期创业的第一代民营企业家面临交棒问题，广东美的集团等民营企业的实践证明，优秀职业经理人也能够成为企业接班人。

八是树立敬慎无咎的迁善观。无咎就是善外过之意。企业家原非完人，孰能无过？迁善补过，踏实敬业，是值得不断弘扬的准则。作为一个经营管理者，要对自己严格要求，对团队的失误要包容。美国硅谷为什么能产生这么多世界知识的科技企业？一个重要原因是特别倡导形成一种鼓励创新、宽容失败的文化。

九是树立为君子谋的义利观。北宋张载提出，易为君子谋，不为小人谋。所谓君子喻于义，小人喻于利，这是儒家思想，叫义利相顾，以义取利。职业经理人在企业取得的报酬等利益，既是自己管理才能的体现，又是对企业所负勤勉责任的价值尺度。随着一大批家族民营企业改制为现代公司制企业，建立起规范的企业治理结构，职业经理人的地位和作用更加彰显，这就必然要求职业经理人处理好责权利的关系，提高服务企业的忠诚度。

十是树立未济终焉的成败观。在《易经》的64卦里，最后一卦是未济卦，喻示事物总是处于未完善的状态，一切事物是完美或成功只是相对的，没有绝对圆满的事物，缺陷或未成才是事物的常态。对于一个企业家来说，要对大节看重一些，对名利看淡一些，对得失看轻一些。要认识到，失败是正常状态，成功只是一种偶然。这正是未济终焉的智趣，也是一种归零精神，永不满足，永不停步。在追求卓越的征程中，每天都是新的一天。

潮商转型升级要有新思维①

随着2008年发端于美国并蔓延到全球的金融危机势头退去，企业迎来新的市场机会和发展契机。如何总结危机中的得失成败，启动风险管理机制，将企业发展和市场风险纳入战略思考？是企业家共同关注的焦点。我认为，企业的经营不是短跑，而是一场马拉松式的竞赛。在后危机时代，潮商应该超越自我，树立新思维。

一、现代企业家要具备"鹰志"

鹰的寿命比其他鸟类长，一般可以活到70岁。而要维持如此长的寿命，它就必须在40岁时为自己的生命做出一个重要决定。因为长期在高空飞翔、在荒野中抓捕食物，鹰到了这个岁数时，它那尖利的双爪便开始老化，它的喙上也已结上一层又长又弯的茧，双翅的羽毛厚厚地堆积在一起，使它不能像以往一样在空中轻盈自如地抓捕食物。这时候要么等死，要么经过一个非常痛苦的过程，让生命获得新生。鹰会在飞翔中突然撞向悬崖，把结茧的喙狠狠地磕在岩石上，一下子把老化的喙和嘴巴连皮带肉嗑掉，然后满嘴流着鲜血飞回洞穴，忍着剧痛等待新喙长出，再把老的趾甲拔掉，把旧的羽毛拔掉，等待新的趾甲和羽毛长出。它的这一系列生命更新充满危险，要经过150天左右的时间。鹰极有可能使自己疼死或饿死，但它依旧勇于

---

① 2009年12月12日在大粤东论坛上的演讲之后，我接受了《潮商》杂志的独家专访，本文是根据专访稿改写而成。当时全球金融危机蔓延的势头刚刚退去，企业迎来新的市场机会和发展的契机。如何总结危机中的得失成败，启动风险管理机制，将企业发展和市场风险纳入战略思考，是企业家们关注的焦点。本文的内容围绕这一主题展开。

向自己挑战，勇于让自己在死亡的边缘获得再生，并收获30年的生命。前些年大粤东发展速度是慢性的，但现在已经进入一个飞翔的时代。这样一个发展阶段，我认为大粤东人需要具备"鹰志"，像鹰一样，有危机感，主动应变，脱胎换骨，苦练内功，实现浴火重生。对于大粤东经济来讲，要推动三大崛起：一是面向世界，走向海外市场，实现蓝色崛起；二是发展生态环保型产业，实现绿色崛起；三是造就优秀的大粤东企业家群体，拥抱新商业文明，使闻名海内外的潮商文化焕发新的活力。在推动经济发展的同时，促进社会文明进步。可以称之为红色崛起。

二、潮汕文化的特征

潮汕地区地狭人稠，人口与资源环境矛盾很大，激烈的竞争环境培养了潮汕人重商善谋、务实低调、爱拼敢赢、利通五洲的社会风尚。由于地少人多，潮汕人在农业上精耕细作，在手工业上精雕细琢，在商业上更是精打细算。因为海边生水里长，潮汕人视野开阔，极善经营，闻名海内外，有"东方犹太人"之称。在潮菜中就非常鲜明地体现了这种文化。潮汕人把芋条和红薯条煮成的菜叫"金银条"，用鲜菜磨成的汤叫"富国汤"，鸽子里面包着鱼翅，叫"鸽子翅"。在当今世界，潮商的实力很强劲。潮商的主要特点是在商言商，商业资本与产业资本相结合进行经营，生意做到世界各地。潮商有许多成功的营商策略，形成独特的商业文化

潮汕文化传播力强，影响很大，有潮水的地方就有潮人聚居，而有潮人聚居的地方就有潮汕文化的传播。潮汕文化是潮人最重要的根，把世界各地潮人的情缘紧密地联结在一起。

三、大粤东的"四多"和"四个有点"

大粤东有"四多"：一是商业铺子多，潮汕中小企业占了市场的90%，这在广东全省来讲比例是最高的。二是票子多，居民储蓄存款余额成两位数增长，说明潮汕地区的中产阶级相对多，有钱人多。三是商业巨子多，世界华人首富李嘉诚，著名爱国金融家庄世平，欧洲不少国家的华人首富多为潮商，以及遍布海内外的潮州会馆，潮汕商会，都无不展示潮商所拥有的强大经济实力及生命力。四是海外游子多，很多潮汕人漂洋过海到出外谋生，成为侨胞，在海外繁衍生息，不仅为居住国

的繁荣作出了自己的贡献，又回馈桑梓，支持家乡建设发展。

大粤东有"四个有点"：一是有点"小"，相比周边的海峡西岸区域（以福建为主体，面对台湾，邻近港澳，范围涵盖台湾海峡西岸，包括浙江南部、广东北部和江西南部，与珠江三角洲和长江三角洲相衔接，依托沿海区域的福州、厦门、泉州、温州、汕头五大城市及其以五大沿海城市为中心所形成的经济圈），珠三角（由珠江沿岸广州、深圳、佛山、珠海、东莞、中山、惠州、江门、肇庆九个城市组成的区域）、泛珠三角区域（福建、江西、广西、海南、湖南、四川、云南、贵州和广东九省区，以及香港、澳门两个特别行政区，简称"9＋2"）来说，大粤东其实不"大"，反而显得有点"小"。二是有点"挤"，汕头、潮州、揭阳三个市的距离非常近，过去同属于汕头地区行署管辖。潮汕面积不大，可开发的土地资源少，人口众多，所以有点"挤"。三是有点"少"，少了一些在世界甚至全国知名的商业机构，潮汕人创办的知名企业多在海外、港澳和深圳、北京、上海等地，所以名声在外。四是有点"虚"，这不是说虚拟的经济发达，而是说粤东的商业文化是以经贸、商业为主。整体上看，潮汕人似乎不热衷做实业，比珠三角的制造业少得多。比如顺德有两万家制造企业，有2000多家规模以上企业，有100多家世界以及国内知名品牌企业，制造业的崛起支撑了整个珠三角的经济规模。

四、"后危机"时代企业家的新思维

大粤东的企业家经历了三个阶段，第一代是改革开放初期，靠胆识赚钱，很多洗脚上田的农民企业家也发展到了今天；第二代是靠智商创业，20世纪90年代以后，有一些海外归来或大学毕业生跟着新时代发展的步伐自己创业，抢占了商业先机；第三代是在现代意识、国际意识下，利用知识产权、产业资本和金融资本为支撑的新型企业家，是华商的新型代表。到了这个阶段，我们认为企业家个人的修炼也必须由贫到富的阶段转向由富到贵，再转向由贵到雅，从精神贵族到社会望族。企业家本身也需要净化，需要成长。后危机时代的到来，企业在未来的转型升级上，粤东、广东乃至整个中国的企业家都必须经历一个产业结构的调整、自身精神结构的调整及转型。

一是企业家要不断学习，成为一个有知识的知本家，同时是精神的知本家，也就是现代学习型企业家。中国古代文化充满智慧，《易经》第一卦——乾卦，其核心思想是"天行健，君子以自强不息"，它根据万物流变通达的机理，教导人遵守天道的德行，日日新，苟日新，又日新，不断进取，奋发自强。学习力是现代企业的核心竞争力，这也是当代企业家的终生使命。把企业打造成学习型的组织，这对一个企业的健康发展是非常重要的。华为是生产销售电信设备的民营科技公司，其创始人任正非早在20世纪80年代公司创立初期，就前往美国IBM公司考察，躬身学习请教这家世界著名公司的管理经验，然后"拿来"为己所用，改造华为的管理流程。他不惜花大价钱请美国管理咨询巨头麦肯锡公司做企业战略方案，提出了对华为后来发展变革产生重大影响的《华为基本法》。他还潜心学习日本企业的品质管理，从日本民歌《北国之春》中得到企业如何过冬的启示。通过向世界最先进的商业文明学习，拜顶尖高手为师，使华为迅速成为一家科技创新企业，连续数年成为中国申请专利最多的民营企业和全球位居前列电信设备经销商。华为对员工进行的是危机意识教育，任正非写出了《华为的冬天》一文，启发全体员工树立冬天意识。考虑冬天来了时怎么办，如何过冬。这种学习力和危机教育，保证了华为在市场竞争中步步登高，节节取胜。我认为许多潮汕企业家，他们有的并没有上过大学，文化程度并不高，但在这个知识转型的过程中，却非常善于向领先者学习，向比自己优秀者请教，把别人的经验教训当作自己的经验教训，没多久就后来居上。有一个企业家对我说，他的信条是："永远从现在开始，永远创新，永远流行，永远走在时代尖端，永远奋进"。

二是家族企业需要真正打破"富不过三代"的魔咒。 家族企业有些风险是没有选好接班人造成的。现在90%以上的企业是家族型的，而且家族型的企业主要按照血亲关系来传承，所以接班人的培养非常重要。香港李锦记一直保持家族企业的特性，作为李锦记的家族全体成员共同遵守的最高规则——《家族宪法》，明确规定家族成员在董事会任职期间有任何道德问题，就会被开除出董事会。这个企业延续了121年的辉煌历史，被誉为是"品牌及商誉最历久不衰企业"。

三是创新商业模式。 广东有很多杰出的企业，很善于进行商业模式的创新。顺德的格兰仕，创建于1978年，前身是一家乡镇羽绒制品厂，1992年，带着让中国品牌在微波炉行业扬眉吐气、让微波炉进入中国百姓家庭的雄心壮志，格兰仕大举闯入家电业。在过去十多年里，格兰仕微波炉从零开始，迅猛从中国第一发展到世界第一。比亚迪公司拥有IT和汽车以及新能源三大产业，2003年，比亚迪正式进入汽车制造与销售领域，开始民族自主品牌汽车的发展征程。王传福创造一种新的商业模式，汽车生产不是完全靠机械化、自动化生产，他是把机器和人还有中国优质的劳动力资源结合起来，打造成人加机器的"机器人"模板。采用垂直管理，所有汽车的零件都是公司自身制造的，这反而大大降低了成本。潮州菜是出名的好吃，但是无论粤菜或潮菜，市场的占有率都不如内蒙古的餐饮企业"小肥羊"，就是因为"小肥羊"创造了一种模式可以复制，让全国任何地方都可以复制它的经营模式，就是后台管理模式。小肥羊公司完善的运营体系，强大的后台支持系统以及有安全、卫生的产品质量，都是小肥羊得以发展的基础和保障。从2000年4月起，小肥羊火锅开始走出包头市，从此开始了它在全国范围内的连锁发展之路。像这些企业，应该成为珠三角乃至全国民营企业超越传统商业模式的成功典范。

　　四是要成为在国际市场亮剑的品牌型企业。潮汕企业近年来在品牌塑造上下了功夫。汕头有一些做玩具的企业，特别是澄海的玩具企业，很早地预见了市场的变化，打造自己的品牌，把贴牌加工生产变成自主品牌的生产，成功地渡过了金融危机。

　　五是走乌鸡变凤凰的创意之路。创意是现代经济之母，现代有一种企业不是经营型的实体，而是"工业设计公司"，这种公司抓住了信息化带来的知识增值的机遇，目的是将新鲜创意植入产品设计之中。我前不久陪同全国工商联领导考察广州毅昌工业设计公司，这家公司有5000名设计师，为全国很多企业设计产品。在珠三角一带，现在有不少创意产业园，有深圳模式的、佛山模式的。特别是佛山陶瓷创意产业园，把南风古灶的陶瓷文化运用进来，里面有行业、金融、设计，全都集中在这一产业园里。当时这个地方只是一个小的旅游点，通过注入一些创意元素，发展成为现代化的创意工业园。"迪斯尼"就是创意型的世界文化模式，迪斯尼乐园在香港、上海落户，立即带动周围房价成倍增长，这就是现代娱乐业、创意产业的魔力。对于一些坚持创新的文化企业来说，金融风暴虽然潜藏风险，但更蕴含机遇。这次金融危机正好可以迫使中国下决心进行经济结构的转型，会加速文化产业转型的步伐。国家拉动内需、拉动消费、减少收入差别程度等政策的实施，以及教育、卫生、文化等领域的改革，都会直接推动文化消费，直接推动文化产业发展。

　　六是要实现绿色经济的崛起，大力发展低碳型企业。"低碳经济"的理想形态是充分发展太阳能、风能、氢能、生物质能经济。企业家要善于在这里面寻找商机。今后最能赚钱的行业，一定是与生态友好相处的产业，一个是现代农业。现代农业随着这次中央经济工作会议提出来的城镇化的改变，未来在城镇一体化带动下，现代生态农业将实现大发展，将成为现代化的农业服务业，与此相伴而起的是绿色健康食品产业。二个是环保科技产业，如清洁能源、污水处理等。

七是参与和推动区域经济一体化发展。大力推进区域经济一体化发展，对于促进发展方式转变和体制机制转换，提升区域新型工业化、信息化、城镇化、市场化和国际化水平，增强综合实力和国际竞争力具有重大意义。我们现在不仅是粤东、大粤东，而且还参与福建海西经济区域的合作，参与珠三角经济区域的合作。这种经济合作虽然是政府牵头，但企业家应该成为这种产业区域合作的主力军，而不是被动地跟着政府的政策走，要按照市场经济的规律来实现自己的产业转移。

八是抱团共生，"雁阵"前行。企业家不仅仅是在同行业、同地域的范围之内，在带有同样文化色彩、语言之内来打转活动，而是要成为头雁企业家。一个雁阵在蓝天飞翔，有雁头、雁身、雁尾，大家在一起，齐头并进，抱团出海，抱团发展。雁阵组成一个人字形状，这种方式能够节省体能，飞得更远。我曾经在福建省的龙岩市参加了一个商会经济论坛，并作了专题演讲。我提出，随着现代商会的发展，商会经济应运而生。这种经济形态以企业家为主体，以追求商会成员共同价值为目的，以履行商会成员社会责任为依归。通过商会这个组织纽带，运用有效的制度设计与协调管理，凝聚会员企业的综合实力，共享信息、共闯市场、共同投资、共创品牌、共谋发展，以此壮大会员企业的经济实力，推动一方经济发展。大粤东正在形成一批在异地联合组建的潮汕商会。

九是树立本土雄心，拓展全球视野。在潮汕文化的熏陶下，我们有很多国际型的企业家，但都不是生长和发展在本土，而是在港澳或其他地方发展起来。我曾经率广东民营企业家参加在菲律宾举行的世界华商大会，见到许多华侨企业家，他们不少会讲潮汕话。但是，为什么在潮汕本土，却很少见到这种大的有国际影响力的商业机构？这是值得我们深思的问题。我建议，要启动潮商回归工程，让更多的潮汕商人反哺家乡，哪怕10%在外发展的潮汕商人回归，大粤东的经济面貌就会有一个大改变。同时，潮汕商帮是具有国际眼光的商界劲旅，如果能够在潮汕发展华侨经济集群，打好"侨牌"，潮汕经济圈就与全球连接起来了。相信假以时日，大粤东与全球的经济联系与合作交流一定会更加紧密，因为海外潮商是我们得天独厚的优势资源。

十是企业家要成为社会慈善家。穆罕默德·尤努斯是孟加拉国的经济学家、创业家，他一生致力于为穷人打造美丽新世界，创造了一种低廉、方便的小额贷款模式，开发了一块被传统银行忽视的金融市场，他创建的乡村银行为成千上万的穷人提供有效的金融服务，使这些在通常金融制度下无法得到信贷的人们有了发展的起步资本。尤努斯也因此获得了2006年诺贝尔和平奖。出生在潮汕、成长于梅州兴宁的香港企业家刘宇新，他在30多年经商生涯共为家乡教育医疗事业发展捐了6000多万元，比他自己现有的财富还要多。早在1978年上半年，就写信给广东省革委会，要求捐赠100万元。刘宇新先生坚信人生的价值在于奉献，他多次跟我谈及他的慈善观，就是"三乐"：助人为乐，为善最乐，健康快乐。如果潮汕企业家中像这样有回报社会情怀的企业家越来越多，就会塑造当代潮汕企业家的崭新形象，不仅企业家群体会更受到社会的尊重，而且生产的产品也会有更好的口碑。国学大家王国维先生概括做学问有三重境界，我们企业家要成就伟业又何尝不是如此呢？企业家总是孤独的，创业之初要"独上高楼，望尽天涯路"。企业家常常要经历各种风险，随着企业进一步发展，特别是来到后危机时代，需要有"衣带渐宽终不悔，为伊消得人憔悴"这样一种进取精神。当企业发展到一个新阶段，特别是随着大粤东实现大崛起而产生出一大批卓越企业家的时候，回望这一段历史，我们就进到了"众里寻她千百度，蓦然回首，那人却在灯火阑珊处"的新境界。

稻盛和夫的"三把金钥匙" ①

今天的论坛，对于来到现场的近2000名稻盛和夫的追随者而言，将留下终生难忘的记忆。我发现稻盛和夫先生就是一个精灵，他人还没有来，名人效应就产生了。在珠江岸边，白云山下，产生了极大的震撼，使我们这一块风水宝地有了浓浓的哲学味道和智慧的光芒。我们今天来，就是向稻盛和夫先生表达衷心的尊敬。稻盛和夫作为日本唯一在世的经营之圣，一个在世界上知名度如此之高的人物，本是神一般的存在，现在突然要来到我们中间，我们应该怎样认识他呢？

认识他的第一个视角，是作为日本企业家的稻盛和夫。因为他在日本27岁白手起家，打拼、奋斗了50年时间，创造了两家世界五百强企业，挽救了日本航空公司，当之无愧地被誉为当今日本的经营之圣，与盛田昭夫、松下幸之助、本田宗一郎等齐名。正因为产生了一批世界著名的企业家，创立了索尼、东芝、松下、京瓷等世界知名企业和品牌，才出现了二战后日本的经济奇迹。

第二个视角，是作为世界五百强企业董事长的稻盛和夫。稻盛和夫是集东方智慧之大成的智者，是企业家中的思想家和哲学家。从这一视角看，他把东方思想和智慧运用到企业经营之中。他在全世界创办了众多公司，成就了商业帝国，创立了活法哲学，传播了东方文明。所以，他的影响已经超越了日本，影响到了全世界。

第三个视角，是作为中日友好使者的稻盛和夫。他对中国人民有深厚的感情，不仅在中国投资办厂，而且资助中国西部开发、扶贫济困和教育事业，还被邀请

---

① 本文为2011年9月19日在稻盛和夫广州报告会现场致辞。

参加了新中国成立60周年的国庆观礼。今天有这么多企业家慕名而来，不少是"盛和塾"的学员。说明他的经营哲学思想之花已经在中国众多地方和企业结出丰硕成果。稻盛和夫以年逾80之身，不顾旅途劳顿，亲临广州，对我们是情深义重。

我觉得稻盛和夫交给了我们"三把钥匙"，而且是三把"金钥匙"：一把就是成功方程式"金钥匙"。这个成功方程式，就是事业和人生的结果＝思维方式×能力×热情。它其中的奥秘，我知道在座各位专家接下来的演讲会有很深刻的阐述。这一很简单的等式，却告诉我们很深奥的人生哲理。等式的右边，他设定思维方式可以是正数，也可能是负数，但能力和热情永远是正数。如果思维方式为正，能力和热情数值越大，你就越成功。我们经过努力可以让能力增强热情升高。如果思维方式是负值，三观错误，你再有能力再有热情也是不会成功的。

第二把"金钥匙"，就是他独创的经营哲学方法——"阿米巴"经营法。这是本次报告会的主题。我在这里不班门弄斧了，自己的粗浅认识是，"阿米巴"经营法，既是一种经营方法，也是一种经营哲学。他把每一个经营单位即"阿米巴"，变成一个能独立核算成本收益的事业部，实际上每个"阿米巴"相当于一个微型企业，就要以最大的经营收益，以最小的成本费用来获得最佳的经营绩效。

第三把"金钥匙"，就是活着的方法。不知道大家有没有看过《活法》这本书。实际上对于一个企业来讲，无非就是做两件事情：一件是如何活着，另一件是如何健康长寿地活着。那么，稻盛和夫先生，以他的成功实践并上升到经营哲学方法论的高度，非常完美地回答了这两个问题，就是坚持做正确的事，这是正确地做事的前提，也是活法哲学的支点。稻盛和夫的成功方程式、至诚的理念、敬天爱人的思想，以及"六项精进"，都是建立在这一支点之上的。活法是一种成功经营的哲学，更是一种实践的哲学。如果用一句话评价稻盛和夫先生，说他是当代企业家中伟大的哲学家，哲学家中伟大的企业家。这一评价对他应该不算过分。

那么，我们今天学习稻盛和夫提高心性的修炼思想和"阿米巴"经营法，我相信对每一家正处在转型升级之中的广东企业，特别是中小型企业，具有非常现实的针对性和指导性。他的大境界，看起来似乎很简单，但关键在于需要长期坚持去做，每一个行动都努力做到完善，最终达到尽善尽美。这是需要不断提高心性的，也是企业家一生的修炼功夫。而且他自己正是这么做的，从未懈怠。

经常有人问，我们这个国度为什么难以产生更多的世界级的企业、世界级的企业家？我们的道德水准和企业家的精神高度，为什么没有达到世界级的层次呢？我想，稻盛和夫就是矗立在高峰上的一个坐标，我们可以目测一下自己与这个坐标之间的距离。也许对大多数企业家来说，这个距离像是在海底看见山峰一样，因为大家把他当做神一样的存在。但是，今天，当这样一个离很远的"大神"来到了我们中间的时候，我们马上就会产生一种亲近感，那种神秘感突然消失了。我们会惊喜地发现，这是一个长者、智者、尊者，同时也是一个平常的人。这个来自异国高山上坐标，尽管光彩夺目，但并非高不可攀，并非无法接近。思想的价值在于交流，交流范围越大，价值就越大。稻盛和夫今天是一位布道者，他给我们最大的启示是：对于一个企业家，一定要有经营哲学，一定要让思想发出光芒。没有哲学思想光照的世界级企业是不可能成功的，即使一时成功，也只是昙花一现，走不了多远。就像登山一样。你登一般的山可以轻装上阵，但是你要登上珠穆朗玛峰，就必须做好充分的准备，甚至需要付出生命代价。企业要活着，而且要健康长寿，这个过程需要活法的哲学，就像登山一样，需要体力、毅力，更需要登顶的信心和方法。在座的各位企业家，要把握好与稻盛和夫先生这场近距离接触交流的机会，把这位"经营之圣"的最简单又深刻、既便于实施又需要长期坚持的经营之道，注入自己的灵魂里，融贯到企业经营中。让我们共同努力，以知行合一的高标准，经常与稻盛和夫这样的世界级企业家对标，虚心向京瓷这样享誉全球伟大的商业机构学习。那么，当我们真正登上世界巅峰的时候，我们的手中也就握有开启进入全球伟大企业家和跨国商业"航母"荣誉殿堂大门的"金钥匙"。

中国企业家要增强对商业道德的敬畏感①

今天在报纸上看到一则消息，一个国际权威机构评出全球100个知名品牌，中国民族品牌无一上榜。我的内心受到了强烈触动。我国改革开放已经30年了，中国制造已经走到了世界每一个角落，但为什么世界知名的民族品牌都很少呢？我认为，世界级品牌是由世界级企业创造的，而世界级企业需要世界级的企业家来创造。如果不发生三聚氰胺奶粉事件，在很多消费者心目中，中国乳制品行业是能够产生世界知名品牌的，比如三鹿、蒙牛、伊利、光明。就在前不久，笔者还买了几本介绍蒙牛经营之道的书在家认真研读。北京奥运会期间，每次看到电视播出的"中国牛"广告，心中的热血都会往上涌。但是，想不到我们心目中的经营奇才牛根生先生，会因为三聚氰胺奶粉事件遭遇空前的信任危机，以至于当蒙牛和其他国内知名大公司生产的液态奶也被检测出了有毒成分后，他本人在一封公开信中表示如果处理不当将辞去董事长职务。事实上，蓬勃发展的中国乳制品行业遭遇了极度严峻的信誉危机。我记得在本月初，本人送儿子上大学时，为了使他保持健康体魄，还专门在学校的专卖店买了一箱牛奶，并叮嘱他要坚持喝。两天前我特地打电话要求他立即停止喝所有品牌的牛奶。我还在担心，多年喝牛奶的他会不会有健康隐患呢？从奶粉"911事件"到现在一周的时间内，三鹿有毒奶粉问题已经扩展到全行业，扩展到整个牛奶产品系，老百姓心中关于乳制品安全的最后防线被彻底击溃，多米诺骨牌全线垮塌。当然，现在作为亡羊补牢之策，出问题的企业一边不停地向消费

---

① 本文完成于2008年9月20日。

者道歉，一边收回问题产品，还在进行危机公关。政府也开始行动起来，在忙于对患病儿童进行救治的同时，整顿乳制品行业，取消食品免检制度，对有关责任人进行处理。一场关系整个食品行业的信心保卫战已经打响。显而易见的问题是，经过这次重大食品安全事件，好不容易建立起来的几大中国食品行业的大品牌将遭受重创，特别是三鹿这个品牌可能受到毁灭性的打击！

德国著名哲学家康德曾经说过，世界上有两件东西能震撼人们的心灵：一件是我们头顶上灿烂的星空；另一件是我们心中崇高的道德准则。中国的民族品牌为什么长不大？这当然有多方面的原因。我觉得深层的文化原因是企业家的商业伦理建设相对滞后，在经济全球化的环境下，身子已经走向世界了，头脑还没有走向世界。中国的企业家普遍地缺乏对商业道德的敬畏之心。一个突出的表现是，在出了问题后，首先盘算的往往是自身的利益损失，罔顾他们给民众造成的危害，或百般抵赖，死不认账，或转嫁责任，洗清脱身，实在蒙混不过了，再来一个软绵绵的道歉。近日，多家上榜的知名企业纷纷发了通告向消费者致歉或作出赔偿承诺。三鹿集团股份有限公司新任董事长、总经理张振岭在河北省政府新闻发布会上代表三鹿集团向社会各界道歉。相对于毒奶粉造成的严重后果，这种压力之下的道歉显得多么苍白无力！当这些曾经深受老百姓信赖的知名商家在利益驱动下沦为"毒品制造者"，他们无论以怎样的方式对那几个死亡的孩子和数以千计的患病儿童谢罪都不为过。遗憾的是，我们看到更多的只是一些例行公事的纠错，而不是一种有负罪感的深度反省！看看我们相邻的日本人，包括韩国人，一旦出现了食品安全问题，企业主要领导要么向国人下跪，要么干脆自杀谢罪。日本农林水产省16日公布报告显示，总部位于大阪的稻米加工企业"三笠食品"倒卖的受污染大米流入370家企业，比此前的统计数字多了四倍。有媒体报道称，"三笠食品"的代理商、奈良广陵町米谷公司社长16日晚在寓所上吊身亡。同样是食品问题，中国有奶粉被污染，日本有大米被污染。中日企业家的心理反省程度的差别何其大啊！当然，我并不是主张中国的企业家一定要效仿这种极端做法，但我认为，对犯罪行为的群体性漠视比犯罪行为本身更可怕，也更危险。

缺乏对商业道德的敬畏之心，实际上是逾越了一个正当商家的道德底线。食品是人类赖以生存的物质原料，食品质量的底线是不能危害人们的健康。你生产的东西进了人的嘴里，可以不是有益的，但起码不能是有害之物，这是起码的商业伦理，是三岁小孩都知道的。现在，一个行业内这么多的企业按照心照不宣的潜规则在奶粉与牛奶里掺杂三聚氰胺这种有毒物质，仅仅因为它是一种最理想的造假原料！三聚氰胺毒性低、无异味，添加后可从表面上提高奶制品的蛋白含量标准，而且常规的凯氏定氮法等蛋白质检测技术无法查出，从而公然通过国家标准检测，且成本不足正常蛋白成本的五分之一，这就是三聚氰胺被公然投入孩子们的奶粉中的秘密。更为可怕的是，连一些信誉度很高、市场占有率很大的知名品牌企业也参与其中。诚然，追求利润是企业的天性，但如果这种利润是以牺牲消费者的身体健康甚至生命为代价，说明我们一些企业的价值观已经扭曲到何等程度！特别是当我们看到一个个天真可爱的孩子成为某些企业牟取商业利益的牺牲品时，这样的企业还有什么起码的道德可言？这不仅仅是一个乳制品行业的悲哀，而是整个中国民族企业的集体悲哀啊！我们呼唤着要建立现代企业，越来越多的企业家也宣称自己的企业已经与国际接轨，但如果这些拥有一流的现代化设备且建立了现代企业制度的食品企业，生产的食品是垃圾食品，甚至还有毒害人，那么这样的企业就应该被消费者和市场所抛弃！联想到近几年出现的与苏丹红、吊白块、瘦肉精、地沟油、大头孩事件，食品安全问题已经成了一个严重的社会问题。如果任其蔓延，我们就会自己制造出新的"东亚病夫"，使新生代成为真正"垮掉的一代"，中国改革开放30年所建立起来的大国形象和强国基础将丧失殆尽！当我们一些行业集体良知的泯灭、产品安全责任的沦丧，公然蔑视全球化背景下基本商业道德的时候，难道我们还能够保持沉默，来个全民集体无意识吗？难道还有比全民健康还重要的吗？蒙牛董事长牛根生公开表态说：即使公司完蛋，我们也要毫不犹豫地履行承诺，把细节做到位，哪怕牺牲自我也要营造出一个干干净净的乳制品市场。但愿这次事件能够成为商业道德重建的契机。

中国的企业离世界级大企业还有很大差距。这种差距不仅仅体现在管理水平、经营业绩、企业综合实力等有形的方面，而且体现在对消费者负责到底的责任意识的普遍缺失。这种道德缺失还反映出行业组织的自律能力不强，行业组织在重大行业危机面前往往集体失语。人们或许会问，在如此强势政府的情况下，为什么会接连出现行业性产品质量事件呢？为什么有这么多的企业为了追求自身商业利益而不择手段牺牲消费者利益的严重事件呢？我发现一个很重要的原因在于政府部门监管不到位。一方面，政府部门通常从各自的角度和职能范围去管，往往由于政出多门而出现管理真空；另一方面又在部门利益的驱使下设置了过多的行政许可，为企业违规打开了方便之门，以至于被质量监督部门免检的食品达到1500种之多。随着市场经济的发展，市场竞争日益激烈，我们的政府部门监管和范围越来越宽，监管难度也越来越大，因此把自己推到了一些社会公共事件的风口浪尖上，造成疲于应付，当灭火队、消防员。其实，加强行业监管要与加强行业自律结合起来。政府要重视发挥行业组织的作用，要培育一大批自律能力强的行业商会、协会。特别是一些与人民生命安全密切相关的行业，政府应当采取积极扶持的措施，把一些政府职能转移到行业组织，比如行业标准的制定，对安全质量的检查，对违法企业的处罚等，行业组织往往掌握比政府部门更准确及时的信息，有更专业的手段对付行业内的不法商家。这样政府反而更加超脱，侧重于培育市场环境，稳定市场秩序。这次三聚氰胺奶粉事件发生后，我们发现中国乳制品行业协会、全国和各省的食品行业协会是缺位的，几乎没有向社会发出自己的权威声音。没有长大的行业组织，怎么可能培育出成熟的行业道德呢？更不可能对行业失范行为采取有效的应对措施了。除了行业组织力量薄弱外，目前消费者的力量也很薄弱。成熟的商业道德规范的建设不仅需要政府的引导，市场的催化，企业界自身的努力，另一个重要力量就是要有成熟的消费者。在这个方面，我们还有很长的路要走。

商道即人道①
——民营企业家的命运忧思及道德建构

在经历金融危机之后的粤东企业，如何利用资本市场进一步扩大融资渠道加速企业发展？如何推动家族企业向现代化公司治理结构方向发展？企业如何识别人才、使用人才、管好人才……这些都是在企业管理中，摆在每一位企业家面前的棘手难题。

我在自己的专著《商道若水：寻找当代企业家的"道德方舟"》中，用"水性圆通，无物不融"8个字来比喻现代企业及企业家的生存法则。商道即人道，从产品市场到资本市场，民营企业面临机遇与挑战。企业家人格素质高低、人格完善程度、能力大小与企业改革和发展的成功与否有着极大的关系，企业家优秀道德人格的构建是完善现代企业制度的保证与必然要求；是提高整个社会道德风尚的需要；是完善企业文化的坚强保证；是现代企业管理的内在逻辑。

一、从产品市场到资本市场民营企业面临机遇与挑战

民营企业，这在30年前是经济生活中的新事物，相对于国有经济来说，是当时的"草根经济"。但是经过30年的发展，这个草根经济从小到大，从弱到强，从无到有。现在，中国民营企业已经从"做产品、做服务"的第一阶段到了"做企业，做资本经营"的第二阶段。而创业板的出现，成了中国民营经济进入第二个阶段的标志。

---

① 此文是2010年12月25日在"大粤东论坛"上的演讲。

截至去年年底，广东省上市公司的总市值是2.51万亿元，占全省GDP的64.3%；上市公司在全国证券市场的总融资一共3839.5亿元，占全国融资总额的13.4%。其中2009年融资是688亿元，比上年增长50%，这就说明了在2008年开始金融危机以后，广东不仅没有放慢上市公司的上市步伐，反而大大加快了。

尽管在广东本土就有一个证券交易所，但是广东的企业在上市融资方面态度一度不是很积极，这是由于广东企业家低调这一性格所决定的。一场金融危机以后，很多人才恍然醒悟，加快了上市的步伐。特别是在创业板上市以后，广东企业最踊跃，上市数量最多，这些年来，广东省政府本着培育一批，申报一批，上市一批，做强一批的方针来大力推动公司上市，特别是民营企业、中小企业。至今年3月底，广东证券局所辖范围内在原拥有两百多家已经上市公司的基础上，还有90家马上等待上市。其中辅导结束的有42家，正在接受辅导的有48家，从上市意向来看，在准备上市的公司当中，多数是在创业板，有49家，也就是创业板将成为中小企业，特别是民营企业上市一个主流的板块。

一大批优质民营企业进军资本市场无疑给广东经济注入新的活力，培育了一批支柱的龙头企业，带动了地方经济强势扩张，涌现了一批知名的上市公司。如格力、中兴、TCL，这些公司都是上市以后，通过资本市场才做强做大的。2008年全省上市公司主营业务收入8967亿元，占当年GDP的23%，在全省工业产值排名前五十的企业当中有18个是上市公司。

由于资本市场的发展，推动了整个广东的产业升级。2009年现代服务业在证券市场上融资173亿元，占25.24%，高新技术融资125亿元，占18%，优势传统产业融资116亿元，先进制造业融资35亿元；推动了现代服务业，先进制造业和优势传统产业以及高新技术产业的发展，这是证券市场回归它应有功能的一个重要的表现。

但是很多数据表明，广东省上市公司的总量与广东省的经济发展水平还不相适应，不相匹配。举两个例子，广州市2009年的GDP是9000多亿元，是杭州的1.8倍，但是广州市的上市公司比杭州还少四家，佛山市的GDP大于江苏南京市，但是佛山的上市公司只占南京市的一半，这就说明广东省的资本市场仍然存在很大的潜力和空间。广东省下一步推动产业转型升级，转变经济发展模式，大力加快资本市场的发展是大势所趋。

二、民营企业家道德建构的意义

很显然，一些陆续登陆资本市场的民营企业，正在用他们成功的一面给更多期待走向这个舞台的企业带来冲动与信心。一个企业要成为世界级的企业，一个企业家要成为世界级的企业家，没有经过资本市场这个没有硝烟的战场的洗礼是不可能的，或者说没有那么快，要在漫长的路上痛苦地摸索着。我们的企业家，不仅要成为一个创业家，更要成为一个投资家，不仅要成为一个生产指挥者，更要成为一个资本经营者，这是企业和企业家进化的必然途径。

30年改革开放的商业历史，风云激荡。每一次商业思潮的变革，总会有一批企业家，在商业大潮中失去了航向，迷失了自我，最终被淹没在大潮之中。人们感念其商业开创之功，也惋惜其败于难以适应商业变革的"历史规律"或跌落于"历史细节"之中。如果我们对企业界的失败案例逐一剖析，就不难从中找出导致其失败的问题症结及应对良策，而这恰恰可为有志创业的人们带来许多启发。

曾经有一个统计，中国的企业平均寿命只有2.9年，当然这个数据的统计是有误差的，这个数据将很多已登记但没有运作的企业统计在内，但是平均寿命绝对不会超过五年。这种短命的现象是值得我们深思的，同时反过来印证了我们很多企业并不像上市公司那样有一套完善的制度，也就是说我们很多企业并没有走上健康的资本经营之路。

胡润富豪榜每一年都发布中国富豪排名，多次引发关于财富来源正当性的争论，胡润2009年还发布了一张中国出事富豪榜，榜中数据显示，从1999年到2008年的十年，登上胡润富豪榜的中国企业家有1330人，其中因为各种原因出事的达到49人，判刑的和等待判刑的20多人。尽管绝对数并不多，但是由于能够登上胡润富豪榜的每一个企业家，每一个都是创富明星，他们的倒下，每一次都会掀起舆论的浪潮，都会引起对企业家命运的关注，都会激起对企业家生存法则的拷问。

很多假冒伪劣产品如黑心棉花、工业油盐、发霉米面、漂白蔬菜、纸壳"皮鞋"、夺命药物，似乎都或远或近跟民营企业有一些瓜葛。为了追求利润，有的企业不计后果，最终在政府的严打中受到"致命打击"，企业也就陷入万劫不复之地。

市场经济也是道德经济。很多事例表明，企业家的才能固然重要，但是如果没有"道德人格"要素，也就失去了发挥才能的主体性，也就不可能真正建立权责利相统一的机制体系，而现代企业制度也会因此而流于形式不能发挥其应有的功能。西方经济学的最新研究成果表明，再完美的制度设计也会因不完全信息和高昂的监督成本，不能完全杜绝道德风险的危害，因而，企业家的道德约束和人格自律是十分必要的。

资本市场确实能够锻炼一个企业，因为它是公开的、相对公平的一个平台，想要符合它的规范，所有的经营都应该是在阳光下，这就需要这个企业有很好的公开度和透明度，用现代管理制度。研究企业上市，就是要研究这些企业的道德、责任，信用记录，这些记录不一定是在财务报表上得以体现，但是它绝对会影响到一个上市公司，以及它能否上市，所以我们中国的企业现在急需要重构企业家的商业荣誉，商业道德。

三、商道即人道

现代经济社会更需要有道德的企业家，当然也要有胆有谋，有知识，但更多的是要承担商业道德，职业道德，社会道德，企业道德，经济道德，要有道德的担当。老子《道德经》有言："上善若水，水善利万物而不争；处众人之所恶，故几于道。"我觉得可以用"水"的概念来诠释企业家的道德追求，来建构企业家的精神家园。用水的理念能很好地阐释企业家如何具备危机意识，危机管理。

水温顺柔弱低下卑贱，道商越卑贱则越高贵；水滋养万物，施恩而不图报，道商要利益众生而不去与众生争；水绕圆则旋转，遇方则回转，堵塞则止行，决口则涌流；水行不通则退，止不住则漫，道商有令则行，行不通或退或让；有禁则止，止不住或变或易；水不拘一形，随物而成其形；水变化万千，服从于时令之变幻；春夏温热，万物生长，水则蒸云降雨，滋润群生，降温祛暑；秋冬凉寒，万物收藏，水则凝为霜雪，护侍群生。

百川归海，不归山。江海之所以能成为百谷王者，是因为总把自己放在最低的位置。秉持"心善渊"标准的道商，他们地位越高、成就越大，与之相应的就是心胸越广，心态越空，不为眼前短暂的成功和财富而忘乎所以，刚愎自用。只有心善如渊，才能容纳和接受一切新的事物和观点，才能创新和创造，成就新的高度。

好雨知时节，当春乃发生。在经济全球化时代，你死我活、尔虞我诈的商场斗争模式，必将成为历史的陈迹。一个成功的大企业家、大商人，要善于吸取《道德经》的大智慧，低头处世，昂首做人，和合融通，随机应变。运用这种智慧，在商业经营的重大转折时期，往往能够化干戈为玉帛、化对手为朋友、化竞争为竞合。

儒商精神：企业永续发展的和谐之道①

今天是《当代儒商》杂志创刊三周年的纪念活动日，受陈富荣副社长之邀，我来捧捧场。主办方要我致词，在这么多领导和专家学者面前谈儒商，我不敢班门弄斧，只谈点个人浅见，求教于各位贤达。儒商即儒与商的结合体，是亦儒亦商，既有儒者的道义、才智和君子之风，又有追求正当财富和商业利益的商人气质，是儒者的楷模，商界的菁英。当代儒商，是指有较高文化素养的、有儒家道德观和价值取向的、有自强不息和勇于创新精神的企业家（商人）。

前不久，我去了一趟"小肥羊"火锅在内蒙古包头的公司总部，与公司品牌总监李丽婵女士进行了一次关于企业文化的交谈，自然就谈到了狼文化和羊文化。尽管两种企业文化难以比较优劣，有很多企业以狼文化为图腾获得了成功。但是，我认为，在人类面临生态危机和经济危机的情况下，这种狼文化值得反思。狼和羊两种生命，展现的是两种生存状态，两种追求。台湾明基电通董事长李昆耀在其一篇文章中深刻剖析了苍狼文化，苍狼不断地吞食羊群，对大草原疯狂掠夺和破坏。如任由苍狼肆虐，人类文明终将消失。所以，企业再也不能像苍狼一样靠占领草原破坏生态来谋求商业利益了。而羊一身都是奉献，懂得舐犊之情，跪乳之恩。狼追求的是物质（肉体）的满足，羊追求的是精神（灵魂）的快乐。正是追求这种羊文化，使"小肥羊"火锅从十年前的一个不起眼的小店发展成为中国餐饮连锁店第一品牌，年销售额增长40%，去年达50多亿元，并且成功在香港上市。他们每年要消

---

① 本文是2009年7月25日在《当代儒商》杂志创作三周年纪念日的演讲。

耗200万只羊，为了保护草原生态，用科学方法培育羔羊，这些羔羊成长速度快，肉美鲜嫩。这种奉献文化、感恩文化成就了小肥羊的伟业。实质上也是当代儒商精神的具体实践和生动体现。"小肥羊"的经营者认为，物质的富足只是为其提供了一种生活保障，因为人不可能衣食不保而空谈高雅文化和社会责任。而只有文化修养的洗礼，才能使儒商获得精神与灵魂的幸福感受，找到人之初、性本善的意识回归，从而变得高尚，懂得感恩报德、敬天爱人，关爱社会弱势群体等。因此，儒商境界是人类生存的一种极其美好的境界，也是当代企业永续发展的和谐之道。

纵观历史长河，商作为儒修身、齐家、治国、平天下的一种手段，早在儒学精神出现的初期，就有了联姻。孔子的弟子子贡就很会做生意，他在曹、鲁两国之间做买卖，积累千金之财，但他并没有一味钻进钱眼里，而是对孔子极为尊重，随孔子周游列国，为孔子实现其理想提供了必要的经济支持。《史记·货殖列传》记载：夫使孔子名宣扬于天下者，子贡先后之也，此所谓得势而益彰者乎？

儒家文化影响中华民族2550多年，朝代更迭，外族入侵，异教传播都不能改变其向心力和凝聚力，形成了国人独特的思想与行为方式。中国人又是世界公认的最会做生意的两大民族之一。历代商人无不受到儒家思想的影响，成为名噪一时的儒商、德商、圣商。在中华民族的经济发展史上，儒商文化影响深远。儒商文化的精神实质，就是强调利以义取，反对为富不仁。所以真正的儒商，还需要有益于社会，穷则独善、达则兼济，需要有一种强烈的社会责任感，有一种乐善好施的精神，即使在不穷不达的情况下，也需要有一种利他的精神，最起码己所不欲，勿施于人。特别是一些有名的商帮，更是充分体现和实践了儒商文化。

徽商，"贾而好儒"，重商重教。他们自觉用儒道经商，以儒家伦理规范自己的商业行为。有一幅这样的对联典型地描述了徽商这一特征：创业难守成难知难不难，读书好营商好效好便好。

徽商的代表——红顶商人胡雪岩在胡庆余堂店内设立两块巨大的金匾，上写"真不二价"和"戒欺"。由于他们坚持以诚待人，以信服人，非义不取，在激烈的商业竞争中赢得了顾客的信任，每到一地就会出现"归市如流"的局面。

晋商，也曾经声名显赫，富可敌国，辉煌数百年。电视剧《乔家大院》艺术再现了晋商的诚信精神。山西票号讲究六个字"守信、讲义、取利"，它把守信、讲义放在取利之前，靠信与义来赢得人心。以平遥的"日升昌票号"为例，在全国各地设分号600多个，甚至涉足日本、东南亚和俄罗斯等异域，年汇总金额100万两至3800万两不等，经时100余年，盈利1500万两，实际上就是一个跨国的私家银行。美国作家罗比·尤思森称之为"中国的华尔街"。

后起广东、福建的粤商、闽商，为躲避战乱到香港和台湾地区甚至南洋谋生，他们艰辛创业、诚信经营，创造了华人经济奇迹。据统计在海外的华人有5500万人之多，遍布世界各地。他们成功之后，慷慨解囊，无私捐助康梁改良运动、辛亥革命、抗日战争和改革开放事业。广东省工商联前会长陈祖沛在抗美援朝时期为志愿军捐献了三架飞机。特别是在香港，出现了像李嘉诚、包玉刚、霍英东、郑裕彤、曾宪梓等一批声名远播的儒商代表人物。我曾在一些场合评价当代闽商说，他们做人特别低调，做事特别高调；单个或小范围特别低调，抱起团来特别高调。广东有"可怕"的顺德商人，如今我看到了"可怕"的福建商人。

改革开放以来，随着社会主义市场经济的深入发展，中国的商业文化仿佛在一夜之间挣脱了所有的桎梏与镣铐。原有的无规则商业游戏逐渐被新的有序方式取代，"儒"与"商"也重获自由与新生。"儒商"，这个陌生的词汇渐渐走进了大家的视野，走进了国人的心中。当代儒商的新形象，体现为个人既具有传统的儒家文化理想和道德修养，又具有时代风范，能够心态平和，热爱生活，胸怀大度，热情善良，乐善好施，坚定沉着，独具慧眼，具有敏锐的战略前瞻意识和市场观念，积极投身当下的微观经营实践，善于理财管理，以发展实业、持续经营、创造效益为构建和谐社会作贡献。众多"儒商"的出现和蓬勃发展，必将推动新的更加科学的市场经济形成与发展。我们看到，我们正在走向这样一个国富民强的伟大时代。

什么是儒商？我认为，以德立身，以诚达信，以义取利，以人为本，以和为贵，这就是儒商。

第一，以德立身。 中国人自古以来追求立德、立功、立言，立德是基础。儒商实际上奉行的是商业道德秩序学，讲究以道德力量维系商业秩序。正如温家宝同志在多个场合中说的，"企业家身上要流淌着道德的血液"。儒商从事的本是纯功利性质的商业，但始终存有超功利的道德追求，让经商行为始终带有非常浓厚的道德色彩，这是典型的儒商经营理念，是儒商精神对世界商业文明的一大独特贡献。

第二，以诚达信。 儒家强调人之为人，言必信，行必果。对商家来说，诚实守信在任何时候都是一项基本商业道德。诚实守信可以说是企业的生命，不讲信用就会失去市场、失去效益，有了良好的信誉才会赢得效益，因此，信誉至上是商业的立足之本。从企业与供货方的关系来看，诚实守信就是从制度和法律上确立双方遵守协议、履行合同、买卖公道的信用体系，防止假冒伪劣、以次充好，以假充真的产品进入市场。从企业与消费者的关系来看，经营者在买卖活动中要诚实经营，讲究信用。在商品质量上不隐瞒缺点，不出售假冒伪劣商品；广告宣传要符合实际，不夸大其词；诚心诚意地为顾客着想；要落实服务承诺，言而有信；在党和国家方针政策允许的范围内诚实经营；在言论、形象、行为上给顾客诚实的印象。

第三，以义取利。儒家讲义利之辩，进步的商业道德也强调商人的利益不能置于社会整体利益之上，强调不能因谋求私利而损害消费者利益和社会公共利益。不择手段谋取利益是不道德的，是一种利欲熏心的行为。从一些私营企业主毫无商业道德甚至违法犯罪的案例中，无一不在昭示重振商业伦理和社会公德的紧迫性。当然，"文革"时期由于极"左"思潮影响，在意识形态上把义与利简单地割裂开来，对立起来，狠斗私字一闪念，不允许讲利，这就走向了另一个死胡同去了。企业经营的目的在于追求利润的最大化，提倡儒商精神是否会牺牲商业效率呢？这就有一个追求商家个体利益或局部利益最大化还是社会利益最大化的问题。就社会大系统来看，企业无视道德和法律、不择手段地牟利，就会导致商业生态恶化。效率似乎有了，但就社会而言，公平公正却被抛在了一边。这种恶性循环的破窗效应及其后果，将是整个社会的灾难。儒商精神的可贵之处正在于强调了公平原则，这种公平不是来自外在强制力量，而是来自受儒家思想浸润的商家道德自觉。从宏观上看，提倡儒商精神，可大大降低整个社会管理系统的运作成本。就商家本身来说，经常性陷入投诉与纠纷的旋涡中，对自身也是不利的。以义取利，还强调义利统一，体现在当代企业家要有一种乐善好施的慈爱情怀，穷则独善其身达则兼济天下，勇于担当，履行自己的社会责任。

第四，以人为本。儒家讲中庸、过犹不及，对商家来说就是不牟取暴利，不搞掠夺式经营，注重商业生态和协调发展。儒商强调"己所不欲，勿施于人"，推崇"己欲立而立人，己欲达而达人"，这是处理人际关系的黄金准则。有人说，儒商精神提倡道德自律，抵制几乎是人的本能的利欲，在实践中是否有可操作性？这是对儒商精神的误解。其实，儒商精神与私人利益是不矛盾的。古往今来出现的大批商德崇高、业绩不凡的儒商，证明了儒和商完全可以而且应当融为一体。儒家学说强调人的社会属性，把人际关系调整好了，社会的发展才能和谐、稳定。儒商精神所提倡的人与自然的协调发展、人与人和谐相处的商业生态文明和义与利、合作与竞争、自强与自律和谐统一的商业伦理精神，具有非常强烈的现实意义。

第五，以和为贵。儒商精神具有鲜明的"和平主义"性质，儒家强调礼之用，和为贵，对商家来说就是和气生财，就是要移情设想，站在顾客的立场考虑问题，强调货真价实、童叟无欺，强调在顾客得到完美服务的同时得到商业利益。以和为贵，还强调善于竞争，"以和济争"，竞争应当是平等公正的"君子之争"，在竞争中不损害对手和社会利益，达至合作共赢的目的。所谓君子和而不同，小人同而不和。提倡并善于公正和平的经济协作与竞争。这完全符合21世纪和平与发展的时代潮流，以儒商"和平主义"的精神指导经济实践，规范世界经济秩序，才能使经济全球化真正成为全球经济的互补共荣，保证世界各民族的经济在公正平等、和平竞争的环境中求得利益共享和相对平衡地发展。

儒商文化提倡建立在道德基础上的经济发展，在约束儒商诚信经营、重义轻利的同时，也提高了儒商的信誉，降低了社会交易的成本和风险，促进了商业的繁荣和经济的发展。在当今经济全球化时代，在我国建设社会主义市场经济、构建和谐社会的今天，大力提倡儒商精神和进步商德，大力弘扬进步的儒商文化具有十分重要的意义。在我们生活的这个地球上有70亿人，极少数富可敌国，数以亿计的人在贫困线上挣扎。在贫富悬殊越来越大的世界，有钱的人如果没有文化担当，没有一种为人类进步的责任感，地球就不会有和平与发展。可以说，在商人中提倡儒家精神是使商人逐步有文化担当的伟大事业，今天强调儒商精神的现代价值，强调要通过对儒商精神的弘扬，来为现实的经济社会发展服务，其目的和意义正在于此。

在新的世纪里，我们当代儒商的历史使命是什么呢？我以为，主要有以下"五个追求"。

一是追求自我提升，达到精神富有。学习力是当代企业家最为重要的一项能力，是企业家自我提升的重要阶梯。杰克·韦尔奇说："你可以不学习，但是你的竞争对手和敌人不会这么做。"特别是在知识大爆炸的今天，企业家不学习是最为可怕的事情。企业家自我提升是一个自身素质不断提高的过程。如果说三十年前，改革开放之初的第一批洗脚上田的企业家，靠的是胆量、运气和生存的勇气打下了一片天，这是当代企业家素质的1.0版；那么，20世纪90年代下海发展的企业家，靠的是把政策、知识变成财富和把握机遇的能力，这是当代企业家素质的2.0版；在当今时代，经济全球化进一步发展，金融危机波及全世界，由虚拟经济波及实体经济，各种机遇和风险并存，企业家素质的3.0版就在于精神境界的提升、思想道德的升华，他们不仅是物质上先进生产力的代表者，而且是精神上先进文化的代表者；不仅是物质财富的创造者，而且是精神财富的创造者。我们的时代呼唤既具有高尚道德情操、文化修养，又具有卓越经营才能和广泛社会影响的世界级企业家。

二是追求自我修炼，力行商业道德。儒商文化是经过历代儒商的成功实践不断总结出来的，它本身就是一种企业经营管理之道。儒商文化的诸多内容在今天的企业发展中仍有十分积极的作用。如诚信重义，仁爱互利，就是要求质量第一，信守合同，顾客至上，合作共赢，守法经营，依法纳税，爱护环境，实行人本管理，关心员工利益，力所能及参与社会慈善事业，在创造经济效益的同时，创造社会效益。可以这么说，企业商家只有重视诚信、规范经营，才能够长久生存和持续发展，才能够实现基业长青。这样的儒商，这样的企业家群体，一定是我们国家经济与社会发展的脊梁和中流砥柱。企业家道德进化之路是富而贵，贵而雅，要成为有道德感和责任感的精神贵族，需要企业家长期的修炼，不断地实践。有的人登上了财富的顶峰，却无法赢得社会的尊敬，就是因为他的财富没有道德色彩，甚至沾染了太多的鲜血。

三是追求自我完善，承担社会责任。我始终认为，创造财富是一种善，把财富用之于社会更是一种大善。当代儒商的责任不应局限于一己之私，而应肩负起社会责任。当代儒商首先要在服从和接受社会要求的生产目的、方式、形式、规则、经济生态环境的前提下，展开经济活动，对自己的行为负责；将分散于社会各个角落的生产要素组织起来进行要素生产效率最大化和利润最大化配置，将潜在的社会生产力转化为现实的社会生产力。同时，当代儒商还要跳出企业和个人的小圈子，肩负起社会的责任。

一方面要承担直接社会责任。包括将利润尽可能多地用于社会积累，努力保障本企业职工现在和将来的就业安全；提高职工的工资收入水平、改善工作条件，使职工能在更加人性化的环境中工作、加强培训增加职工的人力资本的内涵和含量以及工作的可持续性；调配好各种生产要素，组织高效的生产过程，生产优质产品，即组织、指挥、协调、管理、经营好企业；私利服从公益，企业不能去生产那些虽有利可图但妨碍甚至逆转文明进步的物质产品。

另一方面要承担间接的社会责任。主要指服从国家的宏观调控，纠正企业经济活动的盲目性和片面性，平等地与工会等劳动者群众组织协调好经济利益关系；利用社会影响，为老百姓的利益呼吁呐喊，向政府建言献策；回报社会，热心公益事业，捐赠扶贫资金和赈灾救济，让更多的老百姓感受到社会主义的温暖。增强文化科技意识，重视对教育和文化的投资，促进文化科技、教育发展和人才成长。传播儒商思想，刻苦努力，著书立说，促进整个社会崇文好儒风气的形成。

四是追求自我突破，勇于创新求进。爱拼才会赢。当代儒商要在波涛汹涌、充满危机与挑战的商海中游泳，要在国际化的大背景下竞争，除了要有勇于拼搏精神之外，还应该有创新的精神。想别人没有想到的事，做别人没有做的或者没有做成功的事。创新包括技术创新、管理创新、制度创新等。首先要进行技术创新。当今世界在高科技的支撑下，新产品、新技术层出不穷，产品的更新速度很快。当代儒商应长期不断地投入资金，进行研究开发，不断提高科技含量，创造和掌握更多的自主知识产权，从为外国贴牌到中国制造，再变为中国创造。其次，要进行管理创新。当今世界最为盛行的管理理论是Z理论，即人本管理，它由美籍日本学者大内创立，其中很多方面是吸取了中国儒家思想的精华。在今天企业的内外部环境不断变化，社会变革日益激烈的情况下，当代儒商要勇于探索，创立中国自己的管理理论。在这一方面，我国的企业家如海尔集团创始人张瑞敏等已经做出了好的榜样。我们应该在自身的管理实践中不断创新、探索、总结、提高，为形成有中国特色的企业管理理论作出贡献。

五是追求自我超越，绿色和谐发展。在现代科技突飞猛进的今天，人们对地球的资源进行了探索性开发，前所未有的环境危机正在一步步逼近，人类的生存面临巨大的威胁。我们只有一个地球，必须善待我们赖以生存的环境，这已成为越来越多人的共识。儒家思想体系中的许多精粹，是古代先哲留给我们的一份珍贵遗产，其中含有丰富的关于尊重生命、崇尚自然和保护环境的思想。中国传统的伦理道德观，与现代环境保护意识有某种内在的契合。当代儒商要深刻地领会古代先贤有关尊重生命、保护生态环境的遗训，对社会负有很强的责任感和使命感。要宣传"天人合一""仁民爱物"的思想和关爱后代的代际伦理思想。要尊重一切生命价值，尊重自然规律，实现人与自然的和谐、友善、协调发展，节约资源、保护环境，不去剥夺子孙后代生存发展的机会和权利，从经济的源头上落实可持续发展的战略。作为企业家，决不能为了眼前的物质利益而破坏生态平衡，为祸社会、贻害子孙后代。要重视环境道德规范建设，把它作为企业文化建设的重要组成部分，妥善处理好发展事业与保护环境的关系。当企业利益和损害环境发生冲突时，要毫不犹豫地舍弃前者，不赚昧良心的钱，自觉地承担起保护环境和自然资源的责任。在三废排放方面，不以"达标"为满足，而要以更高更严的标准要求自己，在商业活动中处理好经济效益、社会效益和生态效益之间的关系，努力消除掠夺性开发带来的负面影响。当代儒商应追求高层次的商业理性，在商业活动中体现出一种人文自觉，一种理性的价值承当，为企业家作出表率，为人类的可持续发展作出贡献。

学习反思，创新超越①

　　首先，我代表广东省工商联总商会对深圳市第二届孔子文化节暨祭孔大典的隆重举办表示最热烈的祝贺！我们刚才进到东风公园，就立即感受到一个巨大的气场，为这样一个浓浓的祭孔文化氛围深深地感染，而刚才广东高科技产业商会秘书长王理宗先生的精彩演讲，又把这种氛围推向了高潮。加强文化建设，建设文化强省，需要有平台、有品牌活动、有热心人推动。广东高科技产业商会携手民营企业，每年面向群众举办这样一个盛大庄重的活动，这充分体现了我们商会组织、工商界、艺术界特别是三和国际集团顺应时代需求，弘扬优秀传统文化的一种责任担当。

　　改革开放以来，最大的改善是物质财富的巨大丰富，同时我们也越来越忧心忡忡，就是社会道德的规范正在部分失效，不少人没有信仰，缺乏对良知的敬畏，这是时代的不幸，民族的悲哀！有良知有责任的中国人决不能让这种状况发展下去！我很高兴看到在我们工商界很多有志之士和商会组织就在做传承优秀传统文化的工作。

　　传承需要学习。庄重的仪式创造了一种学习场景。传承不是盲目继承，而是以科学、理性的态度学习中国古代传统优秀文化，尤其要熟读儒家经典，如《大学》《中庸》《论语》《孟子》等，对道家老子的《道德经》《庄子》等也要学习，吸取其思想精粹，做到古为今用，取其精华，去其糟粕。

---

　　①　本文是在2011年9月深圳市第二届孔子文化节暨祭孔大典上的致辞。

　　传承需要反思。要对照世界先进文化、先进文明，反思中国传统文化的局限、流弊，自觉地吸收、借鉴外来有价值的优秀思想和异域文化，在不同文明碰撞中，在中西文化比较中，它山之石，可以攻玉，应取其所长，补我之短。

　　传承需要创新。要用批判性思维，摆脱因循守旧的定势，在全球文化融合和变革的浪潮中，创造当代领先世界的中国文化，对人类文明进步作出贡献。

　　传承的目的是超越。在学习的基础上自我反思，在反思的基础上创新，在创新的基础上超越。一个没有批判性思维的人是无法进行科学探索的，一个不能进行反思和思辨的民族是不能追求真理持续进步的。传承文化是为了创新文化，学习前人是为了超越前人。特别是三和国际集团张华董事长，在公司创立和发展25年里，坚持不懈地把孔子思想的精华运用于企业经营管理实践，取得了丰硕成果。尝到甜头后，又和高科技产业商会一起联袂举办孔子文化节暨祭孔大典，这样的活动很有意义，再过三年、五年、十年，时间越长，坚持得越久，越能见到根深叶茂，其社会效应将日益显现。这就是张华先生和王理宗先生的良苦用心，他们携手一起来做这样一件有益于社会，有利于文化传承的事情，他们的行为带动全社会尊孔崇德，以仁立身，重义守信，克己复礼，敬天爱人，这是一种新时代的文化担当之大德！孔子九泉有知，我想这位圣哲也很高兴地看到自己的思想在中国和世界传播的盛景。愿我们每一个当代中国人，都来做中华优秀传统文化的宣扬者、布道者、传承者、推动者，让瑰丽的东方文明之花，在世界每个地方结出璀璨的精神和文明成果。

重建我们的道德信仰①

在这个金秋时节、阳光璀璨的美好日子，我们再一次聚首，再一次驻足，共同参与由深圳市孔圣堂儒家文化交流中心、广东高科技产业商会和三和国际集团三家联袂主办的第四届孔子文化节、第五届祭孔大典，具有特别重要的意义。我是第三次参加这个活动，我发现我们这个活动越来越规模化，越来越有吸引力。每一次都吸引了越来越多的市民在这里敬仰、祭奠，在这里感受一年一度的儒家文化大事。而且，今天特别令我们感动的是，我们有来自北京、上海以及全国各地的一批德高望重的知名艺术家，他们有的是连续多次来参加这个祭孔大典，有的已经年近8旬，让我们对这些艺术家表示崇高的敬意！

在中国历史上，可能没有任何一位伟人像孔子这样在老百姓心中有这么不可替代的崇高地位。刚才礼乐奏响的时候，我看到有一位老大妈自发在圣像前点香祭拜孔子。除了我们中国人特别敬仰孔子以外，孔子的名字已经伴随着我们400多家孔子学院，伴随着中国的崛起走向世界。记得在1988年时，全世界75位诺贝尔奖获得者聚集在巴黎，他们共同探讨人类未来的走向。在这个会议上，他们研讨的主题是如何能够在21世纪使人类得到可持续生存？最终形成了共识，就是必须在以孔子为代表的中国儒家思想中寻找答案。孔子被联合国教科文组织评为人类有史以来十大杰出思想家之一，而且他的名字是排在第一位。还有一位德国哲学家雅思贝尔斯提出了"轴心时代"的学说，指出孔子和耶稣、苏格拉底、释迦牟尼等人类历史上的伟

---

① 本文是2013年9月深圳市第四届孔子文化节祭孔大典上的致辞。

大思想家，都集中出现在这个时代，说明孔子是具有世界影响的圣哲。

尤其是在当今时代，我们每一个人每一天都要思考，我们是谁，我们现在何处？我们从哪里来，更重要的是向何处去？那么"向何处去"，就必须从我们孔子的思想当中来找到丰富的历史思想资源。孔子是一个具有高度的人文关怀、完美的人生目标、温和的理性思维的圣人。他告诉我们一条在全世界永恒的黄金法则，那就是"己所不欲，勿施于人"，他还告诉我们"不义而富且贵，于我如浮云"。他一系列的思想，在当今社会日益闪烁，发出夺目的光辉。刚才深圳三和集团张华董事长反复讲的一个主题词，让我印象深刻。他说，信仰缺失的人生暗淡无光。有人说，我们中国人是没有信仰的。这话既对也不对。对的是，我们现在确实看到社会上一些弱肉强食、尔虞我诈、互相欺骗、道德沦丧的现象，其根源在于没有信仰。说不对，是因为儒家文化的存在，使得我们这个社会，我们中华文明能够在5000年历史长河屹立于世界的东方。我们自古以来有非常多的志士仁人，为了信仰为了理想而奋斗。当年的范仲淹就提出：先天下之忧而忧，后天下之乐而乐。当年的文天祥拒绝了元朝的高官厚禄，宁愿"留取丹心照汗青"。这些志士仁人就是因为受到儒家文化的熏陶，使得他们从小、一生都有坚定的信仰。

我们知道，一个人也好，一个民族也好，一个国家，乃至整个世界，如果失去了信仰、失去了道德，那将会跌入万劫不复的深渊。所以，正是在这个意义上，要回归本质、回归良知、回归理想、回归信仰。我们的王理宗会长、张华董事长，他们多年来推行、推进这样一个传播儒家文化的伟大事业。今天，老艺术家王铁成先生说，孔子的思想可贵在哪里？可贵的在于"笃行"——他不仅这么说，而且也是这么做，也是王阳明的心学里面讲的"知行合一"。我们的三家主办方，就是实践儒家文化的典范。三和国际集团、广东高科技产业商会，一个商业的企业、一个商会，能够做出这样的事情，不正是他们的理想、他们的信念所支撑的吗？张华董事长他的信仰是什么呢？就是家国天下。昨天书法家也写了"家国天下"这几个字。所以，我觉得，我们中国人是有信仰的，这种信仰是建立在家国天下之上。著名社会学家费孝通老先生的几句话非常经典地诠释了这种理想，"各美其美，美人之美，美美与共，天下大同"，这就是我们现在应该追求的人生的理想。所以，我想我们举办这个活动今天是第四届，还要继续一届一届举办下去，通过这个活动，包括举办孔圣堂的少儿培训，等等，我们可以系统化地从娃娃抓起，来培育我们的青少年，来重构我们的道德信仰，是这个社会回归诚信、感恩和人文的关怀。这是非常有意义的。那么，我衷心地祝愿我们这活动越办越好，衷心的祝愿高科技产业商会越办越成功，衷心祝愿三和集团早一天成为世界级的知名企业，也衷心的祝愿在座的各位身体健康，家庭幸福！最后一句话：仁者，永远无敌！

女企业家在承担社会责任中的重要角色①

我想谈谈女企业家在承担社会责任中的角色问题。大家知道，在现代市场经济领域，女性虽然从总体上还不能和男性平分秋色，但越来越多的女企业家的出现却是一个事实。中国改革开放以来，一个重要的变化，就是伴随女性经商意识的觉醒，其经济地位迅速崛起，一批又一批女企业家相继涌现，成为中国企业家群体一道耀眼夺目的风景线。许多成功的女企业家都是改革开放的实践者和受益者，对财富"取之社会，用之社会"有着特别的感受，有承担社会责任的意识和回报社会、回报人民的具体行动。但是，在与女企业家们的接触中我感到，这种社会责任意识只是停留在初级阶段，就是简单地做些善事，捐资献物，扶贫济困，支持教育等（当然这也是非常必要和重要的），这显然是远远不够的。在落实科学发展观、构建社会主义和谐社会的新形势下，企业家的社会责任要求更高，范围更广，领域更多，女企业家也不例外。那么，女企业家在市场经济中到底应该成为什么样的角色呢？对此，我有4点看法：

第一，女企业家应当使自己经营的企业成为以强国富民为己任的红色企业。企业家承担社会责任，在不同时候有不同的重点，但最根本的就是以强国富民为己任。这是企业家发行社会责任的最高境界。当前，重点是要承担起五个方面的责任：一是爱国报国的责任，二是发展企业的责任，三是诚信守法的责任，四是道德自律的责任，五是公益慈善的责任。这五大社会责任是一个统一的整体，但重点是

---

① 此文是2009年3月8日在广东省女企业家商会活动上的演讲。

爱国报国，发展企业。把自己的企业办好，这是企业家最大的社会责任。

第二，女企业家应当使自己经营的企业成为节约资源、尊重环境的绿色企业。诗人海子有一句诗："我有一所房子，面朝大海，春暖花开。"我很喜欢这样的意境，它形象地展现了现代女性与市场经济的天然联系。我们所面对的市场经济，就是一片汪洋大海；我们所处的时代，就是春暖花开的时代，党的富民政策为我们开辟了事业的春天；女企业家就是建造这些海边房子的人；女企业家是海的女儿，在海边出生，海里成长，既为自己创造幸福也为更多的人创造幸福。

第三，女企业家应当使自己经营的企业成为具有鲜明文化个性的特色企业。市场经济由多样化的利益主体构成，从而形成了多样化的社会，多样化的市场主体，多样化的企业家群体。我们要拥抱多样化，而不应拒绝多样化。市场经济没有女性企业家的参与是不完整的，甚至是残缺的。事实证明，女企业家在市场经济的风浪中，在激烈竞争的环境下所表现出来的鲜明特色，从另一个侧面丰富了企业家精神的内涵，使企业家能力增添了更多人性化的价值。担任过惠普董事长兼首席执行官的卡莉·菲奥莉娜，曾经连续多年蝉联美国《财富》杂志50大企业女强人榜首，她是全美国20大企业第一位女性首席执行官，年报酬超过一亿美元，菲奥莉娜为人亲切，个性鲜明，她对粉领族在职业场上的忠告是：别把自己当成商场上的女性。她说，她从来不曾想过男人该做这个，女人该做那个。她的座右铭是："挑战思想，征服人心。"她说："公司就像一个人，有大脑，有心灵，有胆量。如果你是一名领导人，你得征服每个人。人们想要看到你用智力去得到它，用情感去感动它。"因此，智慧与情感并重，理性与感性结合，是女性在创业和管理中性别优势的体现。我发现女性企业家与男性企业家最大的不同，也许就在精细化管理上。女企业家更加精巧、注重细节、情感细腻、观察入微，体现了刚柔并济的特点。如果市场经济中没有女企业家，企业家群体就缺少色彩，商业文化就比较单调，市场经济就会只见钢筋水泥，没有红花绿水，哪来五彩缤纷？

第四，女企业家应当使自己经营的企业成为关爱员工、回报社会的暖色企业。暖色调是相对于冷色调而言的。人间有温暖，企业有关爱，社会才和谐。在现实生活中，我发现有不少企业家陷入商场利益争斗之中，由于处理不当，轻则产生纠纷，重则造成悲剧。其实，很多悲剧都是因小事而起。如果人与人之间能够相互尊重，相互理解，相互包容，就能为事业成功创造和谐的氛围，就会为自己创造宽松的人际环境，从而避免许多悲剧的发生。从一定意义上说，企业家的性格决定了企业家的命运。这方面我自己的体会很深。由于女性的天性使然，女企业家在处理内外关系上具有得天独厚的优势。女企业家要特别关爱员工，奖励优秀员工，帮助困难员工，建立一种和谐的劳动关系，使员工感到家一样的温暖，使公司成为具有暖色调的企业。家和万事兴，人和事业兴。一个企业，同事之间、成员之间关系融洽，大家都来干事创业，就一定会出现兴旺发达、和谐稳定的良好局面。在构建和谐企业方面女企业家应该作出特殊的贡献。

人们常说女性是水做的。老子说"上善若水。水善利万物而不争；处众人之所恶，故几于道。"在老子看来，最完善的人所具备的上等的德行，就像水一样。水能滋润万物，使它们尽情生长，而又不与它们争功夺利，始终保持平静；水是最温柔、最善良的东西，无论你把它提到多高的地方，它都向着谦卑之处流淌。爱国华人企业家陈嘉庚说过："金钱如肥料，撒播才有用。"创造财富本身是一种善，但在创造了大量财富之后又能够让更多的人分享其财富，使更多需要帮助的人得到帮助，就是至善、大善。这些年，我见到许多女企业家在发家致富之后，不忘回报社会，她们以感恩之心做善事，体现了义利兼顾的道德情操和精神品格。广东女企业家商会创会主席、香江集团总裁翟美卿经过十年努力，成立了我国第一家私立慈善基金会，2007年12月18日，她荣获广东省政府授予"南粤慈善家"称号，是唯一的女性慈善家。正是改革开放，发展社会主义市场经济，为女性创业发展提供了机遇和平台。市场经济首先是平等的经济，这里没有性别歧视，拒绝男性特权，也不存在主配角之分，只要你有天赋，有能力，有机遇，任何人都有可能成为社会财富的创造者和拥有者。

在陶海盛宴中寻找灵魂①

　　罗青先生的新著——《陶海盛宴·风云对话》面市了，这是他继《陶海随笔》《陶海风云》之后又一部关注陶瓷行业发展的力作，可见他已经完成了自己的陶海三部曲。如果说，在前两部曲中，作者还只是在陶海边漫步，随手拾贝，偶看风云，记录的是自己的片断思考和感悟，那么，这一次，他已经只身跃进到陶海之中，与那些堪称中国陶瓷行业风云人物的顶尖企业家、工艺美术大师、专家教授们一道把酒言欢，高谈阔论，洋洋洒洒地为我们奉献了一席盛满中国陶瓷人在产业转型升级中精气神的思想文化大餐，值得细细品尝。

　　罗青先生所工作和生活的佛山，是中国建筑陶瓷产业、企业、品牌的重要聚集地，多年来，他作为一个异乡人，却能在这个广阔的陶海中扬起自己生命之帆，开辟一片新天。从1993年创建新珠江机械起，他已在这片陶海里遨游了18年。特别是2000年承办点金广告、《建材周刊》，2006年创办《卫浴空间》，已跃居国内一流建材文化传媒行列。他成了佛山陶瓷产业发展历史的记录者、佛山陶瓷文化的传播者和推动者。他主办的一年一度的佛山陶瓷行业年会，已经成为具有全国影响的产业盛会，我多次获邀参加，亲身感受他不遗余力为行业发展奔走呼号，为品牌建设构筑平台，为转型升级建言谋策。他多年持之以恒的努力，为自己事业发展赢得了空间，得到了业界的尊敬。更为可贵的是，他深谙思想和文化的力量，用时间打

---

　　① 本文是2011年12月为中国（佛山）民营陶瓷卫浴企业家年会秘书长罗青先生编著《陶海盛宴·风云对话》一书所作的序言。

磨了一部部对行业转型发展十分有价值的著作。他在这方面的追求和探索，愈发扎实，也更有深度了，因为他是在陶海盛宴中寻找当代陶瓷人的灵魂——转型时代之魂、行业生存发展之魂。

今天，佛山乃至广东的那些闪闪发光的建陶和卫浴品牌——欧神诺、蒙娜丽莎、冠珠、金意陶、鹰牌、东鹏、唯美陶瓷、尚高卫浴、英皇卫浴等，在国内外广大陶瓷消费者中享有很高的认知度，但人们往往不容易把这些品牌与杰出陶瓷企业家鲍杰军、萧华、李钜、何友和、何乾、何新明、黄建平、林伟、庞健锋联系起来。在陶瓷业界，中国工艺美术大师梅文鼎、潘柏林，华南理工大学教授陈帆是响当当的人物，但在业界之外，他们的名字往往是不被众人所知的。至于那些陶瓷产业链条上必不可少的机械生产企业，关注面就更少了。在《陶海盛宴·风云对话》26篇风云对话中，罗青先生用他力透纸背的笔墨，站在整个产业链的高度，运用360度视角，通过一场场精彩的对话，全方位地真实客观地记录了在中国陶瓷行业一个个闪亮的人物和知名品牌的传奇故事，跃然于字里行间的当代中国陶瓷菁英关于个人创业、品牌打造、文化传承、行业发展的心路历程和深度思考，生动反映了整个改革开放时代一个典型的传统行业的成长史、奋斗史、发展史，全景式地展现了当代陶瓷人在这段波澜壮阔历史中所经历的苦难与辉煌、磨砺与拼搏、迷茫与求索、转型与希望……我们从这些对话中，走进了佛山、广东陶瓷企业家、工艺大师、行业专家学者的心灵世界，寻找和发现了维系一个行业长久变革发展的灵魂。他们的理想追求、职业操守、道德品格、事业成就、文化品位，就像一座座风光绮丽的精神大山，让我们去攀缘。相形这下，当今那些生产假冒伪劣甚至于毒奶粉、地沟油等唯利是图、道德沦丧之徒和见死不救的冷漠之辈，真的应该好好去洗净自己的灵魂了。

众所周知，当下中小企业日子不好过，企业家处于经济全球化条件下的高风险时代，融资难、用工难、原材料等各种生产要素价格上涨，企业经营成本急升，利润空间缩小。但像美国的苹果、微软等真正的知名品牌和掌握核心技术以及善于创新商业模式的企业仍然傲立于不败之境。中国目前不缺少企业，而缺乏真正意义上的企业家，尤其是缺乏像乔布斯、比尔盖茨、稻盛和夫那样世界级企业家；不缺少产品，而缺乏受消费者青睐的精品，尤其是缺乏世界品牌；也不缺少文化，而缺乏对大众消费者的尊重，尤其是缺乏对生命、道德、诚信、正义的敬畏之心！正是在这样一个充满竞争压力和市场风险、呼唤道德良知回归的背景之下，《陶海盛宴·风云对话》无疑对于陶瓷行业甚至其他行业的企业寻求市场开拓之路、经营管理之道、品牌建设之策、自主创新之术、和谐发展之方提供了非常实用的可资借鉴的解决方案。更为难得的是，作者通过被访谈的企业家和专家之口，对转型中的佛山和广东陶瓷产业的发展提出了一系列有针对性的意见建议，特别关注传统制造业的命运，提出不能把陶瓷行业当做污染行业，要在加快发展新兴产业的同时，提升传统制造业的品牌价值和技术创新能力，实现就地转型升级，等等。这些意见建议，就像一颗颗珍珠，散落在每一篇对话中，对政府产业政策制定者和处于转型中的中小企业，都具有十分重要的参考价值。

拿破仑曾经说过："世界上只有两种强大的力量，即刀枪和思想；从长远看，刀枪总是被思想战胜的。"在罗青先生的《陶海盛宴·风云对话》中，我感受到了中国陶瓷人内心迸发出来向世界品牌攀登的精神伟力！

剩者为王

2008年初，我出版了第一部企业风险管理专著，即《跨越财富天险——企业家生存风险管理之道》，书中剖析了改革开放30年来100多名企业家的非正常死亡和犯罪的案例，概括了创造财富道路上的五大天险，提出了六大解决之道。这本书很受企业家们欢迎。2010年3月再版时，我又作了较大修改，正文结束语引用了明代词人杨慎那首著名的《临江仙》："滚滚长江东逝水，浪花淘尽英雄。是非成败转头空。青山依旧在，几度夕阳红。"对企业家的命运表达了一种历尽沧桑的感慨和现实良知的关注。进一步引起了广大企业家的共鸣。

这几年，我在对企业和企业家生存状态进行深入剖析和研究的过程中发现，在竞争日益激烈的全球化市场环境中，企业家越来越成为高风险的代名词，企业的兴衰、成败、生死、存亡，已是一种常态。企业是一个生命体，必定有其生命周期，任何企业都有消失的那一天。生是偶然，死是必然。企业家的全部价值在于，如何尽可能延长企业的生命，使其不至于过早夭折、过快死亡，也就是要打造长寿企业、百年老店。所以，企业家的使命无非是两点：一是让企业活着，二是让企业尽可能有尊严地长久地活着。从这个意义上说，企业家真正的核心竞争力不是体现在能够赚取商业利润上，也不是反映在有多快的发展速度、多大的经营规模上，而是一种使企业可持续发展的能力，或者说是基业长青的生命力。所以，杨慎的词句可改成："滚滚长江东逝水，浪花淘出英雄。是非成败不是空。留得青山在，总有夕阳红。"

说来也巧，落笔至此时，我妻子转来网上一篇文章，题目为《都是一生》，说的是两个同村的童年伙伴大友和天成不同的人生轨迹和命运，全文大致如下：

大有和天成从小生活在一个村，一起上的小学。大有从小顽皮，不好读书，十六岁初中没毕业离开了学校；天成自幼好学，成绩优秀，十六岁考上全市里最好的高中。

大有每天在村里晃悠，爹妈看着发愁，心想这孩子将来怎么办呀；天成每日都苦读诗书，父母喜在心里，村里人都认定他必有出息。

那年，大有和天成都是19岁，大有跟着村里的人外出打工，来到了高速公路的工地，保底工资3000元；天成考上了一所重点大学，读的是道路与桥梁专业，学费每年5000多元。

那年，大有和天成都是23岁，大有的爹妈给他说个巧媳妇，是邻村的，特别贤惠；天成在大学里谈了个女朋友，是邻校的，很有文化。

那年，大有和天成都是24岁，大有在老家结了婚，把媳妇带到工地上，来给他洗衣做饭，恩爱有加；天成终于大学毕业，找了施工单位工作，跟女友分居两地，朝思暮想。

大有每天很快乐，下了班就没事，吃了饭和媳妇散散步，晚上便和工友打麻将看电视；天成每天很忙碌，白天跑遍工地，晚上还做资料画图纸，好久不见的女友跟他分手了。

那年，大有和天成都是28岁。大有攒下了20万元，已是两个娃娃的爹，心想着回家盖栋漂亮的楼房；天成过了中级职称，还是单身一个人过，心想着再干几年就是高级了。

大有在农村老家盖了两层小楼，装修很漂亮，剩的钱买了一群小猪仔，让媳妇回家种地养猪；天成在城里贷款买了一套新房，按揭月供3000元，父母给介绍了新女朋友，在城里上班很少见面。

那年，大有和天成都是31岁，大有媳妇从老家打电话来说：大有，现在家里有房有存款，咱喂喂猪，种种地，很幸福了，家里不能没有男人，你快回来吧；天成媳妇从城里打电话来说：天成，小孩的借读费要15万元，家里没有存款了，你看能不能找公司借一点？

大有听了媳妇的话，离开了工地，回老家跟老婆一起养猪，照顾父母小孩；天成听了妻子的话，更努力工作，去了偏远又艰苦的工地，很难回家一次。

那年，大有和天成都是35岁，猪肉价格疯涨，大有的一大圈猪成了宝贝，一年赚10多万元；因为通货膨胀严重，天成的公司很难接到项目，很多人都待岗了。

那年，大有和天成都是50岁了，大有已是三个孙子的爷爷，天天晒着太阳抽着旱烟在村里转悠；天成已是高级路桥工程师，天天顶着太阳皱着眉头在工地检查。

那年，大有和天成都是60岁了，大有过60大寿，老伴说：一家人团圆多好呀，家里的事就让娃们操心吧，外面有啥好玩的地方咱出去转转；天成退休摆酒席，领导说：回家歇着没意思，返聘回单位做技术顾问吧，工地上有什么问题您给指导指导。

大有病了一场，大有拉着老伴的手说：我活了快70岁了，有儿有孙的，知足了；天成病了一场，天成抚着妻子的手说：我在外工作几十年，让你受苦了，对不起。

……由于长期体力劳动，吃的是自家种的菜、养的猪，大有身体一直很硬朗，慢慢就恢复了。由于长期熬夜加班，天成喝酒应酬，工地食堂饭菜也很差，天成身上落下很多毛病，很快就去世了。

80岁的大有蹲在村头抽着旱烟袋，看着远远的山；远远的山上有一片公墓，天成已在那里静静睡去；大有在鞋底磕磕烟灰，拄着拐杖站起身，望了望那片公墓，自言自语地说：唉，都是一辈子呀……

这篇网文在生活中绝对有真实的版本，作者可能是一线的工程技术人员，他流露了两层意思：一是以此向工作在一线的同行们致以最高的敬意！他们付出了青春、爱情、亲情甚至生命，他们也是最可爱的人。二是告诫世人要活在当下，珍惜生命。人的一生很短暂，希望大家给自己多一些时间，给家人多一些关爱。在战斗一线少喝酒、少抽烟、少熬夜，照顾好自己的身体和健康。我太太的意思更多在后者。我在感动她的良苦用心之余却又生出了几分感慨：活着真好！我在这里不想对这位作者的主观意图作评价，也不想对大友和天成的人生际境作道德评判，但人生在世，最基本最现实也最有价值的理想和追求是什么？我认为就是健康长寿！

企业和企业家如何跨越生存危机健康长寿地活下去？已经成为一个世界性的难题，也是横亘在中国企业家面前的一道生死考题。一方面，长寿企业在世界上都是

"稀有动物"，在中国更是"珍稀动物"，全国每年新生15万个企业，同时每年又死亡10万个，有60%民企在五年内破产，85%在十年内死亡，家族企业平均寿命只有2.9年。回望改革开放以来的30年，有多少曾经称雄一时的知名企业如今已泥牛入海？又有多少我们曾经引以为豪的民族品牌消失得无影无踪？而且随着改革开放初期成功创业的第一代民营企业家年事已高相继从一线淡出，家族企业的权力传承问题日益成为影响企业可持续发展的关键。

另一方面，我们发现，被主流经济文化逐渐认同，被赋予"经济脊梁"特性的中国企业家群体，在他们"精明强悍""春风得意"的外表之下，却隐藏着日益脆弱的内心。引人关注的是企业家因经营不善、疾病困扰等原因接二连三的自杀现象。2003年以来，我国因精神困境自杀身亡的亿万富豪有九位，2011年5月23日凌晨，一位老人从23层高楼坠落死亡，人们惊讶地发现，自杀者竟然是公司刚在深交所上市的万昌科技董事长高庆昌。距此三天前，浙江商人卢立强在台州临海灵湖公园溺水身亡，他是台州最大的钢结构生产企业之一的珠光集团浙江钢结构有限公司董事长。而在一个月的前一天，身家数十亿、极富传奇色彩的包头惠龙集团董事长金利斌以自焚的方式结束了44岁的生命。连续两个月，三位中国企业家留下亿元身家，相继走向了人生的末路。这当然是一些极端的例子，其实大量的是因经营失败或环境变化导致公司倒闭而成为企业家群体中的"明日黄花"。还有相当数量的"问题富豪"，因合同诈骗、行贿官员、制假贩假等犯罪行为而被判入狱。这暴露出企业家群体光鲜表面背后不为人所知的灰色甚至黑色的另一面。那些曾经叱咤风云一时的财富英雄如今安在的还有几人？多少荣登各种富豪榜的熠熠生辉的金色名字如今却被历史灰尘覆盖？我们看见的只是你方唱罢我登场，各领风骚数百天的一幕幕悲喜剧！正如管理专家、商业评论家王育琨在著作《强者：企业家的梦想与痴醉》中所指出的："因为那太阳般的盔甲过于耀眼，人们的目光穿透不了那耀眼的盔甲，抵达不了他们的心灵。在人们眼里，他们像那盔甲一样的坚硬，直到有一天，那坚硬的躯体轰然倒下时，人们在震惊之余，不明白为什么如此坚硬的身躯会毫无征兆地坍塌。"

在多年的观察和思考中，我认识到在企业界也存在一个天然法则："谁能笑到最后，谁就活得最好"，换用一句时髦的话：剩者为王——剩下来的才是胜利者。今天，我们已经进入一个剩者为王的时代。

剩者就是适者生存。剩者，适者也。企业的长生之道就是适者生存、物竞天择的自然之道，就是居安思危，以变应变之道。达尔文在《物种起源》中发现，动物界真正的强者不是体格强壮或力大威猛者，而是那些能够不断适应环境变化者。这就是庞然大物恐龙灭绝的原因，企业界又何尝不是如此？多少巨商瞬间倒，多少楼台烟雨中！剩者的战略是蓝海战略，不与对手在血雨腥风的红海里厮杀，而是在和谐共赢的蓝海里寻求长期共生之道，创业多年而不倒，积小胜为大胜，最终成为行业的龙头、冠军、标杆或先锋。

剩者就是百年老店。剩者，幸者也。企业须有几分幸运，才能得以幸存；仅靠幸运之神，必定难以长存。商海潮涌，大浪淘沙，吹尽黄沙始到金。历经多难而不败，风雨之后见彩虹，剩者的意志是强力意志，坚韧不拔，愈挫愈奋，虽百折而不挠，虽九死而不灭，化腐朽为神奇，临绝境而后生，创造凤凰涅槃的奇迹。伟大是时间的函数，衡量一个企业的成功，不在于取得一时之辉煌，而在于长久之活力。

剩者就是行动成功。剩者，智者也。企业家需要有学习力、文化力，需要有追求卓越的知识和智慧。剩者的智慧是成功智慧。他们是积极心理学的实践者，是行动主义、专业主义者，他们用思想驱动情感，用情感催生梦想，用梦想激发成功。他们永不满足，永不停步。日本"经营四圣"之一的稻盛和夫，他一人创建了两家"世界500强"企业——京都陶瓷株式会社（京瓷）和日本第二电电株式会社（KDDI），在他的著作《活法》中写道："并非只有失败才是考验，成功同样也是一种试炼。"既能承受失败，又能享受成功，既具有一以贯之的创造激情，能始终保持一份清醒，才是真的智者。智者知道借助于团队的力量，善于运用"雁阵效应"。生物专家们经过研究后得出结论，一群编成"人"字队形飞行的大雁，要比具有同样能量而单独飞行的大雁多飞70%的路程，也就是说，编队飞行的大雁能够借助团队的力量飞得更远——协同会增加70%的力量。

剩者就是不败传奇。剩者，胜者也。剩者有目标专注的定力，雄襟万里的气魄，坚定果敢的行动。剩者的法则是胜利法则，一旦作出决定，就立即付诸行动。行动法则是企业从失败走向胜利，从胜利走向更大胜利的黄金法则。剩者的行动就像狼群一样，眼光非常敏锐，善于发现机会，行动十分敏捷，勇于抓住机会。企业家的一切行动必须建立在理性基础之上，有理性者不是空洞的理想主义者，而是彻底的实践者。也许在某一个时段有挫折甚至有失败，但只要成为剩者，就有扭转败局的时间，就有争取胜利和成功的机会，终成同行中的赢者、强者。

剩者就是道德之光。剩者，善者也。剩者从善积德，敬天爱人，上善若水。剩者之道是长治之道。长治而久安，是企业治理的根本之道。欲长治必以善治之，善治方得长治。善治是一种仁治，仁者爱人，义利兼顾，以义取利。善治是一种良治，与恶治势不两立，与法治并行不悖，既体现企业家经营的自由意志，又不违背道德、法律和良知，所谓从心所欲而不逾矩。人到底是经济人还是道德人？这是著名的亚当·斯密之谜。国人多关注这位经济学之父用经济人理念写成的《国富论》，却往往忽视了他的另一本著作《道德情操论》。按照亚当·斯密的观点，遵守道德情操是追求商业利益的前提，人的行为是否符合道德，是否正义，需要由"中立的旁观者"来评判。因此，企业家身上要流淌着道德的血液。道德法则是一个企业基业长青的第一定律和不二法门。对企业家来说，什么是生意？生意就是生命的意义。所以，企业存在的全部价值就是以客户价值为价值，以客户需要为目的。人的行为有种种目的，但总的目的只有一个，那就是本身。企业具有人格性，企业家也生活在复杂的社会网络之中，我为人人幸福，人人为我幸福，企业家必须对人的生命保持敬畏。这就要求企业和企业家永远都必须把其人格中的人性以及每个他人的人格中的人性同时作为目的，而不是作为手段。

剩者为王，剩者无敌。这是一个属于剩者的时代，亲爱的企业家朋友，你准备好了吗？

新商业文明潮头的第一个境界

引领风骚立潮头

任何人的路都是不可复制的，个人学业、事业、能力的进步也没有捷径可以走，从政的捷径更加没有。正如王家卫关于电影《一代宗师》所说的："其实功夫就是时间"。2003年12月，我被广东省委安排到省工商联任专职副主席、总商会副会长。当年我刚刚触摸到40岁的门槛，仍属于"芳华年代"。没料想一干就是十年。"十年一觉青春梦"，在广东民营经济大发展的时代浪潮中，我有幸接触和结识了许许多多知名粤商（含港澳企业家），如曾宪梓、马化腾、许家印、苏志刚、李东生、何享健、杨国强、霍震寰、蔡冠深、杨钊、戴德丰、许智明、刘宇新、陈志列、王文银、张思民、王传福、姚振华、郁亮、董明珠、刘志强、翟美卿、陈红天、张茵、黄文仔、涂辉龙、陈凯旋，等等，与他们中的大多数长期打交道，其中有的还结下了深厚友谊。在改革开放大好年代，在中国梦的强烈感召下，广大粤商秉承广东千年商埠的精神，扎根某一领域深耕细作，不少人历经挫折、失败甚至资产清零，却又能够东山再起、再创辉煌。在他们身上，我看到了"投身商海多壮志，敢教日月换新天"的豪迈情怀，看到了"一万年太久，只争朝夕"的拼搏作风，看到了"企业家精神不滑坡，办法总比困难多"的坚韧不拔，更重要的是，看到了"杀出一条血路"的冒险精神。这些优秀的粤商，他们不是普通人，而是一群"立于新商业文明潮头的人"。我多年来与企业家的一些访谈、在商会和企业所作的演讲以及发表的文章，从不同侧面展现了当代广东民营企业家"弄潮儿向涛头立，手把红旗旗不湿"的精神境界。

进入21世纪，我国民营经济进入加速发展的新时代。

何为加速时代？这是美国著名畅销书作家托马斯·弗里德曼在其著作《谢谢你迟到》中的概括性提法。他指出，加速时代以三个M为特征：第一个是电子计算机计算和处理能力的指数级增长，其代表就是Moore's Law（摩尔定律），摩尔定律是英特尔公司的联合创始人戈登·摩尔于1965年提出来的，摩尔指出，半导体芯片的速度和力量，也即其计算和处理能力，大体上每年可以翻一番，而制造每一代新产品的成本只会以极小的幅度上升。摩尔后来把翻一番的周期由一年调整为两年。在此后的50年，技术的发展大体上是沿着摩尔定律的路径前进的。第二个是Market，即全球市场，商务、金融、信用、社交网络的全球流动以及互联互通的能力将市场、媒体、中央银行、公司、学校、社群以及个人紧密地编织在一起。信息和知识的流动使我们的世界不仅相互联系得越来越紧密，甚至过于紧密。无论一个人身处何处，都更容易受到身在他处的另一个人的影响和伤害，从而变得更加脆弱。第三个是Mother Nature：大自然母亲，表明气候变化、人口增长、森林退化、海洋酸化以及生物多样性减少等气候变化在持续地加速，并已经进入了棋盘的下半场，人类正在跨越大自然生态系统安全运转的临界点。由于受到人类活动的影响，自然生态安全的边界被人为破坏，我们正在置身一个十分脆弱的生态环境中。摩尔定律、全球市场和气候变化的同时加速构成了"加速时代"，这就是我们现在身处的时代，这些力量是今天驱动世界机器运转的核心部件。这三种加速也在相互影响，摩尔定律的加速驱动了全球化的加速，全球化的加速驱动了气候变化的加速，而摩尔定律的加速也对气候变化和我们面临的许多其他挑战提供了更多潜在解决方案，同时也在改变现代生活的方方面面。

与加速时代相伴而行的是，世界不仅在发生快速的变化，而且正在发生剧烈的重构，这种重构的速度要快于我们目前重构自己、重构领导力、重构体制机制、重构社会以及道德选择的能力。这说明，变化的加速发生与我们自身的适应能力之间出现了不匹配。对于处于经济全球化洪流中心的企业和企业家来说，只有提高适应快速变化的能力，才能使企业立于不败之地。这种适应能力包括开发学习系统、培训系统、管理系统、融入社会安全保障网以及主动对接政府监管体系，从而在这些加速中获取最大收益。

加速时代需要培养造就一大批能引领变革潮流、具有全球影响的世界级企业家群体，这是国家强盛和经济繁荣的重要标志。广东作为中国改革开放的先行地，更应该率先成为盛产伟大企业家的风水宝地。粤商是继徽商、晋商之后崛起的又一股强大商业力量，对广东经济社会发展发挥了巨大作用。明朝以来，粤商周流天下，成为贸易全球化的一支劲旅。尤其是近百年，先后涌现了张弼士、马万祺、何贤、霍英东、谢国民、林百欣、郑裕彤、李嘉诚、李兆基、田家炳、曾宪梓等代表人物，还有以郭台铭为代表来粤投资的台商，他们在港澳台地区、东南亚和世界其他地方，有着重要的经济影响力。改革开放以后，广东GDP总量从1989年至今连续30年居全国第一，粤商功不可没。随着民营经济的崛起，一大批优秀粤商成为当地行业标杆、商业翘楚、慈善明星，他们中不少佼佼者更是走上政治舞台，成为民主监督、参政议政的人大代表、政协委员，自觉围绕党委政府中心工作建诤言、献良策，为经济社会发展贡献了智慧和力量。

商海浮沉，大浪淘沙。商场是没有硝烟的战场，创业艰难百战多。粤商企业家绝大多数都是白手起家，在融入当地、扎根当地的过程中，深耕制造业、服务业等行业，不断推动相关行业产业发展进步，而支撑他们不断开拓创新的精神内核，就是粤商精神。这种精神概括起来就是"敢为人先，务实创新，开放兼容，利通五洲，达济天下。"

商道本天成，粤商正前行！企业家是财富的创造者，也是国家和全社会的宝贵财富。中国要强盛，就必须像托起朝阳一样，大力弘扬企业家精神，让新时代的粤商在全球不同商业文明的较量与互鉴中闪耀中华商业文明之光。

微信扫码

第二章

拥抱春天：春江潮水连海平

春江水暖，春潮涌流。随着民营经济的迅猛发展和民营企业家群体的崛起，工商联事业迎来了一片春光。春天里，要满怀信心，脚踏实地，辛勤耕耘，才有希望开辟新时代工商联推动和促进"两个健康"（民营经济人士健康成长，民营经济健康发展）的新境界。为民营经济服务是工商联工作者的神圣使命，就要不遗余力为优化民营经济健康发展环境和推动商会组织改革鼓与呼！

进一步改善民营企业发展的法治环境①

2008年是国际经济环境急剧动荡的一年。国际金融危机蔓延，国外主要经济体出现衰退。国外金融海啸的影响"一浪接一浪"地从大洋彼岸往广东沿海盖过来。已经连续几年一直保持高于全省平均增长速度的民营经济，今年增速首次低于全省水平，2008年前三个季度，全省民营经济实现增加值为10545亿元，占全省的41.68%，较2007年下降了1.5个百分点。从我会掌握的情况看，我省民营企业的确是遇到了前所未有的困难和压力。概括而言，主要有以下几个方面。

一是如何应对萎缩的外需。我国开放进出口经营权后，我省民营经济前几年一直维持大大高于全省平均水平的出口增长速度，成为我省外贸的生力军。但去年前三季度民营企业出口511亿美元，增速为5.6%，远低于全省平均水平。在家具、针织、服装、灯具等民营经济较集中、较发达的行业，不少企业向我们反映国外订单出现了大幅度的萎缩，其中以欧美订单下滑的程度最为严重。家具行业向我们反映去年来自欧美的订单少了三成。一些主销美国的灯饰企业由去年的上亿元订单下滑到今年只有3000多万元，企业开工严重不足。在我们对159名省工商联执委的调查中，有51.2%受访企业估算今年销售收入较去年下降，只有8%的估算实现增长且增长率高于或等于去年；接近七成企业估算今年利润出现下降，只有6.45%实现增长。

外贸部门目前的挫折，逐渐将扩散到产业链上游和国内个人消费上，反映为产

---

① 本文是2009年1月14日在广东省高级人民法院组织的民营企业家座谈会上的发言，该座谈会促成了省工商联与省高院《建立非公有制经济主体法律风险防范机制》合作协议的签署。

业集群内各种需求下降。类如出现厂区空置率增加、原材料或半成品需求减少、工人消费需求下降等。一些民营企业虽然没有停业注销，主要是考虑到创立企业、办理执照、申请证件很不容易，他们也在等待观望。假如没有最近国家"保增长"的宏观政策出台，可能他们春节期间就会清算结业了。

二是企业劳动管理的难度加大。今年是《劳动合同法》实施的第一年，碰上了经济下行风险加大，两者使得民营企业劳动管理出现了很多新问题、新挑战。例如，员工中止合同的企业损失、基层执法不公、群体性事件后往往要求企业埋单息事、前期劳动管理粗放而可能出现的法律风险，还有以往社保款追缴等问题在现在都暴露出来。法律实施后，员工频频辞职跳槽，一定程度上使企业不愿意在员工培训上投入更多资源，对我省劳动密集型的传统产业企业进行产业升级很不利。企业反映法律出台后用工成本上涨至少10%以上。订单减少背景下，民营企业需要对一些暂时空闲的员工进行岗位调整，但关于换岗等于变更合同。据企业反映，根据地方标准的劳动合同，即使是装配工与搬运工也属于不同工种，此类调动亦属变更合同，员工不同意即要赔偿。这削弱了企业用工管理的自主性，客观上降低了民营企业应对经济波动的自主能力。此外，受一些不良律师的怂恿，一些员工的劳动热情也没有了，整天琢磨着与企业打官司，过去和谐的劳动关系变得紧张起来，不利于社会就业稳定和扩大就业。

三是商业信用环境需要改善。据省工商联去年的抽样调查结果，1161家受访民营企业中，有939家没能从银行获得贷款。在我们最近访问的159名省工商联执委中，有66.43%表示资金紧张、融资困难是当前影响民营企业发展最重要的因素。尽管目前国家的货币政策已由从紧转变为适度宽松，但商业银行体系的充裕资金并没有更多地流向中小企业，很多国有银行反而要求企业提前还款，中小企业的信贷展期申请屡屡不获审批，中央和我省的中小企业融资政策还有待进一步落实。被寄予厚望的担保体系，由于收费高，一些担保公司还截留民营企业借款，作用发挥不明显。

此外，国外大型企业倒闭、外国银行信用证资信下降等，这些都会增加企业间、信贷部门与实业部门之间的猜疑，致使民营企业现金紧张、应收账款增加，三角债的情况抬头。民营企业将来还可能需要解决如何向国外破产企业索偿、向国内下游厂家追讨货款等法律问题。

四是宏观政策影响较大。主要集中在两方面：一方面是中小企业税负的压力仍然很重。去年前三个季度，全省民营经济增加值仅增长9.7%，但缴纳税金增长达35.2%。中小企业没能享受到增值税税收等政策优惠。核定征收的情况下，为完成地方税收增长任务，减免中小企业税收非但不能实现，反而需要企业增加当年缴税额，预缴明年税款。一些地区的民营企业反映预缴税款已经到今年三月份。

另一方面，"双转移"政策的微观层面实施还需要进一步发挥市场的力量。民营企业总体上表示赞成"双转移"政策，有些民营企业有意迁往我省其他地区，但员工转移意愿低，遣散成本高。一些固定设备可转移性差的行业，厂房一搬，则等于重置一间新厂，与搬迁相比，技改经济性更强。此外，我省珠三角民营企业主的乡情浓厚，企业主对到外地投资还是有各种顾虑。

从当前广东非公有制经济发展面临的问题和困难看，需要关注以下几个问题：一是新的三角债将会在今明两年呈现增长的态势；二是新的不稳定因素将不断增多；三是劳资纠纷引发的群体性事件将不断增多。

当前我省民营企业发展存在一定的困难，但是中央及时调整了国家宏观经济政策，把"保增长、促内需、调结构"作为经济工作主要思路和方向。下面，我就对如何加强对民营企业的司法保障和法律服务工作，进一步改善民营企业发展的法制环境，谈点我个人的初步建议。

第一，进一步加强释法和调解工作，推动民营企业构建和谐劳动关系。建议加强《劳动合同法》的普法和研究工作，就社会对《劳动合同法》存在重大分歧的具体条文，充分重视民营企业的意见建议，及时向上级司法、立法部门反映，着眼于构建和谐劳动关系、从稳定和扩大社会就业的角度，寻求最高司法解释或修订部分条文。有关解雇经济赔偿金、以往社保欠款追缴、加班工资追溯等案件，合理把握审判尺度，切实维护民营企业权益，支持民营企业因员工职务侵占、违反竞业限制等进行索偿。同时要打击一些不良的法律工作者采用"分成利益"的方式唆使、怂恿员工集体闹事等事件。

第二，进一步维护广东民营企业在异地的权益，为粤商开拓外地市场保驾护航。不少民营企业向我会反映，在外省一些地区，特别是较落后地区，当地行政部门屡屡向我省民营企业发出行政处罚。处罚原因主要是货物标识不全等。企业在市场流通当地并未设立销售点，由于涉及案件金额不高，往往没有理会，继而等到缺席败诉后，在广东的企业银行基本账号被法院查封，除了需要缴交外省法院裁定的罚金外，还要交纳高额的滞纳金，企业经营受到严重影响。对于这类现象，除了企业需要进一步规范经营，商会与政府部门积极沟通外，也希望我省法院能加强相关协调工作，研究如何便利企业跨地区申诉权利工作。一方面既是维护了法律的公正性，另一方面也有利于我省企业积极开拓市场，有利于统一市场的形成。

第三，加大案件执行力度，进一步维护市场诚信公正。从东莞等地处理企业倒闭案件程序看，普遍都要求厂房业主代垫拖欠工人工资。其实厂房业主也是企业倒闭的受害方，倒闭的企业也拖欠了厂房业主的租金、水电费用。这种处理手法缺乏法理、法规支持。另外，一旦一家较大企业倒闭，必定牵涉一批上游企业如何追讨欠款等问题，一些不良商人甚至通过转资等手段恶意逃避债务。为了惩罚这类破坏市场诚信的不法分子，建议法院加大执行力度，破解"执行难"问题，帮助和支持我省民营企业根据法律成功追讨欠款。

第四，加强知识产权保护，为推动民营企业转型升级提供良好的软环境。由于面临各种市场风险和技术保护风险，民营企业普遍存有不愿创新的心理。特别是企业开发的新产品被其他企业高度模仿，自主创新的经济效益不明显，严重挫伤了企业自主创新的积极性。据企业反映，广东只有广州、深圳、汕头、佛山、珠海等五市设有专利审判庭。其他地区的民营企业只能在上述地区提出控诉或应诉。企业人员因专利诉讼来回奔波，花费精力、财力很多。即使胜诉，损失与获得的赔偿也不成正比，挫伤了企业申报专利、创自主品牌的积极性。知识产权保护风险已成为推进民营企业专利工作、开展自主创新的重大制约因素。建议我省对此充分重视。同时进一步加大对侵犯知识产权、侵占商业秘密、损害商业信誉、商品声誉等案件的审判与执行力度。

第五，以落实民营企业平等市场地位为重点，发挥司法在破除行政垄断、行业垄断等上的重要作用。建议进一步落实《行政许可法》，依法审理民营企业涉及税收、工商管理、质量监督、物价、经营自主权等案件，认真审查具体行政行为的合法性，依法保护民营企业的合法权益。对乱收费、乱罚款、乱摊派、乱拆迁等行政人员违法行为要依法予以处理，保护民营企业经营自主权，促进司法、行政的良好互动。

垄断行业改革缓慢是平等准入的主要障碍，像石油、电信、邮政等行业，垄断的大门虽然打开了，但行业进入的门槛却提高了，这些取得垄断地位的大公司以规范市场的名义，设置各种条条框框，实际上限制向民营企业开放市场。

建议以《反垄断法》实施为契机，从司法角度保障民营企业在市场进入、土地使用、融资等方面的平等市场地位，通过维护民营企业的平等市场地位，促进民间资本向现代产业领域流动，推动实现我省民营经济转型升级。

最后，省工商联也希望能进一步加强与省高院的联系和交流，共同合作，增强民营企业法治意识，引导民营企业遵纪守法、依法经营，建立和完善保护民营企业合法权益的机制，依法保护民营企业的财产权、知识产权、自主经营权和企业家名誉、人身等合法权益，为民营经济营造真正公正和有效的法治环境。

基层工商联工作的转型变革之路①

今天很高兴来到白云区给大家讲课，我就讲一下对工商联的认识和新的体会，也是和大家进行相互交流、学习。据我了解，白云区工商联发展会员的工作做得很好。第一，区内工商联的会员已经达到5000人。第二，在区委区政府的高度重视之下，白云区18个街镇都成立了工商联的组织，做到了全覆盖，而且创造性地、突破性地进行了工商联组织的登记。为基层工商联的生存发展，创出了一条新路。第三，在区工商联指导和管理下还有13个行业商（协）会，这就形成了一个为非公有制经济服务的网络体系。这三个数字足以体现白云区工商联已经在很大程度上走在了全省县级工商联工作的前头，也充分体现区委区政府对工商联工作真真切切、实实在在的高度重视。结合新形势下工商联工作的实际，我主要讲三个问题。

一、工商联的事业已经站在了新的历史起点上

这个新的历史起点主要表现在两个方面，一个方面就是我们已经进入到工商联建立以来最好的黄金机遇期。同时，从另一方面，也看到工商联事业的发展面临着严峻的挑战。从这两个方面来分析，工商联事业正处于一个非常重要的关键点上、转折点上，也是新的起点上。

今年9月份，中共中央国务院联合颁发了《关于加强和改进新形势下工商联工作

① 本文根据2010年11月在广州市白云区工商联举办的商协会秘书长业务培训班上的专题讲座录音整理。

的若干意见》（以下简称16号文件），这是改革开放以来第一次以中央文件的形式对工商联的工作进行了历史定位，提出了明确要求，是指导新形势下工商联工作的纲领性文件。11月15日，中央统战部召开了一次全国性的关于新形势下工商联工作的会议，贾庆林主席作了重要讲话，中央有关部门的同志也作了发言。虽然在1991年，中央也曾发过一份关于当时工商联工作的文件，是以中共中央办公厅的名义转发中央统战部的一个请示。可见，这一次的层级就明显地提高了。我认为，新文件对工商联工作有"四个给力"：

一是在理论上给力工商联。 文件指出工商联是党和政府联系和服务非公有制的桥梁和纽带，是党领导下的服务非公有制经济的人民团体和商会组织。这份文件在理论上解决了工商联的定位、性质、职能、目标。比如说两个健康的问题，五个职能的问题，统战性、经济性的关系问题等，这些都是多年来全国各级工商联实践探索的理论总结，开辟了工商联工作的新境界。

二是在政策上给力工商联。 在文件里面对工商联在哪些方面发挥作用，如何发挥作用提供了广阔的政策空间。包括参与党委部门、政府部门的一些会议，建立相关的联系制度，解决经费问题、培训经费、调研经费等，都有明确的说明。

三是在功能作用上给力工商联。 这次文件要求工商联服务的范围是广大非公有制经济人士，包括个体工商户、私营企业、控股公司、港澳投资企业等等，都是工商联的服务对象。如果说过去主要是服务民营或者私营企业，那广东省就只有81万家，现在再把320万个体工商户加在一起，全省工商联的工作领域就扩宽到400多万非公有制经济组织，这意味着极大地拓展了我们的工作空间。另外，这也是第一次以文件的形式明确了工商联的五大工作职能，包括思想政治工作的引导作用、政府管理和服务非公有制经济的助手作用、参与政策和社会事务的作用、管理行业商（协）会的作用以及协调劳资关系的作用。这些从政策、经济、社会等多方面地确立了工商联新的定位。我们原来经常讲工商联"四不像"，它既不是政府部门，又不像党委党部门，不是民主党派，也不是一般性的社团组织。但是，对于新时期工商联的功能定位，可以从三个方面来加以理解：第一，工商联是党和政府服务非公有制经济的助手，可以发挥政府和党委想做、希望做而不方便做的事情。第二，工商联不是党派，但却团结和凝聚了数量庞大的非公有制经济人士。据统计，广东省现在有500多万是非公有制经济人士，而且这个数字还在不断发展。第三，它又不是一般的人民团体和社会团体。工商联是党领导下的最具有政治特色、政治功能的一个政治性的社团、统战性的社团。这些特点决定我们规定动作比较少，自选动作多。在党的领导之下，可以在更广阔的空间有发挥作用。

四是在组织领导上给力工商联。文件中全面明确的规定，党委要加强对工商联的领导，政府要加强对工商联工作的支持，统战部党组要领导工商联党组、指导工商联的工作，以及确立工商联党组的政治核心作用等多个方面。

除了这个文件的给力以外，还有几个因素可以反映现在确实是工商联工作最好的一个历史机遇。第一，商会协会数量大发展。白云区现在做到了全覆盖，全省工商联组织商会协会截至2009年年底达到498家。而三年前只有现在数量一半，可以想象发展的速度有多快。第二，异地商会异军突起。用雨后春笋来比喻，一点都不为过，甚至更快。温州市已经在全国成立了187家市级以上的商会，加上他们在海外成立的商会总共有410家之多。潮商在全国成立了80家商会，明年即将突破100家，发展速度异常的瞩目。第三，商会联盟日益增多。包括家具、皮具、服装等行业成立了商会联盟。第四，商会细分化的趋势明显。商会由一个大的行业，细分为若干个具体的行业。例如汽车行业可以细分为灯具行业、音像行业、轮胎行业等。家居行业，可以细分为建材行业、家具行业等，甚至细分下去还有红木家具等。第三和第四点，包含了一个是商会的联合理念，一个是商会细分理念，这两种趋势同时存在、同步发展。第五，商会的国际化步伐越来越快。有的商会已经在美国、越南和中东等地成立自己的办事处，推动企业走出去。有的商会组织秘书处的成员，分时分批到国外进行培训。我们有些商会秘书处的人员，已经可以在国际性的商会大会上用英语进行演讲。特别是广东跟国际接触比较多，跟国际接轨的趋势更加明显。广东电脑商会在中东的阿联酋联合组建了30万平方米的商业城。这些因素加在一起，可以毫不夸张地说，一个商会经济的时代已经来临。现在，一个不重视互联网的领导，肯定不是一个符合现代化要求的领导。我认为一个不重视商会的领导，也不是一个开明的有智慧的领导。这句话，不但被现在的事实所证明，也会被将来蓬勃发展的商会所证明。所以我觉得白云区的领导非常开明和高明，它可以用商会的力量来办成党和政府想做又不便做的事情，延伸了党和政府的手臂。

从另一个方面来讲，为什么说面临严峻的挑战？我们做工商联工作的同志，要有强烈的忧患意识，有几点大家必须要清醒地认识到。第一点，社会对工商联认知度不足。尽管16号文件把工商联放在了党和国家的全局来进行考虑，但是从现状来说，人们对工商联的认知度还相对不足，对工商联的性质、作用还比较陌生。时至今日，还有的领导来问，你们工商联是干什么的？尽管这样的声音是越来越少了，但是一直有存在。第二点，我们的确面临竞争性危机。现在日益发展的行业性、综合性的商会协会，一方面为工商联加强工作的联系、拓宽工作的领域提供了极为有利的条件。但是同时，他们的发展也对工商联这个组织带来严峻的考验。各商（协）会服务的对象都是非公有制经济人士，在同一个地区非公有制经济人士数量较为稳定，多一个商会便瓜分了会员资源。各级都建设基层商会，就会掏空我们基层的资源，这对基层工商联的工作带来严峻的考验。比如说工商联系统外的某些商会，他们已经发展到五六万会员，但他们的会长副会长没有明确人数规定，几十、几百个副会长都可以，管理过于松散。我们有一大批行业商会，他们在法人地位上是完全脱离工商联的，虽然说可以作为团体会员加入工商联，但它是独立开展活动，由于它的机制更加灵活，使得工商联对他们较难管理。第三点，政府管理体制的改革带来新问题。特别是正在推行的大部制改革，广州可能还不是很明显，有的地方工商联存在被改制整合的可能。下一步我省会出台一个实施意见，就是要解决规范的问题。第四点，从整体上来说，工商联干部队伍能力素质还不能适应企业家对商会协会的需求。过去你组织活动、碰碰杯、联谊一下就可以，但是现在很多商会都发展到更高的层次，他们的需求不一样了。昨天我去参加广东省日化商会一个年会，其秘书长向与会的行业领军人物作了一个日化行业变革发展的主题演讲，各种数据张口就来，行业情况了然于胸。我感到这个秘书长素质确实很高。但有一些成立多年的商会，会员只有一百多人，随大流、混日子的工作人员占了相当一批。对于如何来提高商（协）会秘书处人员的素质，也是一大课题。现在的老板已经不是过去洗脚上田的老板了，你如何跟他思想上对接、感情上对接、语言上对接，你如何进入他的思想层次，如何进入他的话语系统？他讲房地产你不懂，他讲时尚你不懂，他讲企业文化你不懂，你怎么跟他交流，怎么对他进行服务？这就是我现在所提出来的，商会、协会的秘书处也要转型升级。所以从机遇和挑战这两个方面来说，工商联毫无疑问站在一个新的历史起点上。

二、工商联的工作重点、难点在基层，希望也在基层

重点在基层。 按照工商联组织的划分，有全国工商联，省、市地方工商联，基层就是县区、街道、乡镇工商联。县区工商联是基层工商联工作的范畴，是工商联工作的重中之重。因为县区工商联是组织的基础，他既联系上头，又服务下头。在这一级来说，县区工商联日常事务很多，因为很多的企业都坐落在区县内，县区工商联是打交道最多的。所以这次16号文件对于解决组织建设问题，重点放在县区工商联。前两年，全国工商联也下发了《加强县区工商联组织工作的意见》，其实我们一直把县区工商联当做一个重点看待。从广州的情况来看，县区一级工商联在全省是走在前列的，积累了很多很好的经验。

难点在基层。 首先，一些企业虽然位于县区，但是他要么去市内当市一级的会长、会员，要么就直接越过市到省，有些还越过省。而且企业越大，他越不满足于在县区这一级，这对发展会员带来一定的难度。其次，就是经费的筹措。有的区工商联有8个工作人员，但办公经费一年不到两万。再次，是人员配备的问题。有的就安排老弱病残的人到工商联工作，有的甚至没有固定的工作人员。如今，这些阻碍工商联事业发展的因素仍然有很多，包括经费问题、编制问题、人员问题、办公场所的问题等，都是在县区这一级比较集中、突出的问题。过去，我们也知道大家难，但没有想到这么难，我们也想到大家苦，但没有想到那么苦。现在对这些难处真是感同身受。

工商联事业发展的希望也是在基层。 要把加强县区工商联，作为全省新时期工商联工作的一个战略重点加以考虑。特别是以贯彻16号文件为契机，推动县区工商联工作的开展，在编制、机构等方面进行落实。这一次白云区做到了全覆盖，全部18个街镇都成立了工商联组织，也要适时地总结白云区工商联工作的经验。这点除了白云区以外，我觉得像中山市的小榄镇，他们也做得不错。小榄镇工商联成立了19个行业性的商（协）会，这些行业商（协）会都归在工商联的管理之下。而且他们提出了一个"369"的目标，即力争实现要三年全省一流，六年全国一流，九年世界一流。现在已经过去七年，他们在基层工作方面已经做到全国一流的水平，还运用ISO9000的规则来规范商会的运作。此外，小榄工商联的培训非常多，其中跟大学合作办了EMTM的培训班对会员进行培训。2008年，深圳宝安区得到了全国工商

联先进基层组织，这个奖每个省只表彰一个。宝安区委区政府当天就开了一个表彰会，当场奖励了500万，等于十个街道每个街道商会得到奖励50万。去年他们帮助会员担保贷款做得比较好，区政府又进行了奖励，你越做得好，就越受重视。像高要市的镇街商会绝大部分都有自己的活动场所，有的是商会大楼，最小的都有300多平方米的办公场所。虽然他们的经济还不够发达，但是对工商联工作都非常重视。通过这些事例，可以看到，广东已经有很多县区工商联做得非常不错了。这些例子都给了我们十足的信心，看到基层工商联发展的前景。工商联工作的重点、难点、亮点都是在基层工商联，因此要进一步加强基层工商联的建设，将工商联事业发展的作为一个重要的战略来加以谋划、加以落实、加以推进。

三、我们要建设一个怎样的基层商会，如何建设基层商会

现在是一个商会大发展的时期，是商会经济异彩纷呈的时代，同时随着经济的转型、社会的转型，商会也要转型变革。这就需要我们根据形势的要求，改变、调整和提升思想观念、行为方式、工作思路。中央16号文件要求我们建设怎样的工商联？就是政治坚定、特色鲜明、机制健全、服务高效、作风优良。五句话，说得很全面，但怎么样做到呢？用群众性的语言概括，我们的商会一般要具有七个元素：

会员。会员是全部工作的基础，是商会工作的第一要务，我们要把发展会员、服务会员放在第一位。现在会员的素质越来越高，有的会员具有留学背景，有的企业实力越来越强成为了集团性的企业，他们有的是人大代表、政协代表。像方太的董事长茅理翔在自己企业办学院，到全国各地演讲。会员的素质、文化层次发生变化，我们要进行个性化服务。工商联的工作对会员来讲，主要有两条：一是使真正值得尊敬的企业家赢得社会的尊重；二是我们要使企业真正离不开工商联，促进其健康发展。

会长。会长是商会的一面旗帜，是商会的灵魂人物。并不是说只要有雄厚的经济实力就能当会长，虽然当会长也要有一定的经济实力，但最主要是他要热心商会工作、有号召力、有责任心、甘于奉献。企业家有三个活动空间：一是家庭、二是企业、三是商会。在商会中大家都是平等的，如何让别人心服口服的跟着你，这是一门大学问。

秘书长。现已涌现出一批高素质的秘书长，组织活动、协调沟通、战略思路等

多方面能力都很强。某种程度来说，一个好的秘书长对商会的发展比会长的作用更重要。

会费。会费是商会现金流的重要来源，但一个商会的发展不能单纯地依靠会费。会费只能够是维持日常工作，而不能解决商会持续发展的问题。建设商会大厦、成立小额贷款公司等商会经济方式带来的收入，可以更好地为商会发展服务，国内外的很多商会都是以各种各样的形式以会养会来发展。

会产。商会资产是商会建设重要的硬件设施和物质保障，比如商会大厦或活动基地就是会员的精神家园，可以为会员提供学习、健身、交流、接待等多种服务。

会旗。代表对商会品牌形象的集体认同和社会认知。

会歌。很多海外的商会都有自己的会歌，在举办大型活动时，是很有宣传效果的。温州商会的会歌《温州之恋》就是商会温商文化和价值观的体现。

拥抱工商联事业的春天①

这次召开全省工商联组织工作会议，有四个方面做得很好。一是时机选择得好。在中共中央、国务院正式下发的《关于加强和改进新形势下工商联工作的意见》（以下简称16号文件）颁布后，中央统战部召开的全国关于加强和改进工商联工作会议后的第三天，我们把全省工商联系统分管组织和会员工作的领导和部门负责人集中在一起，进行一天时间的交流和研讨，是非常及时的。二是地点选得好。江门是个好地方，在江门生活工作的人都有一种自豪感，这里是著名侨乡，是珠江三角洲地区地域最为广阔的一个市，山清水秀，人杰地灵，是个学习、工作、休闲的好地方。三是大家精神状态也很好。上一次全省工商联组织工作会议是在2008年年底召开的，两年过去了，大家再次相聚，老朋友见面，新朋友相识，心情分外高兴。四是会议安排得很好。整个会议内容紧凑，安排得比较好，会务组织也很好。会议组织学习了16号文件，全面总结了这三年多来全省工商联组织工作的成绩、经验，对下一步如何以贯彻16号文件为契机，推动全省工商联组织工作再上新台阶提出了明确具体的要求。今天上午短短的一个小时里，三个组的讨论都非常热烈。大家都是从工商联组织工作发展的高度来提出问题，提出思路，提出意见和建议，非常有建设性。牢骚少了，建议多了；埋怨少了，办法多了，表现出了很好的精神状态。

会议马上就要结束了，这两天听到的最多的一句话，或者说一个关键词就是

---

① 本文根据2011年3月在广东省工商联组织工作会议上的讲话录音整理。

"春天"。春天是一个美好的季节，春风荡漾，花团锦簇，春光明媚，是大自然的馈赠。人生也有春季，很多人都盼望，能迎来人生的春天。工商联的事业，现在确实是进入了春天。只不过面对春天的来临，有人比较麻木，因为他的思维方式还停留在冬季，对春天的来临没有任何感觉。但在座的同志，分明实实在在、真真切切地在拥抱着春天，走进春天。我们一定要以拥抱春天的这样一种精神状态，来推动工商联的组织建设发展。今天，我想讲"八个字，三句话"。八个字就是"拥抱春天，开创未来"。三句话，第一句是"发现春天"，第二句是"创造春天"，第三句是"奔向明天"。

一、发现春天

现在工商联事业的春天确实正向我们走来，特别是工商联的组织建设，进入到黄金机遇期。可以概括为四个"从来没有"：

一是党和政府从来没有像今天这样高度重视工商联工作。在传达中央16号文件时大家就有明显的感觉，党中央、国务院颁发关于工商联工作的文件，在工商联历史上是第一次。这充分体现了党和国家把工商联放在了一个从来没有的历史高度上来重视，放在坚持和完善社会主义基本经济制度的层面来考量，放到推动科学发展、加快转变经济发展方式的时代要求来谋划。一个组织，特别是像工商联这样的人民团体和商会组织，如果没有党委政府的重视和支持，我们很多工作是很难开展的。长期以来，制约工商联工作发展有很多具体的困难、障碍，党委政府的重视和支持为我们解决困难、扫清障碍提供了强大动力。所以，16号文件是里程碑，是尚方宝剑，是指路明灯，是行动纲领。从这样的高度来把握和运用这个重要文件，就要原原本本地吃透文件精神，其中很多新的提法、新的观点，值得我们很好地去学懂弄通。

二是全省工商联工作，特别是组织工作，从来没有像今天这样充满生机和活力。我省的县（区）工商联、基层商会，虽然发展不平衡，但确实有很多甚至在全国都有影响的基层组织。我们有很多很好的经验值得总结，昨天介绍经验的六个单位，就是其中的典型代表。深圳宝安区总商会，还获得了全国的先进基层组织，区委、区政府对他们进行了重奖，说明我们工作做得好就会有很好的回报。有的工商联成立时间只有五六年，像江门市蓬江区工商联，肇庆市高新区工商联成立时间更短，但是在这么短的时间里，他们却能够后来居上，能够创造一流的业绩，这里面有一个非常重要的原因，在于他们没有历史包袱，放得开，思想解放，行动创新，很值得我们各个县（区）工商联学习借鉴，哪怕只有那么一条值得我们学习都可以。所以时间并不是经验创造的唯一条件，并不是成立时间越长，工作就做得越好。

三是工商联组织工作的空间和领域从来没有像现在这样开阔。16号文件对于工商联的工作对象，做了非常宽的、大覆盖的概括，包括私营企业，包括港澳在内地投资的企业，甚至延伸到个体工商户，这就大大拓展了我们发展会员的空间。同时，在文件中，对于县（区）工商联的建设、商会协会的建设也提出了新的要求，把乡镇商会、异地商会这些都考虑进去了。

四是我们的服务对象从来没有像现在这样积极参与、热心支持工商联的工作。前不久召开的第二届新粤商大会，就充分说明了这一点。这次大会，除了有省里四套班子主要领导参加以外，还邀请了1800名企业家参加，会场座无虚席。新粤商高峰论坛，原来估计能有五六百人参加就不错了，结果自始至终有超过一千人参加。我经常会遇到一些企业家，他们关心的是怎样才能加入到工商联，他们在想办法组建各种各样的商会。前几天，我去上海参加第四届潮商大会，然后又到杭州见证杭州潮汕商会成立，两个会都有超过一千人的规模。现在汕头、潮州、揭阳、汕尾四个市联合，已经在全国组建了将近80家潮汕商会，还有十几家在筹备成立。估计到明年，突破100家是没有问题的。这些潮汕商会都在工商联的领导下开展工作，企业家参与非常踊跃。各地在广东成立的异地商会，如雨后春笋般发展。这都说明了工商联越来越成为一个香饽饽，大家都争相来靠拢工商联，参与工商联的活动。

四个"从来没有"，充分说明工商联事业的春天真正来到了，工商联的组织建设真正进入了历史最好时期，也就是黄金机遇期。我们要善于抓住机遇，善于发现春天，发现对我们工作有支持有帮助的一些有利因素，紧抓不放；发现我们工作中间一些潜在的优势，进一步放大。通过抓住机遇，发挥优势，创造条件，把我们各方面的工作推上新台阶。

二、创造春天

虽然工商联工作的春天已经向我们走来了，但并不意味着现在工商联的工作已经呈现百花齐放、春色满园的状态。春天是播种的季节，创造的季节。不播撒种子，不施肥劳作，怎会有秋天的收获？我们的工作，我们的组织，还有很多的困难和问题，有很多的差距。刚才大家的讨论，都非常好。我总结了一下，我们的工作目前从组织建设来看，至少有四个"反差"：

第一个是快与慢的反差。就是现在非公有制经济快速发展、迅猛增长，但我们的会员基础却相对薄弱，数量、规模、比例相对不足。工商联发展会员的速度没有能够跟上非公有制企业发展的速度。从全省来看，工商联会员只占民营企业总数的12.6%，这说明我们还有很大的空间，如果把个体工商户加在一起，发展空间就更大了。此外，我们这个组织数量上面的反差，还表现在各地发展不平衡。有的地方发展速度超过30%，有的地方增速在个位数徘徊。另外异地商会的发展也不平衡，像潮汕地区4个市已经有几十家异地商会，但有的市可能一家都没有。

第二个是热与冷的反差。现在中央，包括省市都对工商联的工作越来越重视了，但会不会出现一热一冷，上热下冷这样一种反差呢？这是有可能的。目前最冷的一个问题反映在部分基层工商联、县区工商联，存在的一系列长期困扰工商联发展的诸如干部配备、定编、办公条件、经费的问题等。今天的讨论也反映了一些情况，特别是大部制改革以后，我们面临新的困难，就是有的工商联的办事机构不独立了，机关变成社会工作部的一个科，这就给我们带来严峻的挑战。

第三个是全局与局部的反差。一个是全省的发展大局与我们某些市的发展情况是有反差的，一个是广东和全国其他地区的反差。反差在哪里呢？就是16号文件中提出的业务主管应该怎么去落实，有什么办法来突破？有的同志说得很好，我们工商联需要来一场保卫战，要保住我们的阵地。我觉得不仅是保卫战，还要宣传战，加大宣传；还要攻坚战，要攻坚克难。广东还有一个特殊的情况，就是各地区经济发展的不平衡，在华东地区是根本找不到的，这也是广东的一大特色。

第四个是高与低的反差。服务对象的需求和工商联自身的服务能力是有反差的。长期以来，特别是一些基层工商联的干部，没有得到很好的配备，很好的交流。他们的工作条件，他们的事业进步，都被边缘化了。刚才广州市工商联副主席跟我讲，以前知道做工商联工作很累、很苦、很难，但听过大家的讨论后，还是有很大的触动。知道累，但没想到这样累；知道苦，但没想过这么苦；知道难，但没想到如此的艰难。在这些困难面前，这些反差面前，我们该怎么办？所以说工作的春天它不是自然而然就来的，需要我们去开创，需要我们去攻坚克难，需要我们去创先争优。大家要有等不起、坐不住、慢不得的紧迫感。工商联事业到了现在这个节骨眼上，不能等、不能坐、不能慢，因为前有标兵，后有追兵，人家也想当排头兵。省与省之间的经济发展的较量是如此，省与省之间工商联工作的比拼也是如此。并不见得经济发展得好，经济实力强，工商联的工作、工商联组织发展自然而然就上去了。没有那回事！还是靠我们自己干，一个字是干，两个字是干干，三个字是干干干，没有别的。

同时，我们也要有想大事、干大事、成大事的责任感和使命感。我曾经专门以此为题，给一些商协会的会长、秘书长做过报告。全国工商联党组书记全哲洙说，同样一个文件，就看各省自己怎样去把握，怎么去干。针对16号文件，到时省里也会出台相关的配套文件，如何落实，也要靠各个市县自己把握。同在一个蓝天下，为什么有的市县他们条件那么困难反而搞得那么好呢？这体现了怎么去想，怎么去干的问题。我认为，工商联的干部一定要能够做成几件大事。我省有很多商会，他们在短短的十来年的时间，就可以发展成为全国的一流商会、品牌商会，像家具商会、家电商会和高科技产业商会等。前不久，我在上海听深圳市潮汕商会的会长说，后年要在深圳召开第五届潮商大会，要开成一个世界性的潮商大会。现在大会的规模已经有一千人，他要开成规模超过三千人的大会。而且要组建一个国际性的潮商经济合作组织。国家与国家有经合组织，商会与商会之间也有经合组织。要建一座商会大厦，要办一个工业园，还要筹建潮商银行。这次的新粤商大会，也是一个非常好的品牌，是工商联能够做大事的一个重要标志。工商联没有多少规定动作，多数都是自选动作。自选，就要看你的眼界、境界有多高。心有多大，舞台就有多大，这句话在工商联的事业当中同样是适用的。我们还要有攻坚克难，敢打硬仗这样一种心理准备和工作能力。对于制约工商联工作的这么多难题，我们应该有一个什么样的态度呢？概括为两句话，就是"敢在无从下手处下手，能在难以成功时成功"。表面看去好像无从下手了，但它山重水复疑无路，柳暗花明又一村，又一条路出来了。因为有一个吸引力的规律，吸引力法则，就是你往成功的方向去想、去思考，很多有利于你成功的因素都会被你这个磁铁吸引过来。这次新粤商大会，开始觉得会很难，结果很多因素反而奇迹般地聚集在一起，包括时间、地点、领导的出席，开始觉得根本就不可能，但不可能它也成为可能，变成现实了。所以我有这样的体会，没有办不成的事，只有办不成事的人。

三、奔向明天

工商联事业怎么样能够保持春天，怎么样能够开创明天，开创未来？对这一点，我们要把握住工商联组织建设的一个核心，正如16号文件提到，要把工商联建设成为政治坚定、特色鲜明、机制健全、服务高效、作风优良的人民团体和商会组织。各级工商联要以贯彻落实16号文件为契机，推动工商联组织建设再上新台阶，使工商联工作永远保持这种春天的状态，奔向明天。

一是常抓"三基"。"三基"是指基层组织、基础工作、基本队伍。对基层组织，要扩大乡镇商会的覆盖面，要争取对行业商会进行归口的指导，争取对非公有制经济的这些商会进行统一的管理，争取多发展异地商会，使之成为工商联的团体会员，在基层组织建设方面开创新的局面。我一直在思考，总商会这个牌子如何更好地擦亮。总商会和工商联是两块牌子一套人马，但这个资源其实是很重要的，如果能够在这一个方面进行突破，将很大地促进工商联事业的发展。有些地方的总商会还没有进行登记注册，所以这里面确实还有很多的工作要做。行业商会这块，虽然取消了业务主管，但业务指导我们也可以做。如中山小榄商会，它下面就成立了十几家分会，能不能在这个方面进行探索。在团体会员的发展上也可以进行探索，这些年省工商联发展了大量的团体会员，我觉得还是很值得去思考的。很多路是在夹缝中闯出来的，越是各路夹击，越是要有突破的勇气，走出适合广东特色的新路子来。基础工作就是信息、报表、统计，我省这项工作是比较薄弱的，因为有些企业不愿意提供数据信息，增加了很多难度。加上信息系统的建立，软件的开发等还有些滞后，这次也提出了意见，希望各个市县能够引起高度的重视，最后通过上下联动一起来推动全省工商联数据信息系统的完善，这个也作为考核的重要内容。基本队伍就是我们的会员队伍、是发展会员的问题，大家一定要有这种紧迫感。像湖南省、河南省，这样一些经济欠发达的地区，他们的会员数都已经紧逼我们了。难道他们的非公有制经济比广东还多吗？难道他们的工商联干部人数比广东还多吗？答案当然是否定的。江苏省的会员数一直走在我们前面，每一次去全联开会，我都脸发烫、头冒汗、心发虚。底气不足，讲话就不响。你都没有一定的会员基础，在民营企业中占比才百分之十几，有一个商业联合会，他们发展会员的速度惊人，很值得我们去反思。还有异地商会的会员发展，省工商联自己管的个别商会，10多年了才有两百多个会员，而有的异地商会一年就发展几千个会员。当然情况不一样，不是说你商会会员多影响力就大，但是如果工商联会员发展能有突破，经过几年的努力，我们的会员数达到民营企业数的30%、50%，那将是个什么样的状况！为什么新粤商大会领导会参加呢？不在于工商联本身，而在于参会的1000多位企业家，多数都是知名企业家，正是他们的力量、财富的力量、企业家的力量才是我们坚强的后盾。民营企业家跟工商联是什么关系？工商联不要成为企业家的背影，而要成为企业家的背景。背影就是一握手就成为背影走掉了，不参加活动了；作为背景，工商联组织是你坚强后盾，是你的娘家。我们要培养商会的文化，增强商会的吸引力，必须在发展会员上有大的突破。

二是要善抓"三点"。"三点"就是重点、难点、亮点。前面的"三基"，是我们组织工作的重点。我们的难点，包括干部的问题、编制的问题、机构设置的问题、经费的问题、大部制以后面临的问题。工商联系统目前市县的组织建设情况，有多少会员，有多少商会，机关有多少干部，这些底数一定要摸清。通过摸底调研，形成一个报告，向省里汇报，用准确的数字向省里说明工商联系统现在人员编制少、经费短缺、办公场所不足的问题。要积极争取党委政府领导进一步重视工商联工作帮助解决存在的困难。除了重点难点的突破以外，还要进一步地总结经验，开拓工作亮点，挖掘工作亮点。全国工商联每年都有十大工作亮点评选，我们这次会议的经验介绍就是亮点的显现、亮点的介绍。每一个市每一个县都有自己独到的地方，所以既要抓普遍性也要抓特殊性。要来一场工作亮点的竞赛，看看哪一个市，哪一个县，在哪一方面有突破性的创新，突破性的实践，有指导性的经验值得推广。除了这样的经验交流以外，还可以分片进行现场参观学习，进行横向的交流。

三是强抓"三力"。"三力"是凝聚力、影响力和执行力。要充分调动全省工商联组工干部的积极性、会员部的积极性，把大家的智慧集合起来，关键是执行力。通过培训，来提高做好组织工作、履行职责的能力。同时还要培养一批商协会的会长队伍、秘书长队伍。工商联的工作，人才很重要，包括沟通能力，突破难点的能力，解决问题的能力。工商联组织是个有机体，要有活力就必须把人用好，必须有一批能够打硬仗又能耐得住寂寞的优秀人才，想大事、干大事、成大事的优秀人才。同时，也要为他们创造事业进步的条件和台阶，这一块我们还有很多的工作要做。

　　江门的新会有个小鸟天堂，一棵棵大榕树连成茂密的一片，每年的春天时节，无数只候鸟飞来这片榕树林欢快地栖息。工商联事业也要有"榕树效应"，创造"小鸟天堂"般的优美环境，让民营企业的一只只"金凤凰"都能健康发展、展翅飞翔。我相信，广东工商联事业一定会迎来更加美好的未来！

从战略高度加快发展广东太阳能产业①

　　加快发展太阳能战略产业是支撑我省经济和社会发展的重要能源基础。广东是能源消费大省，也是传统化石能源相对匮乏的省份。长期以来，广东能源供给主要依赖西南电力输入、省外煤炭调运、国外石油和天然气进口。尤其是关闭省内全部煤矿后，能源消费种类和来源则更加单一，能源自给率降低，相关风险在增大。即便有西电东输、国外天然气购买订单等能源长期保障协议，受恶劣天气、国际价格因素的影响，目前广东电力供应仍出现较大缺口。据媒体报道，广东2010年在4月时电力缺口就达到335万千瓦，从3月18日开始就在全省实施错峰用电。工业适度重型化战略实施、民众生活改善趋势，将持续增加我省电力需求。广东大力发展清洁可再生能源，逐渐提高太阳能在我省能源消费比重势在必行。

　　我国积极履行对全球的减排承诺，广东省要顺利完成节能降耗减排目标任务同样需要大力发展太阳能战略产业。在哥本哈根世界气候大会，我国政府向全世界庄严承诺，争取到2020年单位GDP二氧化碳排放比2005年下降40%～45%；大力发展可再生能源和核能，争取到2020年非化石能源占一次性能源消费比重达到15%左右。广东省委在制定我省"十二五"规划的意见中提出，我省要在生态文明建设取得明显成效，单位生产总值能耗、单位生产总值二氧化碳等主要污染物排放的控制水平处于全国前列。节能减排低碳成为地方经济科学发展的硬约束、实指标。低碳广东的建设，也是幸福广东的重要内涵。加快发展太阳能战略产业，有助于降低对化石能

---

　　① 本文为作者2011年向广东省政协大会提交的提案。

源的依赖，有助于减少二氧化碳排放，是建设低碳广东，加强生态文明建设的现实需要。从另一角度看，建设低碳广东也为太阳能产业的发展提供了广阔空间。

当前，太阳能产业已经成为各国抢占未来产业发展制高点的多数选择。太阳能研发及商业应用已经具备一定基础，科技水平快速提高、全民环保意识增强，都将使太阳能得到更广领域的应用。主要发达国家都意识到发展新能源，尤其发展太阳能产业，是增强国内产业竞争力，实现可持续发展的重要战略。在我国，江苏、浙江等光伏产业起步较早，相对领先的省份更是将发展太阳能产业作为本省加快发展战略新兴产业的主攻方向之一。江苏省颁发了《新能源产业调整和振兴规划纲要》将对新能源产业进行着力培育发展，力争2011年实现销售收入4500亿元。2011年胡锦涛主席访美前夕，我国经贸团的浙江企业就同加利福尼亚州北美半导体技术协会，签订了共同研发高效晶体硅太阳能电池及光伏发电技术的协议，太阳能技术合作已经成为中美加强经贸合作的重要内容。

我国太阳能资源相对丰富，全国三分之二的国土面积年日照小时数在2200小时以上，具有发展太阳能的巨大潜力。我省大部分地区属于亚热带地区，日照时间充足，太阳能资源相对丰富，发展太阳能具有较好的资源优势。2006年正式实施《可再生能源法》，其中规定国家鼓励单位和个人安装和使用太阳能系统，大力推广太阳能技术等，为太阳能应用加速提档提供了重要的法律保障。国家能源局曾向媒体公布，到"十二五"末，我国非化石能源在一次能源消费中的比重要争取达到11.4%，我国太阳能热利用面积将达到四亿平方米。由此看来，未来五年，太阳能产业有望成为我国新能源支柱产业。建设创新广东，必须在太阳能产业发展中有一席之地，实现更大作为。

因此，建议我省应把握重要发展机遇，充分重视太阳能产业，大力培育发展我省太阳能商用龙头企业，把太阳能行业作为我省重点发展战略新兴产业，走自主研发、高端化、差异化的发展道路，使太阳能"照"进广东千家万户生活，让太阳能产业为我省加快经济发展方式转变，建设幸福广东作出更大的贡献。

一是启动加快太阳能产业发展的"阳光计划"。我省已有部分民营企业涉足节能环保领域，只要加以引导和扶持，以我省的工业制造基础，太阳能产业一定能在南粤大地"发亮发热"，蓬勃快速发展起来，成为推动我省加快经济发展方式转变的重要力量。为推动太阳能产业迅速发展，建议设立省级太阳能发展项目，以财政扶持资金为启动，引导、吸引民间资本进入太阳能产业。无论是本省民营企业，还是外省有实力的知名企业，只要项目落户广东，都能通过申请该项目资金获得政府支持。同时，切实落实国家支持新能源发展、支持高新技术产业发展的技术研发费用加倍扣除、财政贴息贷款、企业所得税费用减免等优惠政策，省里要出台相应的配套和落实政策，力争用五年时间，培育出我省在国内领先、在国际上有影响力的若干家大型太阳能企业集团。

二是构筑开放型、平台化的太阳能技术研发体系。充分发挥我省科研体系特点，加快引进国内外先进太阳能技术，加强对相关技术的消化吸收再创新工作，并把它作为衡量企业自主创新能力的重要指标。既要重视产业招商工作，也要实施高端人才引进策略。政府要牵头搭建公共平台，为我省太阳能企业引进省外、海外先进技术和专业人才提供细致、到位、有效的公共服务。由省政府牵头，密切与国内领先太阳能研究机构的联系，支持我省有实力的民营企业参与省部研发合作项目。以股权合作方式，引导相关民营企业、高校联盟、社会研发机构共同组建华南太阳能商用技术开发实验室。着力在光伏、光热、光化学、光生物等领域实现重大突破，掌握核心技术。可考虑以佛山、中山等市的家电生产基地为中心，成立相关研究机构，并以此为中心辐射带动太阳能热水器、太阳能空调等相关技术的商业转换和推广。

三是大力推广太阳能清洁应用示范工程。重点在建筑节能、公用设施、光热转换、农村应用等领域抓出实效。切实落实由财政部、住房和城乡建设部联合下发的《加快推进太阳能光电建筑应用的实施意见》。可参考江苏、海南、宁夏等地做法，要求新建12层以下（含12层）的住宅建筑和单位集体宿舍、医院病房、酒店、宾馆、公共浴池等公共建筑，需统一配建太阳能热水系统，大型公共设施必须强化对节能效率、新能源消费比例的要求。制定城市规划要充分考虑太阳能利用，合理设置日照间距系数。推动房地产行业与太阳能行业协调发展，新建地产项目要主动预留太阳能应用系统所需的管道等，在我省商业地产项目中推进太阳能屋顶、光伏幕墙等光电建筑一体化工程。在大中型城市、省内高速公路加快推广风光互补式路灯。实施太阳能下乡政策，在高压电网建设相对落后的地区，积极支持其发展离网式光伏发电，为贫困家庭安装太阳能热水器，将推广太阳能技术与实施扶贫脱贫工程结合起来，与建设社会主义新农村结合起来。

四是积极探索发展太阳能金融配套产业。 大力支持我省民营企业发展节能金融，推动我省金融机构开展节能科技金融信贷业务。主要是指消费者购买太阳能产品只需投入部分资金，剩余钱款由太阳能生产企业捆绑金融机构以科技金融模式解决，用户以节省的电费逐年返还给金融机构。政府对相关金融机构的营业税收实施减免。支持企业参与发展碳汇市场，帮助光伏等太阳能项目申请清洁发展机制（CDM）注册。

五是建立推动太阳能产业科学发展的外部制度约束。 制定我省太阳能在内的可再生能源发展总体规划。规划应明确我省将逐年提高未来五年内太阳能在整体能源结构中的消费比例。进一步强化节能降耗减排目标的责任考核，完善我省节能领域的地方法规和标准建设。要在高耗能产业中探索推动太阳能替代传统化石能源。明确各地政府在推广先进太阳能节能技术和相关产品的责任，做好太阳能产品质量监管工作。支持可再生能源电力项目以优惠上网电价并网发电。

工商联组织建设要"一转三化"①

中共广东省委《关于加强社会建设的决定》提出，构建枢纽型社会组织工作体系，强化工青妇等群团组织的社会服务功能。对我省工商联工作既是挑战，更是机遇，我们一定要抓住机遇，乘势而上，转变观念，创新服务，探索一条充分发挥工商联枢纽型组织作用的新路子。

作为中国共产党领导的以非公有制企业和非公有制经济人士为主体的人民团体和商会组织，近年来工商联积极探索发挥枢纽型组织作用，在非公有制经济领域发展相关社会组织，逐步建设覆盖行业和地区的组织网络，不断创新工作方式方法，大力促进非公有制经济健康成长，引导非公有制经济人士健康成长，事实上，广东省各级工商联具备了枢纽型组织的坚实基础，发挥了重要作用。目前全省21个地级以上市、23个县级市、41个县、3个自治县、54个市辖区等行政区域都成立了工商联组织，全省会员总数超过20万个，跃居全国第一。我们注重抓好商会协会建设，加快发展异地商会为团体会员步伐，由省工商联管理、指导和联系的商会协会90家，全省各级工商联作为业务指导单位的商会协会有513个，在社会建设中已经并将继续发挥独特优势，大有可为。在省工商联指导下，一大批新一代非公有制经济人士加入商会协会领导班子，一批创业二代和新生代企业家进入统战工作视野；一大批商会协会承载工商联工作，为推动"两个健康"做了大量卓有成效的工作。实践证明，工商联通过引领和服务商会协会，能有效丰富工作内涵，扩大组织基础，延伸

---

① 本文系2012年3月27日在省社会工作委员会商会组织建设座谈会上的发言。

服务领域，发挥枢纽作用。在新形势下，工商联组织建设要"一转三化"。

一是组织转型，主要是拓宽工作领域，推动各级工商联组织自身活动方式的转型。结合实际，提出全省工商联系统发挥枢纽型组织作用、培育枢纽型社会组织的目标规划和重点举措，不断扩大工商联基层组织（特别是县区乡镇）的社会覆盖面，扩大工商联的服务范围，由过去主要服务联系有代表性的非公有制企业和人士转变为服务所有非公有制企业和非公有制经济人士，包括在粤投资的港澳工商界人士。变业务主管为服务指导，构建工商联全方位的服务商会协会工作体系。

二是功能强化，主要是发挥优势，增强各级工商联组织的枢纽性功能。积极围绕中心，服务大局，构建促进"两个健康"的服务体系，开展政策、经济、科技、信息、金融服务，大力推进非公有制企业加快转变发展方式；发挥工商联的组织体系优势，探索充分发挥工商联在行业商会协会改革发展中促进作用的有效途径和方法。这是中央和省委文件对新时期工商联工作的明确要求。发挥工商联的组织资源和网络优势，培育一批实力强、作用明显、影响力大的品牌商会和商会工作品牌；强化对所指导的商会协会组织人员的培训；通过举办新粤商大会、粤港澳商会高层圆桌会议等，加强与国内外潮汕商会、客家商会和港澳商会的联系与合作等。发挥工商联牵头引领功能，推动现有行业协会商会自身突破传统分工和地域限制，依据产业链的延伸，发展上下游企业和主要围绕本行业企业发展的产业链式的和跨区域联合型的行业组织；扩大工商联的社会影响力和组织凝聚力，争取更多行业商会、异地商会以团体会员身份加入工商联。

三是培育孵化，主要是整合资源，重点培育孵化一批以民营企业为主体的枢纽型商会组织。一方面在激活存量上做文章。把现有的一些会员规模较小、影响力较弱的民营企业商会整合成为枢纽型的民营企业商会；另一方面在培育增量上下工夫。重点培育孵化一批枢纽型商会组织。近期主要是以创业二代和新生代民营企业家为主体，组建全省性青年创业者联合会；以外向型民营企业为主体，组建民营企业国际合作商会；以民营文化企业为主体，组建民营文化产业商会；探索以全国各省市自治区在粤设立的异地商会和广东省在外地设立的广东商会为主体，组建新粤商联合会，力争使之成为全国性的广东商会的联合体；注重在战略性新兴产业和中小微型企业中培育孵化商会组织。支持和指导各地级以上市工商联组建商会联合组织，打造以诚信、资本、品牌、标准、服务为主旨的商会联盟。

四是服务优化，主要是积极作为，主动承接和指导商协会承接政府职能转移。争取获得政府对工商联作为枢纽型组织捆绑式承接政府部分职能转移的授权，带动商会组织在参与经济发展规划、产业发展政策、行规行约及产品标准制定，以及其他政府购买服务和授权委托事项中充分发挥作用。延伸工作触角，拓宽服务领域，在民营经济发展动态调研、民营企业培训、维权、民商事纠纷调解、劳动关系协调、举办会展、指导协会商会发展中，充分发挥作用。各级政府要对工商联和协会商会承担部分政府转移职能给予支持。一是把适宜于行业协会和商会行使的相关业务职能通过捆绑式的方式，转移、授权、委托工商联等枢纽型组织承接，然后再由工商联等枢纽型组织结合政府购买服务，移交给符合条件的枢纽型社会组织或具备条件的行业协会商会承担。二是加快建立政府转移职能和购买服务制度的实施细则，明确社会组织承接政府职能转移的准入条件，具体事项和程序，经费来源、经费标准确定和经费拨付方式，明确相关政府部门对购买服务的监管职能和监管方式等。三是建立政府购买服务定价机制，通过"政府立项、公开招标"的方式竞价，确保政府职能转移和购买服务有序、规范、高效运作，使社会组织真正参与到社会管理中来。

把创建基层组织建设示范点落到实处①

今天，我们在江门鹤山市召开全省工商联基层组织建设示范点工作座谈会，这是一次很有意义、很有效果的座谈会。刚才，大家畅所欲言，就各地当前组织建设现状，探索如何更好地抓好工商联基层组织建设，做好示范点工作进行了交流和沟通。下面，我主要就全省工商联基层组织建设示范点工作谈几点看法。

一、什么是基层组织建设示范点

工商联基层组织建设示范点可以归纳为四个条件。一是具有先进性。示范点，肯定是全省工商联基层组织建设的先进单位，目标是先进，这是前提条件，就是要有率先示范的作用。二是具有创新性。示范点承担了探索工商联特别是基层工商联体制创新、机制创新的任务。特别是在现在推行大部制改革、社会建设、社会组织改革这样一个特殊的关键时期，示范点承担着探路的一个责任。三是具有典型性。总结经验，包括服务会员、发展商会经济、搭建商会服务平台、承接政府职能转移等方面的经验，为全省基层组织建设工作树立典型。四是具有动态性。示范点的设置相对稳定，但不是绝对稳定。我们将对创建示范点工作的标准进行修改，明确规定示范点将实行淘汰制，示范点的称号在两年内有效，两年后将进行评价，不能达到要求的示范点将被淘汰。并且，从现在开始的两年内，示范点达标一个，就挂牌一个，实行动态管理。

---

① 本文系2012年5月在全省工商联基层组织建设示范点工作座谈会上的发言。

二、为什么要创建基层组织建设示范点

示范点的必要性、重要性、紧迫性体现在什么地方？简要总结起来有这么几点。

（一）建设示范点是工商联事业继往开来、承前启后的需要

去年以来，各级工商联抓住换届契机，工作面貌发生了很大的变化，形势喜人。

一是全省工商联会员规模稳居全国第一。 2010年，省工商联印发了《广东省工商联组织建设年度目标考核办法》（试行），提出了各地市工商联会员数量年增长要达到12%的指标，首次对各市组织建设进行年度指标量化考核。据统计，截至2011年年底，全省共有会员201315个，年增长14.3%，居全国第一位，是唯一一个会员数突破20万的省（市、自治区）。佛山、广州、深圳、顺德、江门等五个市（区）会员数超过一万个，阳江、珠海、梅州、佛山、广州、汕头、中山、江门、汕尾、河源、揭阳等11市圆满完成了会员数年增长12%的目标。

二是工商联的网络优势、系统优势越来越明显。 工商联系统组织架构完善，全省行政区域规划内的21个地级以上市、23个县级市、41个县、3个自治县、54个地级市辖区都成立了工商联组织，肇庆市高新区、深圳市坪山区、惠州市大亚湾开发区等一批新功能区也相继成立了工商联组织。基层组织建设稳步发展，截至2011年年底，全省已建各类基层组织927个，其中乡、镇商（分）会560个，占全省1493个乡镇的38%；街道商（分）会164个，占全省365个街道的45%，覆盖率较2010年有了较大幅度的提高，东莞、中山、茂名、顺德等四市（区）已实现了乡镇、街道商会组织全覆盖。

三是换届后各级工商联负责同志的政治安排层次较上一届有较大提升。 中山、汕尾、茂名等三个市工商联党组书记为同级党委委员，深圳、惠州、江门、阳江、湛江、肇庆、清远、潮州等八个市工商联党组书记为同级党委候补委员；河源市、云浮市工商联主席进入当地政协领导班子。全省121个县（市、区）中，有101个县（市、区）工商联成立了党组，其中有63个县（市、区）工商联党组拥有3个以上的党组成员；27个县（市、区）工商联党组书记为同级党委委员，51个县（市、区）

工商联主席进入同级人大、政协领导班子。

四是县级工商联工作条件有所改善。各县级工商联积极把握机遇，抓住换届契机，在保证人员编制、保障办公经费、改善办公条件等方面取得较大进步。据统计，全省121个县（市、区）工商联机关共有工作人员700人，比2010年增加29人，同比增长4.3%；编制数566人，比2010年增加21人，同比增长3.8%；工商联编制数在3人以上的有106个，占121个县（市、区）的87.6%；工商联编制数在5人以上的有56个，占121个县（市、区）的46.3%。

工商联的形势特别地喜人，但同时我们也要看到，现在工商联最薄弱的环节仍然是县级工商联。编制少、经费难、人员素质相对偏低的情况，在全省县级工商联还占有一定的比例，县级工商联困难局面还没有从根本上得到改变。我们要下决心，用两年左右的时间打一场攻坚战。建立示范点的工作是做好县级工商联工作的重要抓手，是工商联事业继往开来、承前启后的客观需要。

（二）建设示范点是工商联组织转型升级的需要

省委加强社会建设一个新的思路，就是把工会、共青团、妇联等人民团体打造成枢纽型社会组织。枢纽型社会组织是一个区域或者一个大的行业的社会组织的牵引者和大联合。这就意味着传统的人民团体既要承担政治性的职能，同时也要承担培养、指导、发展新的社会组织的职能。目前，工会、共青团、妇联都在加足马力，成立机构，加紧培养组建新的社会组织。这也意味着，像工商联这样的传统人民团体，如果不进行转型升级，在新的社会组织的崛起面前，就会被边缘化。要防止被边缘化，工商联必须主动参与到新型社会组织的建设中去，在新型社会组织的建设过程中起到牵头引领的作用。在看到危机的同时，也要充分认识工商联的优势，工商联拥有其他社会团体所不具备的优势、资源来发展新型社会组织。工商联转型升级的关键是要转变观念，省工商联将在近期连续筹备组建几个枢纽型的商会，有广东省青年企业家联合会、广东省民营经济国际合作商会、广东省海归创业企业家联合会。这几个商会的组建，都是省工商联转变思路、创新探索，在继续指导传统商协会的基础上，重点在新兴战略产业、新的阶层、新的群体中建立新的商会组织，从而达到工商联商协会发展壮大的目的。各市县工商联，也要积极挖掘资源，整合力量，搭建新的平台，全力推动新型商会的建设工作。

（三）建设示范点是工商联事业攻坚克难的需要

县级工商联和基层商会建设是工商联组织建设工作的重点、难点，也是潜在的亮点。建立工商联基层组织建设示范点工作制度，是省工商联贯彻落实中央16号文件和省委实施意见精神，做好县级工商联组织和基层商会建设的重要举措。全国工商联提出，要举全会之力，争取党委政府的大力支持，力争用两年左右时间切实从体制机制上解决制约工商联创新发展的困难和问题。建立工商联基层组织建设示范点工作制度，推动标准化、规范化建设，是省工商联贯彻全国工商联会议精神的重要实践，是省工商联为解决长期困扰基层工商联发展的难点问题的重要工作部署，是当前我省组织建设工作的重要工作抓手。各级工商联要抓住贯彻落实中央16号文件和省委实施意见的有利时机，努力开拓，力图创新，全力支持各示范点做好相关工作。通过开展工商联基层组织建设示范点工作，及时总结示范点单位在加强组织建设工作中出现的先进典型、先进经验和遇到的新情况、新问题，抓住机遇，突破困局，推动我省工商联基层组织建设工作取得新发展。

三、如何推进工商联基层组织建设示范点创建工作

做好工商联基层组织建设示范点的建设，重点在于发挥好示范点的三个作用。

一是要发挥示范点的超前引领作用。所谓超前引领的作用，就是基层组织建设示范点，首先要成为全省基层组织建设的先进，然后是全国一流，最终目标是国际有影响力的商会。超前引领，就是要在发展战略上超前引领，在商会文化上超前引领，在组织建设、会员发展上超前引领，在商会经济模式上超前引领。真心地希望我们的示范点能发挥优势，真正做到想在前头、走在前头、干在前头。

二是要发挥示范点的品牌带动作用。示范点的目的就是要把首批10个县级工商联、7个镇街工商联建设成为全省工商联系统的品牌商会、商会品牌。建设品牌商会的核心内容，就是各示范点要按照符合工商联"统战性、经济性、民间性"的要求和"两个健康"的目标，探索出具有中国特色的商会模式。这17个示范点，就是要成为全省工商联建设的样本田、示范田和标准基地；示范点就是要成为全省工商联系统的榜样，示范点的工作标准就是全省的工作标准。这样的要求是很高的，这就是品牌效应。

三是要发挥示范点输出经验、传导价值的作用。接下来，争取在今年底或明年初开一次经验交流会，将市、县的和分管领导都请来，在会上对成功的经验进行总结，对有益的探索进行推广，将成熟有效的做法上升为制度规范，从而达到既输出经验又传导价值的积极作用。

今天的工作座谈会很有收获，大家的发言都很精彩，都有很多亮点，希望大家进一步总结，为新形势下更好开展工商联的工作做出新的探索。在接下来的工作中，省工商联也将加强与17个示范点的联系，并适时以组织分片会、现场会的形式，加强省工商联与示范点纵向、示范点与示范点之间的横向联系，组织大家多交流、多考察。同时，各市工商联也可以考虑参考省工商联建立组织建设示范点的做法，挑选一些基层商会作为基层组织建设的联系点、示范点，从而形成省、市、县联动，共同推动基层商会的建设。

同志们，当前，基层工商联的工作面临"从来没有过的机遇"，也面临"从来没有过的挑战"，舞台广阔、大有可为。我们要顺时应势，更有作为，同时也要攻坚克难，奋发有为。希望我们一同携手，全力以赴做好示范点的建设，以点带面，开创我省工商联组织建设的新局面，为促进广东省非公有制经济和我省工商联事业的长远发展作出新的贡献！

充分发挥工商联的作用，促进行业协会改革发展①

自2006年广东省委、省政府《关于发挥行业协会（商会）作用的决定》出台以后，一大批以非公有制企业为主体的行业组织蓬勃兴起。作为社会组织的重要组成部分，行业协会（包含商会，下同）正日益成为推动我省加快转型升级、提高自主创新能力的服务载体和不可或缺的重要力量，在整合行业资源、促进行业交流，加强行业自律、维护企业合法权益、承接政府职能转移，促进就业、参与社会公益事业等方面做了大量有益的工作。我省行业协会虽有了很大的发展，但仍存在着定位不明、职责不清、人员不足、管理混乱等众多问题。特别是与美日等发达国家相比，我省的现代行业协会制度还处于初级阶段，推动行业经济协调发展和促进社会和谐稳定的作用还未充分发挥出来。行业协会也是工商联开展工作的重要基础和依托，促进行业协会改革发展，需要更加充分地发挥工商联的作用。

一、加快行业协会改革发展的几点建议

（一）构建枢纽型社会组织工作体系

随着社会主义市场经济的发展，催生了行业性社会组织加速发育，出现了各种行业的专业化细分行业组织，因此，很有必要构建枢纽型社会组织工作体系。枢

---

① 本文系2012年8月在加快行业协会商会改革发展座谈会上代表省工商联的发言。

纽型社会组织工作体系，就是在社会组织管理、发展和服务中，充分发挥人民团体等较大影响的社会组织的枢纽作用，在管理上，授权其承担业务主管职责，对相关社会组织进行管理，提供集约式服务。构建枢纽型社会组织工作体系，充分发挥工商联、工青妇等群团组织的社会服务功能，对有效整合社会资源、协调社会成员利益、反映社会群体诉求有着非常重要的作用。枢纽型社会组织通过联席会议等形式协调有关事宜，承担对各类社会组织的政治引导责任，团结和带领有关社会组织认真贯彻执行党的路线方针政策，遵守国家法律法规，积极开展党团工会组织建设工作，加强对社会组织的监管工作，指导、监督社会组织依照法律法规和章程的规定自主开展活动，负责有关社会组织年度检查初审，协助有关部门查处社会组织的违法犯罪行为。加强对社会组织的服务功能，加强业务指导，搭建交流合作平台，创新工作方式，拓宽服务领域，培育协会做大做强。加快建立"党委领导、政府负责、社会协调、公众参与"的社会管理新格局。

（二）扩宽行业协会覆盖领域

我省的行业协会存在着发展参差不齐，覆盖面不广，地域分布不均的特点。全省行业组织平均覆盖企业不足200家，行业组织对于行业经济的拉动作用未能凸显。从行业上看，战略性新兴产业、现代服务业，以及产业集聚度比较高的中小型、微型企业的行业组织发展严重滞后。从布局上看，广州、深圳、佛山三市行业协会占全省半数以上，粤东、粤西、粤北地区分别占6.7%、8.5%和11.8%。扩宽商会组织的覆盖范围，要大力加强对异地商会、市场商会、开发区商会等新型商会的组建工作。注重对行业协会商会的分类研究，大力扶持战略性新兴产业类、现代服务类协会商会的组建。对集聚度较高的中小型、微型企业，要通过宣传增强企业结社意识，创新协会商会形式，鼓励成立类似于手工业商会的新型协会。粤东、粤西、粤北地区，要适当放宽行业协会组建条件，简化登记手续，鼓励支持工商联等人民团体牵头组建行业协会。行业协会自身要突破传统分工模式的限制，不仅要发展本行业企业参加协会，而且要依据产业链的延伸，发展上下游企业和主要围绕本行业企业发展的服务性企业参加行业协会。

（三）加大力度培育品牌协会

品牌协会对产业经济的凝聚力、对行业经济的拉动作用非常明显。通过行业协会等级评估，遴选出一批服务优良、会务规范的行业协会，通过大力宣传树立典型。引导行业协会拓宽服务领域，创新服务机制，树立高端服务理念，帮助行业协会打造企业品牌。搭建方式多样的交流沟通平台，推广优秀协会的经验做法，宣传品牌协会的发展模式，探讨协会发展的新思路、新问题，促进行业协会经验交流。要全力支持行业协会根据各自不同实际，开展各具特色的协会品牌活动，不断增强组织的凝聚力和影响力，真正做到以制度立会、以品牌创会、以发展兴会。

（四）完善政府向行业协会转移职能和购买服务制度

在上一轮政府机构改革中，从行政机构转移到社会组织和行业协会的职能有130多项，省《关于发展和规范我省社会组织的意见》也要求政府部门把三大类17项职能转移出去。但在实际执行过程中，由于缺乏具体的操作指引，政府职能转移和购买服务难以真正落实。另外，行业协会自身发展参差不齐，其职能作用、社会功能、专业特长没有得到明显的展示，政府对行业协会承接职能转移和购买服务的准入标准难以确定。应加快建立政府转移职能和购买服务制度，出台具体实施办法，明确行业协会承接职能转移的准入条件，明确政府购买服务的具体事项和程序，明确购买服务的经费来源、经费标准确定和经费拨付方式，明确相关部门对购买服务的监管职能和监管方式等。建立政府购买服务定价机制，通过"政府立项、公开招标"的方式竞价，确保政府职能转移和购买服务有序、规范、高效运作，使行业协会商会真正参与到社会管理中来。

（五）对行业协会在税收上予以减免

行业协会是非营利性、公益性的社会组织，其日常工作主要是召开理事会、会员大会、组织经贸考察、发布行业信息、制定行业标准等，并不是工商企业的营业活动，不宜比照工商企业收取营业税，以及附加的城市建设税和教育附加费。世界各国都对行业协会这类非政府组织实施税收减免政策。结合我国实际，针对当前具体情况，政府也应对行业协会实施税收减免。会员企业交纳的会费，可以在税前加计扣除，以支持企业交纳会费，支持企业回报社会公益事业。行业协会商会5%的营业税和7%的城市建设税、3%的教育附加费建议免征。

（六）建立由相关部门组成省促进行业协会商会改革发展联席会议机制

中山市在2006年就成立了行业协会商会工作协调小组，由分管统战工作的市委副书记任组长，政府一名副市长和市委统战部部长担任副组长，包括工商联在内的21个有关部门负责人组成。协调小组着力推动行业协会民间化改革，逐渐成立了一批专业性较强的协会，行业覆盖率比较高，行业代表性和影响力较强。通过行业协会联席会议，可以使各部门之间加强沟通，对行业协会的准入、登记、审批、评估等方面进行严格管理，整改结构松散、职能单一的行业协会，取缔不合法或有违法行为的协会组织，对加强党的统一战线工作，大力做好非公经济代表人士的统战工作具有非常重要的作用。

（七）加强行业协会商会人才队伍建设

目前，大部分行业协会专职工作人员力量薄弱、年龄老化、专业水平低。据调查，行业协会专、兼职工作人员偏少，有的甚至没有专职人员。秘书长年龄最大的已经70多岁了。现有工作人员多数都是返聘的离退休人员或原行政性公司分流内退的富余人员。由于协会在现阶段得到的社会支持力度不够，专职工作人员的社会保障问题不能解决，对具有现代管理能力和精通协会运作专业知识的高层次人才缺乏吸引力。另外，一些行业协会制度不健全，法人治理结构不完善，运作不规范，自身建设能力的不足，难以适应社会组织发展的要求。打造一支综合素质高、创新能力强、组织能力突出、服务意识优良的商会协会人才队伍，对于行业协会的发展有着至关重要的作用。因此，要加大力度培养商会协会人才队伍。通过举办业务培训班、学习考察等方式提高其业务水平。建立秘书处专职人员定期考核机制和持证上岗制度，表彰优秀的工作人员，处罚违规违法的工作人员，建立健全人才激励机制，在行业协会内部形成良性互助的竞争氛围，有计划、有步骤地推进商会协会秘书处专职工作人员职业化发展进程。同时在社团组织专职工作人员入户、工资福利待遇、职称晋升、档案管理等方面出台相应配套措施。

二、充分发挥工商联在促进行业协会商会改革发展中的作用

工商联是党和政府联系非公有制经济人士的桥梁纽带，是政府管理和服务非公有制经济的助手，加强行业协会商会管理、促进行业协会商会改革是党委政府赋予工商联的政治使命。中共中央、国务院《关于加强和改进新形势下工商联工作的意见》明确指出，加强行业协会商会建设，服务非公有制企业发展是工商联的基本任务，要充分发挥工商联在行业协会改革中的促进作用，省委、省政府《关于加强和改进新形势下我省工商联工作的意见》明确要求，工商联要认真履行社会团体业务主管单位职责，以非公有制经济组织为主体的经济类社会团体组建完成后，应引导其以团体会员身份加入工商联，接受工商联指导。实践证明，工商联在指导行业协会完善内部法人治理结构、规范会务运作模式、拓展服务领域、建立品牌协会，加强政治引导、积极参与社会事务管理等方面具有非常重要的作用。

（一）组建培育行业协会组织

省委、省政府下发的《关于加强社会建设的决定》明确提出要大力推动社会组织建设。在各类社会组织中，行业协会商会对经济社会发展的作用尤为突出，是构建社会主义和谐社会管理格局的重要组成部分，应大力加强行业协会的组建工作。但由于行业协会商会具有独立性特征，政府对组建行业协会不应过多干预。通过工商联等人民团体，可以在加强对商会的业务指导和日常监管的同时，进一步加大培育发展力度。按照"自选领导、自筹经费、自聘人员、自办会务"的组织原则，主要面向非公有制经济领域，选择在同业企业较集中、产业特色较明显和行业优势较突出的地区，积极培育和发展有中国特色行业协会组织。

（二）指导行业协会的会务

工商联在指导协会商会依法办会、规范运作方面具有非常丰富的经验。我们先后制定了《直属会员管理办法》《团体会员管理办法》，修订完善了《广东省工商联行业协会管理指导暂行条件》，指导和推动协会组织完善法人治理结构、规范内部管理，依照法律和章程规定，按照"自我管理、自我服务、自我协调、自我约束、自我教育"的方针开展活动，健全会员大会、理事会、监事会制度，鼓励选举

企业家担任协会负责人，推动政会分开，提高民主管理水平。

（三）行业协会与政府及行业间信息沟通的"桥梁"

目前，政府与各行业协会的直接对话制度尚未建立起来，政府在制定行业规划、政策法规、市场准入等规定时，难以听到行业协会的意见和建议。而行业协会在反映行业动态、表达行业利益诉求时也难以反映到政府层面。因此，在政府和行业协会商会间少不了工商联这样的桥梁纽带。工商联也是各行业协会间的桥梁纽带。行业协会独立办会、独立运作，但在市场经济环境下，离不开其他行业协会的支持。行业协会的意见建议集中到工商联为平台，可以整合行业间资源，打造高效能低成本的产业链条。工商联还是行业协会与境外工商界交流合作的强大推手，利用与港澳台及外国行业协会良好的合作关系，能更好为行业展提供服务。

（四）参与制定行业相关法律法规

在行业协会发展繁荣的法国、日本等国家，均有专门的关于行业协会的法律。我国对行业协会的管理法规法律还不到位。现行的《社会团体登记管理条例》并没有对行业协会的定位、职能、权利、义务和组织机制等予以明确。法律法规的不健全必然造成对行业协会商会监管的真空，造成行业协会管理混乱、职责不明，部分行业协会仍有着计划经济胎记和浓厚的"官办"色彩。工商联管理、指导和联系的各类协会有87个，以这些协会为依托，工商联通过日常调研分析，了解行业协会的发展现状、困境和政策诉求，为制定行业协会政策和地方法规提供有针对性的意见建议。行业协会商会还可以利用工商联这一平台，建立与政府部门的对话机制，反映行业呼声，积极建言献策，对相关政策法规的制定能够提供非常有利的切合实际的意见和建议。

（五）加强对行业协会中非公有制经济人士的思想政治引领

促进非公有制经济人士健康成长和非公有制经济健康发展，这是党中央对新时期工商联工作的总要求。以非公有制经济人士为主体的社会阶层，既是党的统战工作新的着力点，又是党的群众工作的新领域。行业协会汇集商界菁英、行业翘楚，是当前统战工作的新载体。大力加强对行业协会中非公有制经济人士的政治引领，有利于贯彻落实党群工作一体化的党建模式，巩固党的执政基础，也是工商联的政治优势所在。工商联可以通过举办各类学习活动，大力宣传党的路线方针政策，详细解读新出台的文件，督促行业协会商会予以贯彻落实。在行业协会中树立党建工作突出典型，倡导在行业协会中建立党团工会组织。鼓励行业协会参政议政，对关系国计民生的社会热点问题提出对策建议。

推动广东率先实现异地务工人员融入城镇①

　　广东是全国异地务工大省，据统计，截至2012年底，在粤外省务工人员就有1651万人。第一代异地务工群体为我省经济建设和社会事业发展作出了重要的贡献。广东能在全国改革开放中实现领跑，重要优势体现在制造业的发展，很大贡献归功于这批在广东热土上奉献青春的特殊群体。

　　改革开放三十多年至今，广东异地务工群体发生了重要变化。变化之一，是人员结构新老交替。正处于由第一代务工人员为主向新生代务工人员为主的重大结构性转变。新生代务工人员受教育水平更高，在物质和精神上的诉求也与第一代务工人员有很大的区别。追求物质上的富足，同时渴望精神上的认同，需要待遇上的平等，人员流动性更强，企业管理和社会管理的难度更大。变化之二，是供给规模在缩减。在绝对数量上异地务工人员的无限供给不复存在，即便是在总体规模上，也呈不断减少的趋势。这将影响我省人力资源市场供需长期关系，改变劳动力价格未来趋势。据对省工商联常委所在企业的调查，60.15%的企业认为招工难，成本上涨是企业2013年面临的第二大困难。变化之三，是人口红利渐行渐远。全国区域经济发展出现了新的格局，中西部传统人力流出省的经济发展势头良好，外出务工群体回流回乡的现象增多，出外打工不再是第一选择，每年春节过后，企业招工难的现象就更加突出。种种迹象表明，我们所依赖的劳动力红利业已结束，人力成本上涨，市场倒逼机制的作用下，要求企业要在人力资源工作上下工夫，更要求政府在

---

　　① 此文为作者2013年1月提交给广东省政协大会的提案。

大环境的社会管理和服务上进行创新和大胆改革，继续用制度改革的红利支撑广东新一轮的科学发展。

户籍制度是推动务工人员城市化所迫切需要改革的重点领域。以户籍制度为标志的社会公共服务非均等化，使得异地务工群体长期"游离"于城市公共服务之外，客观上成为横亘在本地人与外地人交流沟通间的无形篱墙。这导致这批劳动力主力军，无法成为更加稳定、高素质的劳动力，使得原本更能推动广东经济结构调整、实现内源型增长的劳动力，处于长期的候鸟性迁徙不稳定的状态。一些城市出现的社会管理困境和群体事件表明，地方依靠异地务工人低工资、低社会保障水平的经济发展手段不可持续，更为社会稳定和未来发展埋下了风险和隐患。这必须引起有关部门的高度重视。

广东要在全国继续领跑，不应该放弃已有的制造业优势，要通过提高全要素劳动生产率，继续支持以实体经济为主的民营经济发展，大力借助于发展现代服务业改造提升传统制造业，培养新一代有技术、有活力的新生代产业队伍，支撑我省战略型新兴产业的后续发展。要将推动外出务工人员融入城市化作为我省发展的重要战略，不辜负习近平总书记和党中央的期望，在全国范围内率先实现异地务工人员城镇居民化，加快推进广东城镇化，努力实现异地务工人员与本地居民的教育、医疗、居住一视同仁，实现权利公平、机会公平、规则公平。

建议"十二五"期间，广东要按照十八大精神和习近平总书记视察广东重要讲话的要求，加快改革户籍制度，有序推进农业转移人口市民化，努力实现城镇基本公共服务常住人口全覆盖。具体可以采取"三步走"的策略。

第一步：实施异地务工优才奖励计划。我省已经实施多年的积分入户政策取得一定的效果。但口子窄、门槛高、受众小，与社会需求相比，显得杯水车薪，需求缺口很大。建议在此基础上，改革积分入户等社会管理政策，扩大受惠面，加大政策奖励的力度。尤其是针对异地务工人员主要集中在民营企业就业的情况，做到实现三个倾斜。一是向民营企业优秀技术工人倾斜，吸引全国优秀产业工人队伍集聚广东民营企业；二是向讲诚信、重信誉、促和谐的民营企业倾斜，引导民营企业发展和谐劳动关系；三是向先进制造业倾斜，鼓励异地务工人员优秀人才留在制造业就业，支持实体经济发展。奖励手段主要采取物质经济奖励方式，用于补贴在广东工作一定年限，特别是在企业安心、长期就业的群体为主。奖励计划经费筹措，可通过三个渠道解决，分别是由省财政设立全省外来务工人员优才奖励专项经费，鼓励地方财政配套投入，作为异地务工转入大省向中央争取专项经费财政转移。

第二步：分地区实施准户籍制，实现公共服务同城化、均等化。 配合粤东西北城市提质扩容政策的实施，在除特大型城市外的地区实施如蓝印户口的过渡期政策。所有在粤异地务工人均可申请该项政策。鼓励来粤务工人员流向我省二三线城市，解决产业转移后非珠三角地区劳动力缺口问题，加快推动我省城镇化进程。准户口持有人应在教育、就业、居住、医疗、培训等社会保障方面，享受与本地户籍人口相近的公共服务，引导来粤务工人员扎根广东，实现就业在广东、保障在广东、发展在广东，促成他们的"城市梦"。

第三步：实施务工人员逐步市民化政策。 支持在广东五至八年工作的农村转移人口、外地务工人员转为城市户口。按照降低门槛、公平均等的原则，由省政府统筹制定全省户籍政策改革路线图。制定务工人员落户发展能力综合评价制，通过职业考试认证、专业组织评价、企业社区公示三个阶段，合理引导在粤就业稳定、具备中高技能技工等异地务工人员落户、融入城市化。同时要加大后续教育培训力度，对本地农村转移人口、本地城镇失业人员进行劳动技能培训，加强各级财政和企业、社会组织、职业培训机构的多方合作，实行政府购买培训服务，推行培训订单、培训券等，使所有在粤劳动者都能获得高质量、可负担的职业教育服务。激发社会劳动力潜力，为广东加快转型升级、建设幸福广东提供多层次人才队伍，为广东"三定位、两率先"提供坚实的人才基础。

新商业文明潮头的第二个境界

春江潮水连海平

我在广东省工商联工作的十年，正赶上工商联工作开始大展拳脚的黄金时代。自2017年至今，又从事民营经济统战工作。人生最美好的年华，奉献给了促进民营经济人士健康成长和民营经济健康发展的"两个健康"事业。我就如同日本经营大师稻盛和夫在《六项精进》中对自己要求的那样，每天付出不亚于任何人的努力，以感恩之心投身于工商联事业的春天里。在这个春暖花开的时节，我融进了"春江潮水连海平，海上明月共潮生"的人生新境界。

一、春天是思想播种和知识播种的美好季节

我以为，人生的意义不在于那些可欲的物质层面的追求，而在于在精神上为有限的生命寻找意义。这种寻找的过程，就是使自己的生命不断增添价值、不断赋予意义的过程。我是一个酷爱学习的人，学习已成了自己的生活方式。作为有思想、有灵魂的精神性的存在者，人的精神属性是人之所以幸福的经济根基。我们要追求精神的丰富，包括智力和情感；我们还要追求精神的高贵。有知识，有目标，有信仰，有道德。特别是在信仰和道德已经成为我们这个社会稀缺品的今天，这种精神追求更有必要，也更有价值。在追求心灵财富方面，养成读书的习惯，多读书，善读书，读好书，尤其马克思主义、毛泽东思想、邓小平理论、"三个代表"重要思想、科学发展观习近平新时代中国特色社会主义思想的经典著作和重要文献，就是最值得花时间研读的好书。在书中感悟领袖、先哲思想情怀的博大精深，经常倾听来自内心的声音，与自己的灵魂对话，站在比现实生活更高的地方回味生活，审视人生。结合工作之需，我认真学习党的统战理论、现代市场经济理论，国学和现代企业经营管理知识，学习经济学、管理学和哲学、心理学、社会学等。通过长期高强度的理论学习，自己理论素养更加多维，知识结构更加系统，能够用世界的、历史的、现实的、发展的眼光看问题，增强了战略思维能力，有效地推动了工作。

领导干部精神的高度，表面上看是靠能力水平表现的，从深层看要

靠发自内心的精神生殖力和文化软实力来支撑。这就要求我们要有高雅的志趣，不被名利所困，不为权位所扰。2008年以来，我把自己对当代民营企业家的认识和民营经济的研究成果，进行理性思考和总结，撰写了多部专著，包括《跨越财富天险——企业家生存风险管理之道》《问鼎财富巅峰：当代商业领袖高端访谈录》《商道若水：寻找当代企业家的"道德方舟"》《商会经济：走向社会管理时代》等，在上百个企业家论坛上发表过演讲，得到了专家学者和企业家们的认可。我还在中山大学、华南理工大学和暨南大学等多所大学讲课。多年来思想理论上的艰辛求索，使我的身心有一种春暖花开般的幸福和愉悦。

二、春天是辛勤劳作和耕耘的美好季节

我们的事业是干出来的。小时候在家干农活，培养了自己深耕实干的"地头力"精神，并且也融入血液中。空谈误事害己，实干前途无量。我的体会用通俗的话来讲，就是：紧跟上头，联系下头，想在前头，不出风头。紧跟上头，就是围绕中心，服务大局，想干事，能干事，干成事。联系下头，就是眼睛向下，心系基层，摸实情，说实话，办实事。想在前头，就是想问题、办事情，要用历史的眼光看昨天、用现实的眼光看今天、用发展的眼光看明天。不出风头，就是摆正位置，协调关系，既要有干事的激情和欲望，又要在实践中磨炼自己的工作能力和领导方法，把握规律性，富于创造性，增强有效性。

我坚持以实干成就工商联事业的信条，致力于以健康的心态服务"两个健康"，尽职尽责服务民营经济和商会组织，推动全省民营经济的科学发展和转型升级。

"删繁就简三秋树，领异标新二月花。"一个领导干部想问题、抓工作，既要有删繁就简的功夫，善于复杂问题简单处理（不是简单化）；又要有领异标新的功夫，善于结合新时期的要求，创造性地开展工作，走别人没有走过的路。表面看，工商联的工作只是桥梁、纽带、参谋、助手，

上不了"主干道"，其实，直接服务于民营经济，与各个领域的民营企业家、各个行业的商会组织打交道，恰恰是工商联独特优势所在。工商联的工作规定动作不多，主要是自选动作，而自选动作要出成绩，需要有创新思维，做一些党委政府部门想做而不便做、企业家组织和企业家期盼我们做的实事、新事、好事。

这些年，我注意探索新时期工商联工作的新路径，着力打造叫得响的服务平台。2008年和2010年，我参与筹办了两届新粤商大会，这两次大会是省工商联历史上规模最高、参加人数最多、社会影响最大的活动，每次都有1000多名海内外知名企业家参加，达到了汇聚粤商力量，塑造粤商形象，弘扬粤商文化，发展粤商经济的目的，成为省工商联最有影响的品牌活动。如今，新粤商大会更名为粤商大会，每两年举办一届，直接由省政府、省政协与全国工商联联合主办，省工商联参与承办，其平台效应、辐射效应、社会效应更显著，其影响力扩大到全世界有粤商的地方。

三、春天是殷殷情怀细雨润的美好季节

春风化雨，润物无声。多年来，我坚持"放大别人，缩小自己"的处事原则，以谦逊的态度同企业老板打交道，虚心向他们学习，拜他们为师，赢得了不少企业家的尊重。特别是对成长性好的企业、对年轻有事业心的企业家，我努力做到"高看三眼，厚爱七分，十分支持"。对困难企业、处于低谷中的老板，也热情相待，真诚相助。坚持服务民生办好事。担任省政协委员期间，致力于为基层和人民群众的现实利益鼓与呼，自觉地把从群众中来到群众中去的思想方法和为民务实的作风落实到行动上。每年都多次深入非公有制企业、商协会进行调查研究，形成了一批较高质量调研报告和政策建议。

政声人去后，性洁品自高。我们的工作主要是为民营企业和企业家服务的，企业家凭什么信服我们？凭什么加入和追随工商联组织？要靠自身人格魅力和精神品格的吸引和感召，更要靠过硬的能力素质和突出的担当

作为。板凳要坐十年冷。我们要有恒心和毅力，把冷板凳坐成热板凳，把短板凳坐成长板凳，把矮板凳坐成高板凳，把铁板凳坐成钢板凳。2014年初，在我即将离开省工商联时主持的一次机关干部大会上，回首自己从满头青丝到两鬓斑白的十年光阴，检视自己十分重要的人生经历，不由得泪光闪闪，从心窝子里掏出了四句话：追求永不停步，健康就是财富，实干成就事业，清廉才有幸福。

想起了法国作家、哲学家加缪的一句话：我们对未来的真正慷慨，就是把一切献给现在！

第三章

把握大势： 大鹏一日乘风起

时势造就英雄，英雄顺应时势。机遇与危机共存，是民营企业的常态。把握大势，抓住机遇，控制风险，化危为机，是民营企业家的永恒命题。企业家精神的核心是创新，而创新即是理性的又是感性的，它取决于对机遇的分析和机遇来源的彻底思考。推动产业转型升级，提升市场力、创新力、竞争力，营造法治化、国际化、便利化的营商环境，是实现民营经济高质量发展的必由之路。

合俊玩具厂倒闭的警示①

　　近几天震动广东企业界的重大新闻，恐怕非东莞合俊玩具厂倒闭莫属了。合俊玩具厂是一家港资企业，位于樟木头，原是东莞最大的玩具厂，在业内颇有影响。几年前我曾经去合俊玩具厂调研，当时正值鼎盛时期，车间里一派繁忙景象，香港老板一个劲地抱怨工人不够、招工难。接着又还到了东莞另外两家玩具厂，都是香港老板开的，其中一个已经在考虑将企业转型了。那次考察后不久我就带领几家港资企业的老板和人事经理跑到广西去招工。当时虽然担心企业人工成本会上升，但外来订单很多，不愁产品没人要，压根不会想到这么大的企业却经不起几下风吹浪打，6500名工人一夜之间失去了工作，老板和管理层消失得无影无踪。

　　合俊玩具厂的倒闭，说明中国出口加工制造业太脆弱了。在席卷全球的金融危机面前，中国也难以独善其身，中国制造企业更是首当其冲。即使管理最佳、成本最低，在急剧变革的经济时代也不可能幸免。合俊玩具厂是多数制造厂商的缩影，他们经历了自救、扩张、收缩等种种办法，最终难以抵御市场转型与金融风暴的共同冲击。事实上，从2006年开始，玩具制造厂商的日子就很不好过，严冬已经来临。自汇改以来，人民币兑美元汇率升值幅度接近20%，2007年下半年加速升值。为防止经济过热，去年央行连续六次上调贷款利率，今年欧美、日本等近40个国家或地区出台新安全环保标准，增加玩具出口难度，新《劳动合同法》实施后用工成本上升。2007年8月2日，美国最大玩具公司美泰集团突然宣布清退数以百万件中国制

---

　　①　此文完成于2008年10月19日。

造的玩具，给广东玩具企业以沉重打击。由于难以承受的经营压力，8月11日，佛山市利达玩具公司香港老板张树鸿在其分厂车间上吊自杀。这次倒闭的合俊集团是一家玩具代工厂巨头。资料显示，今年上半年，塑料成本上升20%，最低工资上调12%及人民币升值7%，尽管在成本俭省及与客户洽谈价格方面付出大量努力，合俊营运仍录得毛损约2620万港元。海关总署统计报告显示，2008年1~7月，中国具有玩具出口实绩的企业有3507家，比去年同期减少了52.7%。东莞的情况则更糟糕，今年上半年，东莞玩具出口5.5亿美元，比去年同期下降1.5%，成为近年来的首度下降。考虑到东莞玩具制造业占全球约30%的比例，可以得出明确结论，中国代工制造的低成本优势几近丧失。

合俊的败局说明，中国出口加工企业不能对美国市场过于依赖。作为港商，合俊高层也有认识，并且做了一些准备。合俊能够在短短10多年时间里发展到如此巨大规模，在管理与产品上可谓费尽心思，对低端产品缺乏创新精神的指责是无的放矢。在首个五年里，合俊的设计、制模、生产、装配及包装等一站式生产模式，开始形成规模。第二个五年里，合俊开始构思有机整合垂直和水平生产系统。2004年，在OEM市场已站稳脚跟的合俊开始挺进成人玩具市场，并开始开发以USB线连接电脑的玩具猫之类的小玩具，以寻求新的增长点。合俊集团的高层赖潮泰曾经表示，为了进一步提高产品在市场上的吸引力，公司将加强产品设计实力，致力转型为ODM厂，同时投放更多资源来开拓内地市场，摆脱对美国市场的依赖。然而，人算不如天算，一场金融海啸使合俊的努力付之东流。

合俊的败局，与其高层经营决策失误也有很大关系。樟木头港商投资协会会长陈熹先生是我的好朋友，他20年前就在樟木头从事植绒面料生产。据他的观察，合俊倒闭除了外部环境以外，盲目扩张是致命伤。合俊为了降低劳动力成本，近年在清远购地开办新的生产厂，问题是在东莞的旧厂仍照常开工，这样一下子把生产链条拉长了，成本反而急剧增加。2006年9月，集团在香港地区上市；2007年9月，合俊集团买入福建天安矿业股份，开始进军矿业。但此后股价的持续低迷与经济不景气，使合俊无法收回收购成本。2008年8月，合俊进行了上市以来第3次配股，以每股0.293元配售9209.6万股，集资约2680万元，同时以2700万元出售其在清远市佛冈的一块土地，但这些对于缓解断裂的资金链无异于杯水车薪，合俊集团股价总计缩水95%。市场剧变，没有给类似于合俊这样的厂商转型的时间和空间。这说明企业在任何时候都要有风险意识，宁肯放慢一步，也不可走错半步。尽管在一般常理看来，通过上市筹集资金、搞多元化经营是正确的思路，问题是这一切都必须以企业有赖以持续运转的现金流为前提。

合俊的关门，给政府部门提出了更高要求。中国的制造业还处于成长期，需要政策法规的扶持。劳动合同法律的制定，更需要在劳资双方的权责界定划出清晰的边界，在企业和员工的权益维护上保持平衡。劳资双方不是对立的。企业的稳定可持续发展，不仅有利于投资者、经营者，也是员工权益得以保证的根本。用法律规范企业经营行为，保护员工权益不受侵犯，是完全正确的。但是，皮之不存，毛将焉附？如果企业因成本增加过大过快办不下去了，何谈工人的权利？同时，政府部门平时要深入了解企业的经营状况，加强监督管理，必要时有针对性地进行帮扶救助。在外商投资企业出现经营危机的时候，首先是自救，主体责任当然是企业的老板和经营层，要尽一切力量让企业活下来，"留得青山在"。作为企业的员工，也要以主人翁的姿态积极配合外资老板，一道想方设法，共渡难关。如果自救仍然无法脱险，对于重点外资企业，当地政府可以采取"一企一策"的办法，组织有关职能部门集体"会诊"，在产业转型、市场销售渠道、资金融通等方面进行"解救"，银行要对资金困难的企业发放贷款，帮助企业起死回生。如果穷尽一切救助手段后，企业仍然不得不破产，政府还要做好舆论引导和社会稳定工作。

合俊的破产，给企业家上了一堂危机管理课。中国制造企业不能长期走加工贴牌这条路，不能再依靠出口加工赚取低廉的加工费来过日子，不能满足于在全球产业链价值链低端徘徊，必须调整发展战略。重新建构布局产业链供应链价值链，下决心走自主创新之路，铸造和培育自主品牌。否则，中国制造企业就只能失去尊严地被别人卡住脖子，任人宰割。现在到了需要我们企业家警醒的时候了！

没有一个政府愿意看到大批企业倒闭，那种认为中国企业必须倒闭一批才能迎来升级换代的春天的观点是极不负责的，没有人道的。虽然市场经济，优胜劣汰是一条铁律。但是，在大量企业在生死路上命悬一线的时候，高谈这些自由经济论调，而放弃政府的责任，就会犯历史性的错误！

不能盲目鼓励企业向外地转移，而是应该激励和引导企业化危为机，实现就地升级。对于一个产业链十分成熟的制造企业，向外地搬迁不是一件易事。因为制造业是一个链条，需要完备的产业配套。这是一个生态的问题，没有适宜的土壤和足够的培育期，企业迁移很容易水土不服。同时，由于海外订单减少，运输费用增加，产业转移到内地成本会加大。鉴于珠三角的港资企业众多，建议广东省和香港特区政府在减少企业出口成本上采取一些非常措施，同时设立专项扶持基金，帮助这些企业在珠三角完成企业升级。

从根本上讲，我们需要评估和反思长期以来引以为荣的出口导向型经济发展模式。这种依靠廉价劳动力生产低附加值商品出口来拉动经济增长的方式，是改革开放初期根据我国经济发展阶段实际采取的权宜之计，实践证明是完全正确的，因为出口导向型发展战略的实施，缓解了我国农村富余劳动力的就业压力，改善了人民的生活，增加了外汇储备，而且引入了外来投资、先进技术和管理经验，提高了中国制造业的水平。但是，从长远看，这种模式是不可持续的，其弊端越来越凸显，一是这种低价值的生产制造不能形成保护生态与企业发展相互促进的良性循环，事实上带来了日益严重的环境污染，出现了少数"血汗工厂"，造成了以牺牲美丽生态利益和人民健康代价来发展经济的局面。二是企业缺乏自主创新的内在驱动力，长期把我国的制造业挤压在微笑曲线的低端，久而久之就会因没有经济话语力和技术竞争力而受制于人。三是企业在"舒适区"靠赚取小量加工费来过日子，极大地削弱了企业开辟内销市场的热情和动力，不利于扩大内销，难以提高居民消费水平。时至今日，我国内销率比国外差20个百分点，农村的商品市场销售严重不足，农民增收缓慢，消费水平不高，说明拉动内需大有可为。要通过鲜明政策导向，使企业积极主动地走自主创新之路，打造受全球消费者欢迎和尊敬的国际知名品牌，占领全球产业链价值链高端，从而在根本上改变依靠出口发展经济和受制于人的被动局面。要建立企业诚信体系，解决债务拖欠问题，使企业产生内销的强劲动力，有比外销更大的比较利益。要为企业的长期健康发展创造更为优质的营商环境，同时提高企业家应对重大经营风险和化解危机的能力，用一流的品牌、技术和管理来延长企业的生命周期，打造百年老店，避免合俊玩具厂这样的商业大厦轰然坍塌的悲剧重演。

广东创意产业发展瓶颈及解决之道①

　　当今世界，创意产业风起云涌，众多的创意产品、营销、服务，形成巨大的创意经济浪潮，席卷全球。各发达国家和许多新兴工业化国家的创意产业以其各自独擅的取向、领域和方式迅速发展，展现了一幅创意产业全球蜂起的热烈景象。据约翰·霍金斯《创意经济》一书披露，全世界的创意经济每天创造220亿美元产值，并每年以5%左右的速度递增，在一些发达国家增长的速度更快，美国每年增长达14%、英国达12%。创意产业正作为世界经济增长的新动力引领着全球未来经济发展，发展创意产业已成为当今世界经济发展的新潮流和众多国家的战略选择。

　　在美国，每1美元的创意产品消费，就能为地方经济带来1.7美元的收益。众所周知的新西兰首都惠灵顿，其人口只有40万左右，奥斯卡金像奖得主、著名导演彼得·杰克逊，通过收购一个废弃的油漆加工厂，以极高水准的技术创新能力，拍出了让世界观众为之震撼的电影《指环王》三部曲，而由于该影片的大制作需要涉及从电脑绘图、动画到音效设计的方方面面，因而催生出一系列全新的公司，甚至是全国性的新产业。杰克逊顺势而为，又在惠灵顿建立了一个全世界迄今为止最先进的永久性片场。今天，这个曾经名不见经传的小城已一跃成为人人向往的"国际大都会"，彰显创意经济的魅力。在全球最具竞争力排行榜上高居世界首位的芬兰，创意更是无处不在。在政府免费教育政策和占GDP3.6%的研发基金推动下，芬兰这个高福利高税收国家，其国民热衷于选择更具挑战性和创造力的生活方式，推崇把

---

① 本文载于2009年8月13日《南方日报》。

艺术、科技和自然协调在一起的工作方式，这从举世闻名的"诺基亚"成长历程中可见一斑。在澳大利亚，1999年创意产业已占GDP的3.3%，就业人数34.5万人，占总就业人数的3.7%。2008年，新西兰创意产业占GDP的3.1%，总就业人数3.6%；我国香港创意产业占GDP的2%，服务出口总金额的3.1%，总就业人数的3.7%；进入21世纪，日本人达成了"独创力关系到国家兴亡"的共识，韩国人开启了"资源有限，创意无限"的时尚创造行动。来自发达国家和地区富有新意的令人惊叹的产品、营销、服务形成一股巨大的创意经济浪潮，伴随着经济全球化席卷世界。

中国现阶段创意产业发展的状况，可以用三种指标来评价：可知、可感、可量。大部分相关城市提出了概念，确定了目标，进行了初步宣传，是为"可知"。如北京、上海、南京等许多地方政府把创意产业写入各自的"十一五"规划纲要。北京把"文化创意产业"列为支柱产业，目标是打造中国"创意产业之都"。上海的战略目标是和伦敦、纽约、东京站在一起，成为"国际创意产业中心"。深圳则提出打造"创意设计之都"。长沙市现提出打造"中国最大的原创动漫之都"的目标。苏州、杭州、昆明、三亚、珠海、重庆、成都、厦门、西安等城市也都热情高涨，宣称要打造各自的创意产业基地。一部分城市成立了园区，挂上了牌子，设计了业态，是为"可感"。少部分城市建立起了"创意产业"统计体系，对"创意产业"的发展成效予以了数字化表现，是为"可量"。据统计，上海市文化创意产业产值已经超过全市GDP的7.5%。2005年，北京创意产业产值超过960亿元，其增加值约占北京生产总值的14%以上。虽然各城市"创意产业"的内容标准不一，可比性不强，但就认识而论，已经迈出了可喜的第一步。

为推动创意产业发展和开展创意经济的学术研究，2005年上海率先成立了国内第一家创意产业协会，2008年广东成立了国内第一家创意经济研究会，接着国内各地纷纷成立了相关的协会和研究会，学术先行、组织促进的态势初步形成。

与北京、上海等地比较，尽管广东发展创意产业的步伐相对有些迟缓，但已经出现加快发展的良好势头。广州市政府正大力推进创意产业。继北京、上海、成都之后，国家新闻出版总署建立的第四个国家级网游动漫产业发展基地在广州挂牌；广州天河区是广告、影视、媒体、IT等创意工作集聚区，而广州时尚园是一个集创意设计、品牌展示、信息沟通、文化休闲、体育运动于一体的文化地域，在广州市政府指导、支持下，广州时尚园有全力打造创意产业，把大坦沙建成以时尚创意设计为主的"广佛创意岛"的构想。广州市所属各区都在规划自己的创意产业，形成了政府引导推动创意产业、企业落地打造创意产业的局面。概括起来，广州创意经济发展主要是基于较深厚文化底蕴，有人才优势，如集大学、国际化城市、省会城市于一身的都市优势，有国际性会展、首届中国漫画节、第二届中国漫画家大会等大型会展，有政府政策支持和引导，有民间激情，有咨询、顾问支持和知识产权保护环境。这些都成为广州创意产业得以发展的重要促进因素。

深圳近年来创意经济发展迅速，吸引全球目光。2006年，深圳文化创意产业增加值近382亿元，比上年增长25.9%，高出同期GDP增长10.9个百分点。动漫、网络游戏、创意设计、数字视听等优势产业快速成长。目前深圳有各类影视制作机构近60家，动画制作机构200余家。工业设计占全国近一半的市场份额，拥有一支两万多人的专业设计队伍。大芬油画村年销售额三亿余元、"创意产业之父"约翰·霍金斯落户设计之都创意产业园、怡景动漫基地的原创动漫打入日本市场……深圳蓬勃发展的创意产业，吸引着世界的目光。目前国际排名前50位的设计大师中，决定入驻深圳的已有10位。深圳的创意经济发展已居国内各城市前列。深圳创意经济得以发展，缘于大量移民（外来）人口（国际化城市的人才优势），积极的文化交流，地方政府的态度和决心，借大型（国际）集会打造国际创意舞台，产业结构调整的需要（经济发展阶段），社会力量的参与与法律服务的支持。这些也应该成为继续发展创意产业的经验。

发展创意产业对促进广东产业升级和经济结构调整转型有着积极作用。产业升级和结构调整历来是世界各地区经济发展过程中的最大难题，其主要原因是存在着产业退出的经济与财政障碍，产业退出与转移需要支付转移成本，而政府又面临着巨大的财政压力。如果有更大附加值的产业进入，则可以成为挤出传统产业退出的一个力量，创意产业以其投入低、产出高的特性，多成为发达国家传统产业密集地区进行产业升级的替代产业。目前，广东经济正处于传统产业转型升级的关键阶段，大力发展创意产业，有利于提高广东制造的文化含量和附加值，改变长期处于产业链低端的被动局面；有利于推动广东企业的自主创新能力，提高国际竞争力，建立具有世界水平的现代产业体系；有利于加快发展现代服务业，提升广东经济的文化软实力，进一步巩固广东作为我国第一经济大省的地位。因此，广东加足马力发展创意产业正当其时。

以广州为例：广州人均生产总值在2005年就超过了8500美元。根据"霍夫曼定理"和钱纳里—赛尔奎因"发展形势理论"判断，广州已经进入了后工业化阶段。此时，广州应该进入第三产业最繁荣期，也是产业优化、升级，加速发展的最佳时期。广州这个千年老城，有很多旧城区、旧民居、旧厂区、旧仓库，它们历史悠久，多处于半闲置和资源低价值使用状态，很多发达国家也是通过激活城区资源，为创意工作者提供廉价的创意园区，改造城市、形成创意集聚区等发展创意产业。广州也在正在尝试和探索这些方式。据由广州社科院、发改委、新广局等部门联合出版的《中国广州创意产业发展报告2008》说明，目前广州市创意产业发展区域主要集中在越秀、荔湾、天河、海珠四个中心城区。统计数据显示，"老四区"以占全市3.76%的总面积，实现全市52.94%的创意产业营业收入和76.2%的创意产业资产总额，在从业人员人均营业收入和人均资产总额上，均比全市同类指标高一倍。

目前，广州已初步形成了行业门类比较齐全的创意产业体系，涵盖文化、研发、设计、咨询和时尚消费等五个大类，工业设计、电影电视广播和录像、咨询服务等23个中类，涉及市民日常生活、企业生产经营和城市建设等诸多方面。其中五个大类中，设计类和咨询类均占相当大的比重。23个中类中，软件、动漫产业和工业设计成为最大亮点。据统计，2006年，广州市软件企业达1200多家，实现软件产业技工贸总收入340亿元，出口额2.85亿美元；网游动漫产业产值超过100亿元，位居全国前列。同时工业设计2005年拉动工业总产值的增加额约为520亿元，创造工业增加值约370亿元。

但是，就广东整体而言，创意产业还是一支好听的歌曲，存在着多方面的发展瓶颈。

第一，在观念上，见物不见文，愿意花钱、花精力兴建大型项目，多年来，广东在创意产业的投入上只有其他产业的零头，即便在大型项目上，也仍然保留着传统工业化的思维，少有创意的设计和缺少创意经营理念的项目到处可见。这种重物轻文的投入方式不仅挤占了当前创意产业发展的资源，也会因为其存量难以退出的原因，而造成未来创意产业发展的障碍。

第二，创意人才缺乏，创意经济人才更是缺乏。创意以其渗透性与工业产品结合产生了庞大的设计产业，又以版权为核心形成向下游不断延伸的创意产业链，这两种创意经济形态都需要大量的创意人才，特别是创意经济人才。然而，由于广东高等教育总体规模偏小, 加之广东产业升级对人才需求转换较快, 教育还来不及反应, 国内其他地区整体还落后于广东, 也不能形成有效的人才供给, 造成了广东创意产业发展的人才瓶颈。人才供给结构落后, 在很大程度也是限制大学毕业生就业和创业的重要影响因素。

第三, 规划、制度与政策初步完成, 但衔接不顺畅。创意产业之新经常会令人怀疑其财富创造力, 因此, 政府的决心成为一个地区创意产业最重要的保障性因素。以英国为例, 1998年, 英国首相布莱尔为振兴英国经济, 提议并推动成立了"创意产业特别工作组", 他亲任组长, 并出台《英国创意产业路径文件》。该文件首次把创意产业定义为: 源于个人创造力、技能与才华, 通过知识产权的生成和运用, 具有创造财富和就业潜力的产业。英国的重新振兴与布莱尔的推动密不可分。制定具有符合经济规律的产业发展规划, 还需要有制度和政策的保证。广东在这些方面还表现得比较犹豫, 制度与政策相对产业发展滞后。

此外, 地区间创意产业发展的不平衡, 以传统产业发展思维来发展创意产业, 把创意产业做了房地产, 创意产业的金融约束, 都还在制约着广东创意产业规模化、高附加值化和国际化。

如何破解广东创意产业发展瓶颈? 一个方案是自上而下, 政府推动。在省市政府层面, 仿效香港组建创意产业办公室, 负责制定相关产业发展规划和行业政策; 另一个方案是行业抱团, 民间突破。成立以推动创意产业发展为宗旨的行业协会。国内其他地区, 如上海、天津、重庆、四川、河南、河北均建立了省级创意产业协会, 旨在用企业自律的方式推进创意产业发展, 广东也十分有必要通过成立产业协会加强企业和市场的自发组织, 使广东创意产业尽量进入组织化阶段, 成为破解瓶颈的首要推动力量。也可以把两个方案结合起来, 同步推动, 上下联动。无论选择走哪条路, 都必须纳入知识产权发展战略, 以企业为主体, 以创意产业园区为载体, 以培养企业家的创新能力和高层次的创意产业人才为核心。建议政府部门设立文化创意产业发展基金, 使之成为加快广东创意产业发展的催化剂。

提升我省家电品牌的国际竞争力①

今天，广东省家电商会在这里隆重召开2010年年会，总结经验，部署工作，畅叙发展，并隆重表彰由省总商会和家电商会联合组织评选的2009年度广东家电最具全国竞争力十大企业、十大品牌和18家最具成长性的家电企业。在此，我代表省工商联、总商会对广东省家电商会年会的成功举办和新鲜出炉的广东家电最具全国竞争力的企业和品牌以及最具成长性的家电企业表示热烈祝贺！

今天的聚会，春意浓浓。因为在这个美好的日子，广东家电商会向全社会传递我省家电行业春天的信息。广东家电行业自2008年10月份以来，面对着历史罕见的国际金融危机的严重冲击，连续出现九个月出口严重下降的困难局面。在危机和挑战面前，全行业积极应对，抱团过冬，化危为机，特别是在省委省政府的正确领导下，积极地贯彻落实国家关于"家电下乡、以旧换新、节能产品惠民工程"的扩大内需、拉动生产的政策，使广东家电在全国同行业中率先复苏，成功突围，迎来了广东家电行业发展的第二个春天。

今天的聚会，真是"名星"荟萃，可概括为"三个云集"：一是这里云集了广东家电行业的知名品牌和知名企业，有的产销量稳坐世界头把交椅，有的出口量占全球同类产品半壁江山，格力空调已成为"中国世界名牌产品"，美的空调、志高空调、科龙空调、格兰仕空调、TCL空调均荣获中国名牌产品或中国驰名商标。广东生产的空调现已占全球总量的六成多。TCL、创维、康佳和创佳彩电的产销量，

---

① 本文是作者2010年3月24日在广东省家电商会年会上的发言。

累计已占全球总量的三成多。这些知名企业和品牌，代表了广东和中国家电品牌的雄厚实力。二是云集了许多作为全国行业领军人物的知名企业家，是引领广东乃至中国制造业发展航标的风云人物，代表了广东制造企业品牌文化的整体水平。三是云集了一批具有成长性的新锐企业和企业家，或者说是明日之星，从某种程度上代表了广东家电行业的未来发展方向。

借此机会，我对广东家电商会新一年的工作提出几点希望：

第一，希望广东家电商会在推动商会经济发展上取得更大成效。 商会是企业的自组织联合体，特别是行业商会，是以维护共同的利益为目的而自愿组成的企业联盟。可以看到，我省许多商会在促进广货走向全国，推进"双转移"战略和行业经济发展中发挥了越来越重要的作用，一个发展商会经济的局面正在形成。广东家电商会就是推动商会经济发展的先行者。从去年商会在经济服务方面取得的成绩就充分说明了这一点。一是积极为全省家电行业和企业服务，大力推动产业结构优化升级，使广东很多家电品牌在国内外激烈的市场竞争中，实力得到不断加强。二是全力推动家电下乡和以旧换新工作。商会受政府有关部门的委托，负责对部分产品的推荐，以及对广东家电下乡流通渠道企业的资格审查，负责对全省经贸系统、家电下乡中标产品生产和销售企业的信息化管理进行培训，成功地承办了"广东省全面实施家电下乡启动仪式"。100多家企业和3000多个产品型号中标。家电下乡政策的实施还要进行至2013年1月31日，商会发挥了不可替代的作用。三是坚持不懈地推动企业走出去，商会去年先后组团前往埃及、土耳其和印尼等地进行商务考察，组织企业参加多个国家和地区来华举行的招商经贸合作洽谈会，还与美国通用电气公司联合举办家电配件采购会，为我省有关家电企业争取8300多万美元的订单。在首届外博会中，商会牵线的多家工商企业，签订了人民币80多亿元的家电产品销售协议。四是这次组织的评选广东家电最具全国竞争力的企业和品牌的活动，标志着商会的服务又上了一个新的层次。希望商会在发展商会经济方面取得更大成效。

第二，希望广东家电商会在促进行业企业加快转变发展模式上有更大作为。 全球金融危机爆发后，我国经济依靠政府投资和政策推动，在多种困难中实现了经济增长"V"字形反转。但同时应当看到，后危机时代，我国经济要实现可持续发展，必须加快转变经济发展方式，推动经济发展转向"内需主导、消费支撑、创新驱动、均衡共享"的发展模式。转变经济发展模式要抓准"牛鼻子"，转变经济发展模式的关键点是"扩大消费，有效启动内需，改变消费在我国经济发展中的短板地位"。本届商会理事会提出，广东家电行业要加强自主创新和产品升级改造工作，要积极引导全行业从传统的制造基地、世界工厂升级为全球的制造中心和研发中心，积极推进我省家电产业的不断发展。家电商会这一发展思路与转变经济发展方式的国家战略完全吻合。走科技创新，不断提高产品的技术含量和品牌价值，是家电行业发展必由之路，广东家电商会在推动行业转型升级的基础上，还大有作为，大有文章可做。希望商会抓住机遇，顺势而为，做到"四个更有作为"：一是在促进我省家电行业产业结构调整、转型升级特别是广东家电品牌建设上有更大作为，提高整个行业的核心竞争力，擦亮"广东家电"这个大品牌；二是在落实国家扩大内需政策，进一步搭建更长效的销售平台，在推动广东家电产品全国行方面有更大作为，同时在去年基础上进一步做好家电下乡、以旧换新、节能产品惠民工程等方面服务工作；三是在推广环保生产，节能减排，发展低碳经济上有更大作为；四是在推动家电企业有效"走出去"方面有更大作为。

第三，希望广东家电商会在提升企业家素质上下更大功夫。有句话说得好："当你有机会实现卓越时，就不应该固守优秀。"企业家从优秀到卓越，不取决于量的增长，而取决于质的提升。广东家电行业的企业家绝大多数无疑是优秀的，但我们要努力造就立于时代潮头的伟大商业机构和世界级企业家，诞生中国的"通用电器""三星"和松下，诞生中国的杰克·韦尔奇、李健熙、松下幸之助。在企业努力转变发展方式，转型升级、调整结构的同时，企业家也必须经历一个自身精神结构和综合素质的调整及转型，实现从优秀到卓越的转变。家电商会有很多优秀的知名企业家，美的集团董事长何享健、TCL集团董事长李东生、格兰氏集团董事长梁庆德就是广东和中国家电行业的领军人物，他们成就了广东家电的辉煌。然而，要造就更多的世界级卓越企业家还需要艰苦努力。商会要成为广东家电企业家培训的学校，为企业家的转型升级搭建学习的平台，创造提升的条件。在新的时代，家电行业的企业家要超越自我，成为终生学习的知本型企业家。学习力是企业和企业家的核心竞争力。国际金融危机过后，有的企业倒下了，有的企业反而壮大了，这充分说明：在变化的形势面前，在转型的社会面前，企业家必须不断加强学习，才能找到解决问题的正确方法。要超越传统，成为商业模式创新型企业家。台积电董事长张忠谋在第五届华人企业领袖峰会上曾指出："商业模式创新比科技创新更重要""最赚钱的创新是商业模式创新"。广东有很多家电企业在商业模式创新上表现突出。格兰仕就是商业模式创新的成功典范。可以预见，未来广东企业的发展成败将更多决定于商业模式的创新。要超越贴牌，成为纵横内外市场的品牌型企业家。企业不能只靠贴牌赚取微薄的加工利润，要努力成为在国际市场扬威亮剑的品牌型企业，凭借优质的自主品牌、良好的企业形象占领更大市场。要超越红海，成为与蓝天、碧海友好相处的低碳型企业家。低碳经济应该成为企业家的新思维，成为一种新的企业发展观。家电企业要积极在低碳经济发展的初始阶段占一席之地，培育和创新更多经济增长点，在新兴行业如低碳能源产业、低碳材料产业、生态林业、低碳服务业占得先机，推动形成体现广东经济特色的低碳产业链，努力使自己成为未来经济的领跑者。要超越地域和国界，成为参与和推动区域经济一体化发展的国际型企业家。大力推进区域经济一体化发展，促进发展方式转变和体制机制转换，提升广东家电产业的信息化和国际化水平，增强综合实力和国际竞争力。要以商会为组织纽带，通过有效的制度设计与协调管理，凝聚会员企业的综合实力，共享信息、共闯市场、共同投资、共创品牌、共谋发展，以此壮大会员企业的经济实力，推动一方经济发展。国际金融危机使发达国家和地区经济发展速度放缓，企业家应该准确把握世界格局变化带来的机遇，抢占世界分工的有利位置，在更大范围、更广领域、更高层次上参与国际经贸交流合作，在世界视野的高标杆中推进科学发展。

今年底，我省将隆重召开第二届新粤商大会，表彰第三批优秀中国特色社会主义事业建设者。广东家电行业企业家是新粤商的杰出代表，要为新粤商树立更加美好的品牌形象。省工商联将一如既往地支持广东家电商会开展各项会务，共同推动广东家电行业的科学发展。

加快转变广东民营经济发展方式①

一、广东民营经济转变发展方式的基本情况

面对国际金融危机的重大挑战，在中央和我省的正确领导下，2009年我省民营经济逆势增长、实现率先突围，全年民营经济完成增加值达16708亿元，增长12.3%，占全省GDP的42.8%，对全省GDP增长贡献率达54%，增加速度快于全省平均水平2.8个百分点。

更为重要的是，广东民营经济在世界经济发展环境急剧变化的不利影响下，调整反应速度，充分发挥机制灵活的优势，及时改变经营策略。相当一批民营企业不仅没有倒下去，相反他们更加积极主动，努力化危为机，加大自主创新力度，加快实施转型升级，实现了自身更好的发展，成为加快发展方式转变的生力军。在科学发展观的指导下，我省民营经济发展质量有所提高，整体经济增长的含金量更高。2009年底，全省共有私营企业81.34万户，首次突破80万户，同比增长11.12%；民营经济第三产业的增速明显加快，比重由2008年的45.3%上升至47.0%，民营经济三次产业结构得到进一步优化。

从我省各地的实践上看，不少广东民营企业保持创业时的勇气与魄力，抢抓市场深刻调整和国家政策的机遇，主动寻求变革创新，果敢实施转移或转型升级，在加快发展方式上有新作为、新尝试、新进展，创造了不少有益经验，开辟了转型发展新境界。比如，我省汕头澄海的玩具行业，过去以劳动密集型为主，为改变以依

---

① 此文为2010年4月6日在广东省工商联组织的民营企业家座谈会上的发言。

赖加工贸易订单生存、产品附加值低的被动状态，当地民营企业通过嫁接动漫文化创意产业这一方式，逐步掌握了产业链条的核心关键环节，同时结合发挥已有的制造优势，实现了产业链条价值的延伸，在国际金融危机中不仅稳住了阵脚，还获得更大的发展空间。最近，澄海的玩具企业还与上海世博会合作，开发了以世博会主题形象为主角的动漫系列，推出了相关多系列的动漫衍生产品。广东家电企业积极参与"家电下乡""以旧换新""节能产品惠民工程"活动，在全国同行业中率先复苏和突围，成功应对国际金融危机对行业的冲击。在发展战略新兴产业上，广东民营企业家也是提早行动，积极谋划，大胆实践。比如佛山南海，一些民营企业家放弃了原有的制鞋、制罐等传统优势产业，把资本和精力放在进入半导体照明、风力发电等战略新兴产业，在与国内外科研单位的合作中掌握了核心关键技术，形成了具有自主知识产权的产品，取得了不错的市场效益，在转变发展方式中迈出了坚实的步伐。

二、解决推动民营经济加快转变发展方式体制机制问题的相关建议

广东民营经济在转变发展方式上取得了一些经验，但也还存在许多问题，调结构、转方式的任务还十分艰巨，处在产业转型和结构升级的关键时期。总体上，我省民营企业以劳动密集型为主体的产业结构没有根本转变，近几年民营企业户数增长很快，但单体规模偏小、缺少核心竞争力。广东是许多商品的重要集散地，批发零售商贸类企业的数量很多，从事批发零售贸易业的私营企业占了总数的26.3%，却没有产生全国领军的大型流通民营企业。制造业民营企业数量很多，但拥有自主知识产权、有较强竞争力的工业制造业还比较少，一些专业镇也面临着亟须提升核心竞争力的难题。据统计，民营工业企业主要还是多集中在如纺织服装、食品加工、皮革制品和家具等一些传统劳动密集型行业，这些行业层次低，效益也低，抗风险能力比较差。因此，广东需要鼓励更多的民间资本投资战略新兴产业，抢占未来发展制高点，也要解决优化民营经济存量，在传统优势制造产业上寻找突破点，提升产品和服务价值，甚至如何平稳退出的难题。

加快推动民营经济方式转变，要尊重并发挥市场配置资源的基础性作用，破除影响资本、人力等经济要素自由流动的行政障碍，也要发挥好政府宏观调控的重要

工具，利用好各种政策工具，引导、扶持、帮助民营经济发展方式的转变。主要建议有以下方面。

一是健全政府激励机制与金融服务体制，推动民间资本加快进入战略新兴行业。 战略新兴产业的发展离不开资本的投入。与传统产业相比，战略新兴产业是高投入、高技术、高风险的行业。民营经济在全社会固定投资中有着很重要的作用，去年广东民营经济完成投资额4688.82亿元，占全社会固定资产投资比重的35.1%。受金融危机影响，广东民营经济投资的增速有所放缓。要加快发展新兴战略行业，必须重视调动民间资本积极性，激发民间创业投资活力，形成鼓励民营经济转变发展方式的良好激励机制和金融支持体制。

建议鼓励和扶持民营企业通过资本运作，进行股份制公司改制，支持和帮助民营股份制企业上市直接融资，支持重点、龙头民营企业进行兼并、重组、联合，改变行业散、小、不精的局面，进一步提高产业集中度，推动重点行业结构调整，再造新的产业链条。要进一步创新金融服务主体结构，支持广东民营资本组建粤商银行，建立以服务中小企业为主的金融机构，切实解决中小企业融资难。

加强战略新兴行业的规划引导，把促进民营经济上水平与鼓励民营资本进入战略新兴行业结合起来，制定促进民营经济投资新兴产业发展的财政投入、税费减免等激励政策，建立新兴行业新产品、新服务的财政示范工程，加快培育战略新兴行业的市场。以政府投入、社会募集结合，建立创新鼓励风险基金，以鼓励民营资本投资战略新兴行业为目的，以基金担保、资本金投入为方式，推动民营经济参与战略新兴行业的发展。

二是以建设国际知识产权交易平台为重点，大力发展文化创新产业，优化提升劳动密集型企业。 广东制造是民营经济在改革开放三十多年里锻造形成的重要优势。制造是产业发展的一个重要基础，传统制造产业发展方式转变的关键问题不在于制造本身，而是在于制造业存在品牌、核心技术等知识产权的发展短板。当前知识产权贸易已经成为国际贸易中的一种主要形式和竞争手段，知识创新和知识产权正在逐步成为文化创意产业、传统产业转型、高新技术产业生存发展至关重要的"脊梁"。国际金融危机为我国民营企业低成本并购国际品牌，收购知识产权提供了最佳机遇。要推动民营企业从广东制造向广东创造转变，提升民营企业在国际竞争中的产业地位，需要政府在健全鼓励民营企业创立知名品牌的机制，类如进一步提高企业广告费用所得税前计提的比例，政府实施民营知名品牌购买，鼓励文化创意产业与传统劳动密集型产业的对接与合作。同时，加快市场知识产权流通交易，帮助民营企业在国际范围内对知识产权进行配置，使专利授予数量与经济实际效益统一起来。

建议整合各地技术产权交易中心，加大产权登记、交易监督的改革力度，以鼓励增加交易、提高流动性为原则，初期政府投入资金支持，建设一个全国性的国际知识产权综合交易所，打造永不落幕的国际知识产权交易平台。交易平台采取知识产权项目交易与实施相结合，线上市场与线下市场相结合，国内交易与国外交易相结合，日常展示与专题推介相结合，项目培育与引进投资相结合，项目推介与项目需求相结合的形式，达到信息沟通迅速、交易科学规范、实施转化率高和服务创新、周全的目的。

三是大力培育商会经济，实施产业联盟发展战略。商会是企业的自愿组织联合体，特别是行业商会，是以维护共同利益为目的而自愿组成的企业联盟。商会熟悉会员企业情况，掌握行业信息和市场动态更加精准，因此对企业的服务更加到位，组织优势十分明显。商会组织作为构架于市场和政府之间的第三方力量，弥补了市场失灵与政府缺陷。国外商会在全球范围内的原材料采购价格、产品销售和推广等方面具有相当的话语权。发达国家之间的跨国企业以商会为纽带，采取技术联盟的手段，掌控了行业国际标准的制订权。各级政府应该高度重视商会的培育与发展工作，通过行业标准制订、政府购买行业信息与其他商会服务，实行适当行政授权，充分发挥商会在品牌建设与提升、产业整体转移、发展内需市场等重要独特作用，大力支持以商会经济为形态的民营经济组织发展方式。

建议建设一批传统优势行业内销大平台。由政府出台具体指引，工商联牵头统筹，协调行业商会具体参与，在区域中心城市建立商品销售基地，构建永不落幕的广货交易大平台。举办广东品牌节，组建商会品牌联盟，更好地打造广东产品的品牌形象，重点推介和嘉奖我国知名企业品牌和品牌企业，宣扬品牌文化，激发企业自主创新和打造品牌的动力。在联盟的基础上，还可以鼓励和支持商会成立行业上中下游产业链品牌联盟，提升品牌影响力和知名度。广东家具商会就成立了全国性的家具品牌联盟、家具研究院，有力推动了家具行业转型升级。支持具备条件的商会在省内外创建商会产业园。广东高科技产业商会先后在我省河源和河南鹤壁等地设立了科技产业园，商会会员企业把总部设在广东，把生产基地向全国转移，降低了经营成本，又拓展了广东企业的市场空间。广东家具商会计划在粤北、华北、华中等地建设集广东家居品牌的研发设计、生产加工、物流配送、家居文化产业等于一体的国际化现代家居新城。建议政府将商会在产业转移方面的服务和作用也纳入"双转移"专项资金支持的范围，对商会建设的产业园区，像对待各市的产业转移园区一样，加大扶持力度。为进一步推动内销市场发展，政府还可以设立"扩大内需专项基金"，用于对扩大内需贡献突出的企业和商会进行奖励，其中对企业的奖励应由商会推荐；对国内交易平台建设进行必要的启动资金支持；通过商会对内销专业人才进行培训经费补贴。

四是加快政府管理体制改革，营造推动民营经济发展方式转变的良好发展环境。要坚决打破以行政审批为主的市场准入障碍。2009年，我省民间投资在基础设施、基础产业、城市建设、能源产业等领域投资比重不足三成，分别为25.4%、28.5%、21.0%和27.3%。这些投资领域恰恰也正是我国内需增长的巨大潜力点。应进一步打破行政与市场垄断，放宽民间投资准入，大力帮助民营企业，尤其是中小企业解除投资束缚，探索土地融资的新模式，充分发挥民间资本在城镇化建设中的作用。加强政府监督执法力度，完善发展内需市场的信用环境。建立企业信用记录，对恶意拖欠、不讲信用的企业和管理者纳入"黑名单"并实行市场禁入制度，加大对失信行为的惩处力度。采取经济、法律和行政等手段，为民营企业开展内需市场开拓提供公平法治环境。加快户籍、人事档案等居民管理改革，满足人才自由流动的需求，帮助商会建立职业经理人信用档案纪录，为民营企业甄别人才、吸收人才、发展人才创造良好的服务与环境。

五是加强政府引导与推动企业间协作，大力培育本地的大型民营企业集团。把支持创新型民营企业发展，实施创新型产品政府采购纳入部门考核体系。制订鼓励大型国有企业、大型民营企业支持创新型中小企业发展的具体政策。可以要求国有企业、政府财政建设项目倾向采用我国创新型产品与创新技术。加强大型企业、中型企业、小型企业间的技术与资金合作、产业分工与协作，努力形成龙头带动、抱团发展的混合所有制发展方式。改变在建立现代产业体系中只重招商引资、轻本土培育的思维误区，将更大的精力放在培育本地成长型、创新型民营企业上来。建立完善民营企业的培训机制，研究加强民营企业后备人才培训工作，真正将民营企业的人才工作纳入到本地人才发展战略中，把民营企业家群体的培养与锻炼作为加快经济发展方式转变的一项重要战略举措。通过项目倾斜、政府服务、国际合作、产业资金等方式，在文化创意产业、信息网络产业、新能源产业、新材料产业、生命健康产业、节能环保产业等我省有条件的战略新兴产业中培育一批有实力、有自主知识产权、具有核心竞争力的大型民营企业集团。

打破行政壁垒，民企才能转型升级①

这些天来，我一直在思考广东民营经济如何做好经济发展方式的转变这篇大文章，这就需要对民营经济在该方面有一个正确的认知。广东相当一批民营企业在金融危机中不仅没有倒下去，反而更加积极主动，努力变危为机，加大自主创新力度，加快实施转型升级，实现了自身更好的发展，成为加快发展方式转变的生力军。比如在发展战略新兴产业上，广东民营企业家提早行动，积极谋划，大胆实践。在佛山南海，一些民营企业家放弃了原有的制鞋、制罐等传统优势产业，把资本和精力放在进入半导体照明、风力发电等战略新兴产业，在与国内外科研单位的合作中掌握了核心关键技术，形成了具有自主知识产权的产品，取得了不错的市场效益，在转变发展方式中迈出了坚实的步伐。

广东民营经济在转变发展方式上取得了一些经验，但也还存在许多问题，调结构、转方式的任务还十分艰巨，处在产业转型和结构升级的关键时期。总体上，以劳动密集型为主体的产业结构没有根本转变，近几年民营企业户数增长很快，但单体规模偏小、缺少核心竞争力。比如广东零售贸易业发达，却没有产生全国领军的大型流通民营企业；制造业民营企业数量很多，但拥有自主知识产权、有较强竞争力的工业制造业还比较少，等等。据统计，民营工业企业主要还是多集中在如纺织服装、食品加工、皮革制品和家具等一些传统劳动密集型行业，这些行业层次低，效益也低，抗风险能力比较差。因此，广东需要鼓励更多的民间资本投资战略新兴

---

① 此文载于2010年4月14日《南方日报》。

产业，抢占未来发展制高点，也要解决优化民营经济存量，在传统优势制造产业上寻找突破点，提升产品和服务价值，甚至如何平稳退出的难题。

目前民营经济在转变发展方式上还存在一些难题，其中主要就是存在一些影响资本、人力等经济要素自由流动的行政障碍。以战略新兴产业而论，民间资本对于战略新兴产业是有积极性的，但政策限制过多，金融支持力度不够，难以激发民间创业投资活力。因此，可以考虑放开民营企业在金融市场的准入政策，支持和帮助民营股份制企业上市直接融资，支持广东民营资本组建粤商银行，建立以服务中小企业和战略新兴产业为主的金融机构，切实解决中小企业融资难。只有这样，结构调整才有金融支撑，新的产业链条才能够借此再造。

在劳动密集型民营企业上，应当优化提升，搭建国际知识产权交易平台。广东制造是民营经济在改革开放30多年里锻造形成的重要优势，不能轻言丢弃。传统制造产业发展方式转变的关键问题不在于制造本身，而是在于制造业存在品牌、核心技术等知识产权的发展短板。当前知识产权贸易已经成为国际贸易中的一种主要形式和竞争手段，知识创新和知识产权正在逐步成为文化创意产业、传统产业转型、高新技术产业生存发展至关重要的"脊梁"。要推动民营企业从"广东制造"向"广东创造"转变，提升民营企业在国际竞争中的产业地位，需要政府在健全鼓励民营企业创立知名品牌的机制，诸如进一步提高企业广告费用所得税前计提的比例，政府实施民营知名品牌购买，鼓励文化创意产业与传统劳动密集型产业的对接与合作。同时，加快市场知识产权流通交易，帮助民营企业在国际范围内对知识产权进行配置，使专利授予数量与经济实际效益统一起来。

2009年，我省民间投资在基础设施、基础产业、城市建设、能源产业等领域投资比重不足三成，分别为25.4%、28.5%、21.0%和27.3%。这些投资领域恰恰是我国内需增长的巨大潜力点，并不是说民营资本不想进入，而是不被允许进入或者设置过多门槛。行政与市场的垄断不打破，民营经济的制度优势就难以在转变发展方式中发挥出来，应采取经济、法律和行政等手段，为民营企业开拓内需市场提供公平法治环境。

在新起点上推动民营企业发展①

　　实践充分证明"民营企业是转变经济发展方式的生力军"。近几年来，我省民营经济发展迅猛，民营经济增加值占GDP的比重已经达到42.6%。毋庸讳言，我省民营企业的快速发展是建立在传统方式基础之上的，是在解决吃饭、穿衣、就业等社会基本需求上起步的。目前，虽然发展速度和规模有了长足进步，由于长期固守传统的产业发展模式，使得民营企业在产业选择上累积了不少问题，成为民营经济发展方式转变的障碍。

　　民营经济从来就是一种"遇土则生、遇水则长"的草根经济，有着强大的生命力，在转变发展方式中，有着其他市场主体难以比肩的环境适应能力。从民营经济产业发展的外部环境看，"平等竞争""平等保护"的市场环境还没有形成，限制了民营企业的发展空间。另外，我国虽然确立了市场经济的改革取向，但行政管理体制基本上还在沿用计划经济的思维惯性和管理手段，有利于企业创新的经济环境和法制环境远未形成，民营企业从低端产业向高端产业转变还遇到外部的体制机制性障碍。

　　我省民营经济产业转型升级其实具有强劲的内在动力。经历改革开放30年市场经济大潮的洗礼，涌现出一大批优秀的民营企业，这些企业拥有自主知识产权，形成了自有品牌，具有很强的市场竞争力，已经成为转变经济发展方式的先锋力量。现在，许多民营企业家从事的经济活动，已不再是简单的谋生活动，正致力于从成

----

　　①　此文载于2010年6月18日《南方日报》。

本优势向技术优势跨越、从国内名牌向国际名牌跨越、从利润最大化向价值最大化跨越。随着民营企业在市场竞争中低成本竞争优势的慢慢丧失，大部分民营企业正在自觉或不自觉地升级转型。

转变民营企业发展方式，关键是要根据我省民营经济的产业发展特征，从战略高度和可持续发展角度，有效解决产业发展的路径问题，要克服障碍、发挥优势，按照企业增效、政府增收的双赢目标，研究其发展方式转变的产业方向。除了国务院提出的战略性新兴产业外，结合我省大多数民营企业的现状和实际，特提出转变发展方式的八大产业方向：

一是金融服务业。众所周知，民营经济发展长期缺乏有效金融支持，可以尝试组建粤商银行。二是资源性产业。广东作为一个制造业大省和资源消耗大省，长期依靠消耗外来资源以维持制造业的地位是不现实的。三是创意产业。长期以来，大部分民营企业的研发投入少，产品科技含量低、更新换代慢，创新体制不完善，缺少自主品牌和知识产权，限制了企业的发展和转型。民营企业发展创意产业，有利于改变这种状况，实现产业轻型化和高端化。四是文化产业。要发掘岭南文化、珠江文化、客家文化、潮汕文化的丰富资源，运用现代传播（行情、资讯、评论）方式和手段，加快文化产业化步伐。五是旅游商贸产业。广东发展旅游业得天独厚，民营旅游企业有很强的市场运作能力。广州长隆集团经过20多年的发展，成功打造出深受内地和港澳台游客欢迎的国家5A级景区，现已完成从单纯旅游业向现代服务业的转变，正雄心勃勃向世界级旅游品牌迈进。六是城市基础设施产业。随着《珠江三角洲地区改革发展规划纲要》的实施，以及粤东、粤西、粤北地区的发展，广东的城市化一体化和国际化进程必将加快，为民营企业提供了巨大的商业机会。七是社区服务业。由于社会管理体制和方式的变革，社区服务业将成为一个新兴的产业，为民营企业和民间投资者敞开大门。八是小城镇化配套产业。今年，国家在"三农"方面的投入将达到8000亿元，随着小城镇化建设步伐的加快，国家政策和财政支出逐渐向农村倾斜，我省经济的"增长极"将出现在潜力巨大的农村市场。民营企业要抓住有利时机。

后金融危机时代企业突围之道①

　　我因为工作需要经常到名商天地这里来，对这个地方也非常的熟悉。但是今天的到来，却有着非同寻常的意义。第一，今天是《皮界报》创刊两周年的庆典。第二，今天是与胡志标先生同台演讲，要知道"爱多"和"标王"胡志标曾经是一个时代的符号。第三，能跟这么多的国内同行朋友进行思想的交流，这是一个非常值得珍惜的机会。我这次演讲的题目是"后金融危机时代企业突围之道"，这个题目非常符合目前企业普遍关心的切身问题，同时也是我们政府部门和经济社团组织正在努力破解的一道难题。最近我有机会去到一些地方，省内的有惠州、深圳和南海，省外的则到了福建。期间我参观考察了一些企业，主要是制造业和商业地产公司，从中我仿佛找到了后金融危机时代企业突围之道的一些答案。

　　在今天下午的演讲里，我想用十个词语来试图破解企业在后金融危机时代的突围之道。其中，我想重点剖析一下TCL集团是如何在国际化困境当中化除危机，最后走上了富强繁盛的重生之路。

　　第一，"通情达理"。通情达理不仅对于我们平日做人很重要，对于企业的发展也是如此，企业家要有洞察力。《皮界报》里有一篇文章是《勤商/情商》，一个是勤奋的"勤"，一个是感情的"情"。我这两年来发现，在面对金融危机时，"通情"就是要精通市情、国情、商情和人情。如果不精通这"四情"，我们就会容易陷于迷茫和盲目，分不清方向。"达理"就是说企业的发展应该遵循规则、遵循天理，要符合事物发展的规律，符合企业成长的规律。这就是我理解的"通情达理"。

---

　　①　本文是作者2010年7月在《皮界报》创刊两周年庆典上的主题演讲。

广东知名家电企业TCL集团在1996年的时候就完成了企业改制，这为其以后的成功奠定了基础。我们可以发现，在后来风起云涌的企业变革过程中，有一些品牌遭受了重创，其重要的原因要么是改制不彻底，如佛山顺德的科龙电器；要么是改制不成功，有的甚至中途夭折，如三水的健力宝。TCL在改制过程中，做了三件非常通情达理的事情。第一件事是总裁李东生和他的管理团队在1996年的时候采取了增量改革的办法，达到了企业、政府、高管、员工、社会多元的局面。增量改革就是以当年国有资产总值为基础，第二年如果国有资产资本没有增值就会对全体管理人员减发50%的工资，如果增值在10%以内，那么就会对管理层增发相当于增值部分10%的工资，以此类推，当增值达到了30%以上，工资增发就会达到增值部分的20%以上。TCL就是以这种方法把蛋糕做大，并且在几年后成功上市。第二件事是TCL集团还用自己的资金通过各种有效的渠道来奖励高管。第三件事就是李东生清楚地知道想要创出品牌和成为跨国企业，就必须走国际化经营之路，也就是说，一定要到国际上去收购别的品牌。从2004年到2006年，TCL集团先后收购了法国最大的彩电企业汤姆逊公司和另一家有较强研发能力的手机生产企业。收购造成了TCL的短期亏损，但是就长远的发展来说，TCL集团必须要拥有这样一批具有强大的研发生产能力和雄厚资金的企业来作为探路的先锋。正是这种通达，让TCL集团在日后走出了一条国际化发展之路。

第二，"异想天开"。企业家往往都是一群敢于冒险的偏执狂，只会循规蹈矩、跟着别人跑的企业家是不可能成就大事的。如果没有过人的胆识和异想天开的想象力，企业家就不可能带领自己的企业突围而出。TCL李东生就是一个异想天开的人，当年收购法国企业的时候他根本就没有想过中法之间巨大的文化差异，也来不及去分析汤姆逊公司仅法国境内就有十多家分公司。但如果没有这种敢于冒险的精神，那么他也无法使TCL突围而出，做出今天的成就。其实在国内，一直都缺少敢于冒险，有异想天开想象力的企业家，把企业做强做大。

第三，知"无"不言。企业经营环境存在不确定性，经济信息具有不对称性，所以，企业家对自己不懂或者一时看不清楚想不明白的情势和问题，不要轻率地口出狂言。"无"不是没有，"有"是从"无"中生化出来的。对于一个企业家来说，市场竞争和较量，不是看你说了什么，而是看你做得怎样。应当怀着"空杯"心态，虚心学习他人之优长。当今时代是一个危机频发的高风险时代，企业家面临的不确定性增多，我们要通过认知革命的确定性来应对各种不确定性。国内越来越多的企业家在经历过金融危机肆虐后，都清楚地认识到把企业打造成学习型组织非常重要。李东生在面临危机时，把团队带到了黄土高原上的延安去学习延安精神，感悟"鹰的重生"。年轻的胡志标从人生巅峰跌了一大跤，现在重新站立起来了，他做的第一件事情就是去学习，在失败中学习，在实践中学习，向世界优秀的企业和企业家学习，然后把自己的教训总结成化解危机的方法论，向后起的创业者面授机宜。学习能够壮大和提升团队的应变力，更好地应对各种危机。在逆境当中组织团队去学习去磨炼，对企业跨越风险和应对危机是非常重要的。现在已经有很多企业开始组建自己的商学院，包括创维和美的等，这是一个很好的现象。

　　第四，扬长避短。一个真正的企业应该有自己专长的，而且要把自己的专长做强做大，把自己不熟悉的不擅长的要坚决地去掉。李东生在收购法国汤姆逊公司后，以巨大的决心优化了TCL的产业组织，拉长了在国内的产业链，同时将自有部分产业链的比重从原有的30%增加到了70%，在生产—仓库—供应链上去掉了仓库这个环节，直接进行终端销售，这样既降低了成本，又凸显了优势，成为最终扭亏的关键一着。

　　第五，百折不回。2009年年底，中央电视台"经济人物"评选的时候，李东生又一次登上了领奖台，大会对他的评价就是"百折不回"这四个字。当时他的企业面临了巨大的亏损，集团内部也发生了意见的分歧，双方各执一词。保守的一方认为，集团必须关掉收购的企业，老老实实地撤回国内市场发展，不要再走国际化的路线。台湾的明基电子则是前车之鉴，在收购了西门子等企业后于短短三年内就亏损了八亿欧元，最后明基电子痛下决心关掉了海外的企业。对此，李东生认为如果关掉海外的企业，TCL在未来的十年内就很难再进入欧美市场，这样下去中国的民族企业到底要到什么时候才能与国际优秀的大企业竞争呢？而且，暂时的困难不能动摇长期战略，国际化也要付出代价，今天的代价就是明天的收获。既然走上了国际化的道路就不能回头，必须坚持到底一直走下去。事实证明，正是这种百折不回的精神造就了TCL，使TCL率先赢得了进入国际市场的通行证。

　　第六，以变应变。企业要把产业链变长，把产业变得更轻，把产品质量变得更优。这种变通力对于企业面对金融危机是必不可少的。皮界行业要发展，需要变贴牌为创牌，这就是为什么我们需要组建行业联盟的一个重要原因。我们的土地、资源和人力已无法承载过去的发展模式，优化升级势在必行。TCL在应对金融危机和面临巨大亏损的时候，它不仅没有裁减产品研发中心的费用，还加大了对研发的投资，和国际大公司共同研发和生产出了液晶彩电，进一步提升了产品的品牌优势。

第七，弃"暗"投"明"。当传统行业已经难以为继的时候，企业要果断地抽身出来，投入新的行业中去，这叫做弃暗投明。胡志标先生对自己曾经从辉煌之巅跌入低谷进行了深刻反思，总结出一套诊断企业"病症"的方法，以帮助其他企业避免重蹈"爱多"的覆辙。他现在从事管理咨询工作，这也是一种转身之举。其实，无论是在东莞还是在深圳，很多企业都在不断地改变自己，不断拿出新的举措，寻求突围之道。

第八，蓄势待发。有很多的企业家在几年里表面上看没有任何的行动，其实他们正在做一件非常大的事情，那就是蓄势待发。很多企业选在金融危机的时候收敛，加强对自己团队的集中培训。这种能量的积聚在TCL同样得到了体现，他们以鹰为例，苍鹰在嘴不再锋利、爪也不再有力的情况下选择的是磨炼自己，以待再次展翅高飞。当企业处于低潮的时候，应该冷静下来，积聚自己的能量，等东风起时，能够再次腾飞。

第九，"拉帮结派"。我这里讲的"拉帮结派"是一种凝聚力、联合力和合作力的体现。今天下午的皮界联盟成立倡议行动就是一次行业内"拉帮结派"行动。拉什么帮呢？现场有很多的商帮、企业、机构和个人，集聚了上、中、下游的合作伙伴。在应对金融危机的过程当中，靠单枪匹马是不可能突围而出的。而结派就是，凝结行业产品的流派，形成"中国风采，东方气派"。温商和闽商在"拉帮结派"上比粤商要做得好。在座的都是粤商或者新粤商，我们需要理直气壮地"拉帮结派"，把广府商帮、潮汕商帮、客家商帮联合起来，就是一个世界级大商帮。我期望这个联盟能够后来居上，做出成绩，真正为行业搭建一个合作共强的平台。

第十，化虚为实。广东省正规划打造文化强省。我们需要打造一大批有文化的企业家和企业，形成一片企业品牌文化积聚的蓝海。文化不是虚的，与经济结合就是实实在在的文化经济。文化还是企业竞争力的灵魂，是企业发展之根本。李东生最后之所以能够完整归来，东山再起，在2009年扭亏为盈，创造422亿元的销售收入和4亿多元的盈利，最重要的力量来自于TCL集团致力打造"鹰派"的企业文化，以文化的力量来提升员工的精神和斗志。中国品牌的崛起最终靠的就是文化的力量。

品牌强，企业强；企业强，国家才能强。

凝聚潮商力量　建设幸福潮汕①

备受粤东企业家关注的第五届大粤东企业发展高峰论坛今天在汕头如期召开，我很荣幸受邀参加论坛并作主题演讲。目前，全球经济正处于快速复苏且复杂多变的局面。中国内需市场全面发力，企业界迎来了新一轮的经济增长机会，同时，也面对着转变发展方式带来的诸多挑战。"扩大内需"在"十二五"规划中首次被单独成章重点阐述。这意味着国家的政策导向在实质性地转变，产业的升级转型，企业的科学规划、规范发展势在必行。处在转折点上的粤东企业，有太多的困惑需要厘清，有太多的矛盾需要解决，有太多的机会需要把握，更有太多的责任需要承担。

由于从事工商联工作带来的机缘，我对民营经济的健康发展、民营企业家健康成长作了多方面研究，对改善中小企业的生存环境也有诸多建议。尤其是对潮汕地区民营经济的发展深表关切。潮商在改革浪潮中起大早，更是全中国现代化建设的重要力量。潮商所创造的民营经济效益是中国经济发展的重要组成部分，在经营自身企业、实现企业经营价值的同时，也创造了巨大的社会效益。站在汕头经济特区设立30周年的新起点上，集结全球潮商力量，推动粤东加快发展、跨越发展，建设幸福粤东，是当代潮人，特别是潮商肩负的光荣使命。

如何更好地完成这一光荣使命？我想从四个方面与各位企业家分享。

---

① 本文是作者2010年12月25日在第五届大粤东企业发展高峰论坛上的演讲。

一、幸福是什么

过去的五年，在"十一五"规划的指导下，我国在政治、经济等各个领域都取得了显著成就。2011年已经来临，"十二五"规划首页已徐徐打开。在"十二五"规划建议中，"顺应各族人民过上更好生活新期待""要让每一个中国人活得幸福而有尊严"，成为中国社会经济未来五年甚至更长时期发展的出发点和落脚点。那么，人民群众未来五年的"幸福之路"在何方，是摆在政府、企业面前不可忽视的问题。

当时空的钟摆指向21世纪的第一个十年末，并将开启"十二五"规划之时，人们在回望过去五年间中国发展时，注意到"重视民生"已经成为中国在经济转型中的突出亮点，更是未来五年中国谋发展、促发展的工作重点。

我认为，中国的发展不能再继续付出环境、资源和人力成本被压低的代价，原来的发展方式已经快走到尽头了。打造幸福社会，不能走过去单纯依靠GDP的增长，依靠高消费、高污染、低收入这样一条老路。我们已经付出了十分惨重的代价，交了昂贵的学费。的确，30年后的今天，我们重新检视发现，由于受到资源、能源、土地、人才等多方面的制约，我们过去的发展模式是难以为继的。经济社会发展的目的，从来就不是单纯的财富积累，而是旨在改善民生，增进人民的福祉。

在汕头经济特区设立30周年之际，市委市政府提出建设"幸福汕头"的指标体系，这是以人民利益为根本的执政理念的生动体现，也是特区治理的创新智慧。这就要求突破过去发展的路径，达到收入增长和社会稳定相互促进，物质文明和精神文明齐头并进。那么，在大粤东发展中承担重要使命的潮汕企业家，

应该怎样理解幸福，怎样创造幸福价值呢？

在我看来，幸福应该是人们获得物质、精神、文化的一种心理享受，最终体现在一种感觉。体现在老百姓就是收入增长、福利保障。体现在政府就是社会的安定、和谐，经济的发展，社会的进步。对于企业家来说，就是构建幸福企业。幸福企业的标准包括哪些？幸福企业我们认为有三个标准：一是高效，二是创新，三是绿色。高效包括高的效率、高的效益，创新包括产品创新、商业模式创新、管理创新。绿色也是最近两三年中国企业谈论和实践最多的话题，包括环境保护、低碳，以及企业内部的和谐，这也是和谐社会一个重要基础。诸如扶贫济困等社会责任的

承担，是广义的绿色。如果一个企业做到不仅仅是高效，同时在适应这个时代的发展，拥有很强的创新能力，适应在新的历史时期对企业的要求，它又是绿色的，这样的企业就是幸福的企业，在这样的企业里边工作的员工，也一定是幸福的员工。因此，一个企业的幸福指数，应是效率指数、创新指数和绿色发展指数的集合。

二、潮商是创造幸福潮汕的"天然富矿"

幸福的源泉在哪里？对大粤东地区来讲，就是拥有在全国乃至全世界享有盛名的商帮—潮商。在中国的每一个角落，几乎都能看到潮商的身影；在世界的任何一个地方，都能寻觅到潮商的足迹；在屡屡创造财富传奇的商圈之中，都能听到潮商与众不同的声音；在财富巨头的行列中，都能捕捉到潮商的镜头。这是一个被轻视的天然"富矿区"。

潮商是创造财富的"天使"，潮汕人先天具备经商的基因，拥有独具魅力的历史悠久的商业文化，素有"东方犹太人"之誉。由于土地、人口多方面的影响，流向海外的潮商特别多，在全国各地的商业巨子中潮商特别多。潮商天生具有凝结财富的力量，善于吸纳各种资本，运用资本进行有效投资的力量，他们挥舞着资本的魔杖在资本市场纵横驰骋。

"能独立亦善合群"，较好地概括了潮商群体精神的基本特性。在世界各地，几乎所有有潮人的地方就有潮州会馆，潮州会馆不仅是叙乡谊、寄乡思的地方，也是潮商的网络平台。互通乡情、调度资金、调集力量、合谋决策是潮商会馆服务潮商的坚实基础。自觉的团队精神，使潮商的资本不断扩大，拥有了行走天下、商通四海的实力。

据统计，在全国成立有广东商会的省份中，有一半省份会长是潮商，他们在各自的工作中为促进各地与潮商的经济交往搭建联结之桥。全国各地潮商成立的潮汕商会已有70多家，在外投资经营的潮商经济规模已经是上万亿计，他们的经济能量是推动潮汕加快发展的重要资源，更是汕头擦亮特区牌子、打造区域中心城市的宝贵财富。

我们不能够躺在一个"富矿"旁边睡大觉，眼睁睁地看着这么多的潮商把外省外地都发展起来了，而独独地忘了自己的家乡。真忘了吗？当然没有！我相信大家心里时刻都在关心家乡的发展。为什么眼里常含泪水，因为对这片土地爱的深沉！

三、创造幸福潮汕也是潮商的"天职"

创造幸福，要靠政府打造良好的投资硬件环境和软件环境，依靠企业家大联合，依靠全民创业，在转型中实现新潮商精神的崛起。一个富强、生动、民主和平等的新粤东，一个朝气蓬勃、充满激情的新粤东，需要潮商群体广泛参与，扮演更多角色，呈现更多色彩，开拓更多事业。

潮汕平原东承西就，左右逢源，一头连着珠三角，一头接着海峡西岸经济区，面向台湾还有东盟地区，区位优势清晰显现。机遇，就摆在新潮商的面前。当前，粤东面临的战略机遇，是三个融入（即融入珠三角改革发展、融入粤港澳紧密合作、融入海峡西岸经济区建设）和区域经济一体化。在此难得的机遇下，未来五年，粤东要实现三大崛起：绿色崛起（发展绿色经济、绿色产业、战略新经济，建设绿色经济带）；蓝色崛起（依托海洋，即将建成的潮汕机场，高铁等高速交通网络，抓住机遇面向世界，积极吸纳外来资金。同时引导草根经济汇流，使之成为一股规模力量）；信用崛起（打造信用经济，强调信用的重要性，强调"信用创造价值，信用创造财富"的理念）。

为此，必须牢牢抓住"三个重点"：

一是发展高新技术、先进工业。必须依托大港口发展大工业，加快培育战略性新兴产业，大力发展临港工业、装备制造业，改造提升传统优势轻工业，适度发展重工业，加快发展先进制造业，把汕头建设成为临港工业和装备制造业的重要基地。

二是提高自主创新能力。加快发展高端制造业和高新技术产业，特别是新材料、新工艺、新能源产业，推动工业产业结构调整优化升级。

三是鼓励和扶持企业上市，增资扩产，走出去，做强做大。

四、大力实施"潮商回归工程"

建设幸福粤东，就是要发挥特区、侨乡、人文、环境、自然等方面的比较优势，提升城市品质。大力弘扬"敢闯、敢冒、敢试、敢为天下先"的经济特区精神，跳出粤东看粤东，立足广东看粤东，面向全国看粤东，放眼世界看粤东。

在实现这一目标的过程中，潮商应当积极利用各个商会之间的联系，大力发展商会经济、服务型经济、民本经济。商会的作用，绝非仅仅是传递信息这么简单。促进经济要素的整合，把分散的外来资金聚集起来形成规模投资是商会经济的一大特点。依托商会搭建的平台，联结起资源流通的大网，构筑起百年商帮的凝结力量。同时，应重视再学习能力的培养，努力打造企业家自身的人才高度，提高企业家的知识和管理水平。企业的竞争力在很大程度上体现了一个地区经济的综合竞争力。政府要积极营造有利于企业家成长和企业发展的良好环境氛围，打造一支具有粤东特色、能带领粤东企业蓬勃发展的企业经营者队伍，为加快发展、实现奋力追赶提供强有力的人才支撑。

对政府而言，应当大力实施"潮商回归工程"，创造良好的投资环境，吸引外部潮商回乡发展事业。有人用"最穷故乡VS最富外邦"来形容故乡潮汕的落后与在外潮商的风光之间的巨大落差。这是因为许多潮汕企业家选择在外面落地、发展、壮大，潮汕本土却没有成为他们成功的温床。

伴随着广东"双转移"和区域发展战略加快实施，海峡西岸经济区建设积极推进，以及潮汕国际机场、厦深铁路等重要交通设施落成，潮汕连接外部的通道被打通。再加上近年来粤东地区政府转变职能，改变发展思路，在招商引资、经济发展方面投入了很大的精力、财力、物力，逐渐形成了"围墙内的事情企业自己做，围墙外的事情政府帮着做"的氛围。在这种氛围下，潮商回到家乡投资兴办实业的热潮持续高涨。

粤东四市同根同源，山水相连、人缘相亲、文化相同，潮汕这种血脉相连的人缘、地缘关系，极大地增强区域合作发展的融合度和向心力。在新的起点上，要重视发挥大型央企、海内外潮商、本地民营经济三股力量的作用，凝聚潮商力量，共同建设幸福粤东。把推动区域经济发展的过程，变成创造幸福、分享幸福、提升幸福的过程。

建设幸福广东需要传统产业与新兴产业良性互动①

省委十届八次全会提出"加快转型升级、建设幸福广东"作为我省"十二五"期间的主要任务。今年刚刚闭幕的"两会"上，"幸福"成为代表和委员们最多引用的词汇。"幸福"究竟是什么、"幸福"终究靠什么，一时间成为民众讨论的热门话题。

省委意见很明确。加快转型升级和建设幸福广东是不可分割的整体，两者是辩证统一的关系，广东要实现科学发展，谁也离不开谁。只有加快转型升级，实现幸福生活才有了先进生产力作支撑；而生产力的提高、经济可持续发展是以满足人民群众物质和文化需求为最终依归。短短的12字，是对我省五年工作规划的高度概括，有助于进一步理清全省各级干部和广大群众的思想误区。

在市场经济社会，企业已经成为人们参与经济建设的主要载体。它是创造社会财富的经济主体，还是促进技术进步的创新主体，更是积淀精神文明的重要主体。离开了企业的转型升级，任何空谈转型升级，都是无本之源。改革开放30多年来，广东形成了309个专业镇，2011年创造的生产总值超1.2万亿。这些以从事传统产业为主的产业组织，构成了广东重要的工业制造力量。要推动全省经济转型升级，调整和优化产业结构，绝不能忽略推动传统产业实现涅槃重生，更离不开90多万户私营

---

① 本文作于2011年2月。

企业实践科学发展观的自觉行动。

现阶段，广东产业的确需要进行一场深刻的变革，需要加快转型升级，锻造出更强的国际竞争力，以更有利的地位和姿态参与到国内外激烈的竞争中去。我们的确需要适时地推动新兴产业的发展，加快建立完善广东产业梯队，不能在世界产业快速变化发展中落下队伍，要站在产业前沿发出更强大的声音。但是，罗马不是一天建成。要加快经济发展方式的转变，广东也应该着眼实际，将远大的发展目标放在传统产业转型升级的落脚处。

推动传统产业转型升级，首要是如何正确看待广东传统产业的历史功绩和产业地位。关键是必须厘清对"传统"的定义与认识。在企业眼里产业没有传统与非传统的划分，只是存在适宜与不适宜的区别。人们平常谈论的所谓传统，更多的是站在历史时间观上对产业类别的划分方式。然而，我们必须认清，传统不代表低端，更不意味着落后。站在我省产业发展的现状看，一些虽然打着现代信息产业旗号的外资企业，由于核心技术来源于外国，在本地的产业链只处于"装配车间"的地位，增加值占总比例低。在产业发展价值上看，甚至不如某些从事传统产业的民营企业能藏富于民、更能扎根本地。因此，政府在对待传统产业政策上不能扣帽子，更应该营造鼓励各种产业平等竞争的政务环境，防止地方以低地价、低电价等手段，过分干扰市场信号，可能导致经济效益的损失。

一些地方政府已经意识到，与其简单地将一些产业标签为高污染、低附加值的淘汰行业，强行用行政手段逼它们迁移，可能激化政企矛盾，不如下大力气，鼓励和支持这些产业就地进行产业升级。比如花都狮岭镇并没有简单将皮革业一关了之，而是积极推动皮革产业转型升级，通过建设专业市场、加强品牌设计等手段，实现当地皮革业在全球产业链地位的提升。同是民营经济发展大省的浙江，把就地转型升级作为推动民营经济科学发展的重中之重，从注重外销向内外销结合转变，由单一产品向复合产品转变，由汽车配件生产向整车基地转变，浙江人坚守传统产业，让传统产业老树发出新芽。

我们更应该看到，传统产业转型升级与战略新兴产业的发展从来不是割裂的。曾经尘土飞扬、烟囱林立的佛山陶瓷行业，通过节能减排、技术革新，实现了建陶传统产生到创立陶瓷品牌、陶瓷装备制造的转变。传统陶瓷产业的升级转型，催生了当地陶瓷机械装备产业的创新发展，引发了清洁煤气化工的革命，为清洁能源产业发展提供了巨大商机。很多国家的实践证明，传统产业与新兴产业，不是非此即彼的矛盾两面。相反地，传统产业的转型升级，才是新兴产业实现更高产业抱负的主战场，是推动新兴产业迅速发展的核心动力。传统与新兴其实是相容相生的。美国的信息产业是为传统产业的转型升级服务的；沃尔玛的全球供应链系统是现代信息服务与传统零售网络相结合的成功例子；GPS全球卫星导航，在与传统的汽车产业相嫁接，才得到更广泛的商业运用。相反，一些简单追求技术领先的事物，由于没有找到商业运用的切入点，除了制造了不少资产泡沫，并没有给社会带来好的资本回报。唯有技术与商业的统一，才能促成了技术创新所投入的资本回收，推动资本的再投入，才能形成了技术进步与资本市场的良好互动。从我省自身的发展经验看，依托珠三角传统产业集群发展起来的工业设计、金融服务等现代服务业，也正是在为家电、家具等传统制造业的转型升级服务过程，实现了长足和稳定的发展。

加快实现广东转型升级，实施"十二五"规划的宏伟蓝图，必须处理好省委十届八次全会提出五大关系。就企业而言，他们更希望能政府与市场关系得到进一步理顺，更加期望政府做到不越位、不缺位，尊重市场主体的经营选择，以更给力、更务实的政策措施，在产业政策引导、公共技术创新服务等上，真正帮助企业解决转型升级遇到的实际困难，推动新兴行业在传统产业转型升级中发挥更大作用。我们也有理由相信，只有我省传统产业与现代产业实现良性互动，成为推动广东经济建设的强劲双核，群众民生发展的要求和愿望才能更有盼头。

政府在转型升级中须防越位和缺位①

省委十届八次全会提出"加快转型升级、建设幸福广东"作为我省"十二五"期间的主要任务。在市场经济社会，企业已经成为人们参与经济建设的主要载体。它是创造社会财富的经济主体，还是促进技术进步的创新主体，更是积淀精神文明的重要主体。离开了企业的转型升级，任何空谈转型升级，都是无本之源。改革开放三十多年来，广东形成了309个专业镇，专业镇去年创造的生产总值超1.2万亿元。这些以从事传统产业为主的产业组织，构成了广东重要的工业制造力量。要推动全省经济转型升级，调整和优化产业结构，绝不能忽略推动传统产业实现涅槃重生，更离不开90多万户私营企业实践科学发展观的自觉行动。

现阶段，广东产业的确需要进行一场深刻的变革，需要加快转型升级，锻造出更强的国际竞争力，以更有利的地位和姿态参与到国内外激烈的竞争中去。推动传统产业转型升级，首要是如何正确看待广东传统产业的历史功绩和产业地位。关键是必须厘清对"传统"的定义与认识。在企业眼里产业没有传统与非传统的划分，只是存在适宜与不适宜的区别。人们平常谈论的所谓传统，更多的是站在历史时间观上对产业类别的划分方式。然而，我们必须认清，传统不代表低端，更不意味着落后。站在我省产业发展的现状看，一些虽然打着现代信息产业旗号的外资企业，由于核心技术来源于外国，在本地的产业链只处于"装配车间"的地位，增加值占总比例低，甚至不如某些从事传统产业的民营企业能藏富于民、更能扎根本地。因

---

① 本文载于2011年2月24日《南方日报》。

此，政府在对待传统产业政策上不能扣帽子，更应该营造鼓励各种产业平等竞争的政务环境，防止地方以低地价、低电价等手段，过分干扰市场信号，可能导致经济效益的损失。

一些地方政府已经意识到，与其简单地将一些产业标签为高污染、低附加值的淘汰行业，强行用行政手段逼它们迁移，可能激化政企矛盾，不如下大力气，鼓励和支持这些产业就地进行产业升级。比如花都狮岭镇并没有简单将皮革业一关了之，而是积极推动皮革产业转型升级，通过建设专业市场、加强品牌设计等手段，实现当地皮革业在全球产业链地位的提升。同是民营经济发展大省的浙江，把就地转型升级作为推动民营经济科学发展的重中之重，从注重外销向内外销结合转变，由单一产品向复合产品转变，由汽车配件生产向整车基地转变，浙江人坚守传统产业，让传统产业老树发出新芽。

传统产业转型升级与战略新兴产业的发展从来不是割裂的两个主体。曾经尘土飞扬、烟囱林立的佛山陶瓷行业，通过节能减排、技术革新，实现了从建陶传统产生到创立陶瓷品牌、陶瓷装备制造的转变，催生了当地陶瓷机械装备产业的创新发展，为清洁能源产业发展提供了巨大商机。很多国家的实践证明，传统产业与新兴产业不是非此即彼的矛盾两面，相反，传统产业的转型升级，才是推动新兴产业迅速发展的核心动力。传统与新兴其实是相容相生的。美国的信息产业是为传统产业的转型升级服务的；沃尔玛的全球供应链系统是现代信息服务与传统零售网络相结合的成功例子；GPS全球卫星导航，在与传统的汽车产业相嫁接，才得到更广泛的商业运用。而一些简单追求技术领先的事物，由于没有找到商业运用的切入点，除了制造了不少资产泡沫，并没有给社会带来好的资本回报。从我省自身的发展经验看，依托珠三角传统产业集群发展起来的工业设计、金融服务等现代服务业，也正是在为家电、家具等传统制造业的转型升级服务过程中，实现了长足和稳定的发展。

加快实现广东转型升级，就企业而言，更希望政府与市场关系能得到进一步理顺，更加期望政府做到不越位、不缺位，尊重市场主体的经营选择，以更给力、更务实的政策措施，在产业政策引导、公共技术创新服务等方面，真正帮助企业解决转型升级遇到的实际困难，推动新兴行业在传统产业转型升级中发挥更大作用。

以公平环境促民营经济大发展大提高①

当前，我国民营经济正处于产业结构调整的攻坚期和转变发展方式的关键期，国际金融危机的影响没有消退，国内经济增速下滑，民营企业发展内外受制，挑战前所未有，特别是有两个现象值得引起高度关注。一是会否出现产业空心化。民营企业普遍反映企业融资难、融资贵的问题仍然突出，劳动力价格上涨、流动性增强的趋势愈发明显，行业管理执法随意性强、波动性大。传统制造业的资产回报率持续走低，一些从事实体经济的企业销售很大，但利润却抵不上一套房子的价值。这导致制造业有往海外开始迁移，民间资本从工业、制造业向房地产业、金融业转移的迹象，实体经济有面临"产业空心化"的危险。二是民营企业家的发展信心有所下滑，"富人"出售资产、往海外移民的念头不断在发酵。据中国社科院报告，千万资产的人士拥有海外居住权的有16%，有44%正在考虑移民。企业家移民海外虽然是个人选择，出于子女教育等个人原因，但也从某种程度上折射出这一群体在实体经济领域发展信心不足、创业精神出现滑坡的趋势。

实体经济经营困难、企业家心里想着移民，这反映的核心问题是民营经济发展整体环境有待改善。表现在一是发展环境未能完全公平、待遇不一致。内资与外资、民企与国企在市场准入、行政服务、金融成本、人才体系上没能实现同等待遇。尽管国家多次出台了多项政策，努力放宽准入，减轻负担，改善管理和服务，但在这些政策在基层落实不到位，力度不够，某些具体政策仍然存在种种不公平规

---

① 此文作于2012年1月。

定，导致了一些企业家以脚投票，放弃实体经济，中止企业经营。二是管理政策多变、难以保持稳定。个别企业出现的违法经营行为，往往导致行业整体行政管理环境的恶化，政府部门在面对突发事件时，倾向于一刀切的管理模式，"倒脏水，把小孩也倒掉"，这对行业长远发展伤害很大。三是社会舆论不够理性、法律保护力度不够。现在企业务工人员有《劳动合同法》保护，受伤就医都找企业兜底，但民营企业家却得不到相应法律保护和社会关怀。舆论环境特别网络舆论仇富现象比较突出，大众仍然存在"为富者不仁"的偏见，创业的社会风险在不断加大。

党的十八大明确提出，要毫不动摇地鼓励、支持和引导非公有制经济发展，保证各种所有制经济依法平等使用市场要素，公平参与市场竞争，同等受到法律保护。这极大地鼓励了民营企业家的信心，坚定他们跟党走建设中国特色社会主义道路的理想信念。加强对民营经济和创业者的合法保护，有利于彰显社会公正，有利于促进社会进步，有利于激发更多人创业！建议广东要坚决贯彻党的十八大精神，把国企与民企放在同一个起跑线上，把扶持大中型民营企业进一步做大做强做优与扶持小微企业健康发展结合起来，真正体现权利公平、机会公平，规则公平。

一是实现权利公平，确保民营企业依法平等使用生产要素。加大民营企业生产要素使用权保障。安排用地、水电指标时，在价格和数量上，民营企业享受与国有企业、外资企业同等待遇，本地企业与外地企业享受同等待遇。加强民营企业人才队伍管理权保障。打破人才队伍管理的二元化格局，民营企业在员工的人事档案管理、入户、专业职称评定等上享受与国有企业、事业单位同等待遇，解决民营企业在吸引高端人才和产业工人上的需求。支持各级工商联开展组织民营企业各类专业技术资格考核工作，探索开展职业经理人诚信体系建设。健全民营企业财产所有权保障。杜绝政府部门对行业发展的不当干预，切实赋予企业自主经营权，防止个别部门、个别地方以"一刀切"的方式对民营企业进行粗暴式执法。丰富民营企业自我发展权保障。支持民营企业参与我省国有企业重组改制、扩股增资等，各级政府采购进一步对民营企业开放，鼓励民营企业参与提供公共产品。

二是实现机会公平，确保民营企业公平参与市场竞争。赋予公平的项目机会。通过电子化信息平台及时向全社会公开地方投资项目需求信息，加强各级投资主管部门与工商联、社会组织的对接，支持工商联组织我省重点企业参与我省重点投资项目建设。地方政府、国有企业投资的项目和工程应该向社会公开招标，防止利益输送，允许民营企业参与建设。赋予公平的信贷机会。以改革推进金融服务公平化。建议广东从珠三角发达地区、粤东西北各挑选一个地级市进行金融改革综合试点并报中央批准。大力培育中小企业债券市场，提高中小企业社会融资能力。立足于服务本地中小微企业，发展区域性社会银行，推动我省知名大型民营企业发起组建民营股份制粤商银行。赋予公平的市场准入机会。为民间资本建立正常的准入机制，放宽具有竞争性市场的传统"基础或支柱行业"的进入门槛，进一步缩小行政垄断范围，尽可能减少投资审核程序和要求。放宽金融服务业、公共事务部门的领域。建议由省金融办、省工商联联合牵头，汇集广东大型民营企业集团资本，组织广东粤商投资集团，以控制、参股的方式，投资金融业、资源性项目、建设政府基础设施、私募投资或基金管理等方向。赋予公平的市场竞争机会。在某些自然垄断的战略行业，要建立更有力的监管制度，防止现有市场主体利用市场地位进行不正当竞争。

三是实现规则公平，确保民营企业同等受到法律保护。降低高税负。要依法保护民营企业的税收权益，适当减少民营企业、特别是劳动密集型产业的税负。允许从个体、小微企业采购较多、较分散的特殊行业给予增值税进项抵扣。对雇工数量大，解决社会就业贡献大的企业实施结构性优惠减税。加快"费改税"步伐，清理收费项。规范企业税收征管方式，减少对税务稽查对企业经营的干扰。降低融资高利率。民营企业融资很难得到银行的优惠利率，并且加上各种中间费用，实际利率远高于其他经济体。而且民营企业融资不稳定，一有风吹草动，银行方面就收紧银根，要求提前还款。建议对银行的民营企业信贷坏账核销给予税收优惠，鼓励银行扩大对民营企业的融资比例。推进流动资产、无形资产评估质押工作，鼓励银行等金融机构对该项资产发放抵押贷款。既要防范地方金融风险，也要促进为中小企业服务的民营银行、小额贷款公司和非银行金融机构的发展。消除规则歧视。要在行政服务、司法裁决、社会管理上对所有经济主体一视同仁。要进一步加强法治建设，推动文明执法、规范执法，不能打着宏观调控、行业治理的旗号，任意侵犯民营企业产权、经营权。不得对民营企业乱摊派、随意进行检查。要制定并公开部门执法的权限和程序，规范检查的范围和方式。要保障民营企业的申诉权、建议权、听证权等，在涉及民营经济领域的政策等方面，认真听取民营企业的意见建议。

以幸福作为评判经济发展好坏的标准①

　　刚刚闭幕的省第十一次党代会提出，要大力发展健康服务、节能环保、休闲旅游、文化创意等幸福导向型产业，引导转型升级的方向。幸福导向型产业的概念让人眼前一亮。那么什么是幸福导向型产业呢？

　　根据释义，幸福导向型产业是指导以满足人由生存到发展的多元幸福诉求为导向，以健康、绿色、时尚、智慧为特征的新兴产业。这类产业主要包括健康服务、智能安全监管、低碳环保、时尚创意、休闲旅游、数字娱乐、智慧化社会管理服务、心灵疗伤服务、网络教育以及智慧文化产业等。其核心是"以人为本"，这使它不仅具有经济学的意义，同时还兼具社会学的意义。

　　幸福导向型产业其实反映了要以幸福引领经济发展的方向，以幸福作为评判经济发展好坏的标准。这样的概念具有非常重要的意义，它将加快转型与建设幸福广东结合起来，使转型升级为构建幸福广东提供了非常重要的载体和支撑的物质基础。它淡化了GDP崇拜，更加注重追求经济发展的质量与效益，有望从根本上改变高污染、高消耗的增长模式。它从人民群众的根本需要出发，切切实实注重满足人民群众对物质文明与精神文明的双重追求，着力提高人民生活品质，使人民真正享受到改革开放的成果。它提出了经济发展的理论引导，可以纠正唯利是图、金钱至上等错误片面的价值观，在全社会树立正确的幸福理念，真正提升人民群众的幸福感。

---

① 载于2012年6月13日的《南方日报》。

幸福引领经济的核心是以人为本。从这个意义上来说，其目的应是建设幸福广东，动力是坚持改革开放，路径是加快转型升级。从"引领"这个词也可以看出，"幸福"与"经济"这两个名词间的主次关系。幸福是目的，发展经济只是追求幸福的手段，二者不可颠倒。长期以来，正是存在着把经济发展这种手段作为目的的错误做法，才导致我们的发展陷入片面，发展的方式扭曲，发展的代价高昂，不仅使人民群众难以真正享受发展的成果，有些甚至会损害人民的利益。人民群众才会有经济发展了，幸福感却下降了的感受。金钱至上等各种扭曲的价值观才会大行其道。

发展经济的最终目的是民众的幸福，幸福社会最基础的条件就是老有所养、病有所医、学有所教、住有所居、劳有所得。因此，大力发展健康服务、节能环保、休闲旅游、文化创意等幸福导向型产业，发展教育、医疗、住房等民生经济，都属于实现幸福的经济。

那么如何实现幸福引领经济呢？坚守"民本、民生、民享"，这是实现幸福经济的必由之路。

所谓民本，就是以民为本。"民为邦本，本固邦宁"，民众是国家的基础。只有坚持发展的过程和发展的目的都始终围绕满足人民群众的物质和文化需求，让人民群众切实享受到发展成果，才能使科学发展成为广大人民群众的自觉追求。所谓民生，就是注重改善民生。胡锦涛总书记曾指出，政府"应该坚持以人为本，着力保障和改善民生，建立覆盖全民的社会保障体系，注重解决教育、劳动就业、医疗卫生、养老、住房等民生问题"。十一次党代会报告也指出："建设幸福广东，必须突出改善民生。要大力发展各项民生事业，推进基本公共服务均等化，努力使全省人民学有所教、劳有所得、病有所医、老有所养、住有所居。"所谓民享，就是与民共享发展成果，要让人民群众真正享有改革开放的成果，实施居民收入倍增计划很有必要。

实现幸福引领经济必须坚持"创业、创新、创造"，这是实现幸福经济的根本途径。

先看创业，创业的激情与氛围比专业素养更为重要。虽然创业需要专业的素养，但这是可以培养出来的，难能可贵的反而是对创业的激情和希望。再看创新，唯有创新才是经济发展的主动力，唯有创新才是转型升级的主攻方向，为广东转型升级提供动力引擎。创新是转型升级的必然选择。自主创新是科技发展的战略基点，是支撑引领经济社会转型升级的强大动力和源泉。创新不能简单地理解为发展新兴产业，必须掌握核心技术，否则新兴产业也会变成低端产业。再看创造。由于自主创新能力薄弱，中国制造业大而不强，多数工业企业处于产业链中的底端，产品附加值很低。可以说，自主创新能力不强是中国制造业的最大软肋。实现中国创造是维护国家经济安全的需要。2007年的数据表明，中国已开放的产业中，每个产业排名前5位的企业基本上都由外资控制；而在中国28个主要的产业中，有21个产业由外资拥有多数资产控制权。比如，电梯行业中最大的5家均为外资控制，产量占全国的80%以上；美国微软公司的电脑操作系统占我国全部市场的95%。我国的手机、电脑、网络设备等行业的上游技术、关键零部件乃至生产线大部分要从跨国公司购买。可见，自主创新能力薄弱导致的企业竞争力不强，已经影响到我国的国家经济安全。

此外，幸福经济还必须坚持"员工幸福、企业家幸福、企业幸福"的"三幸福"，这是幸福经济的最终目标。

广东经济转型的大战略

《广东"双转移"战略——广东经济转型之路》书评

"上兵伐谋""谋定而后动"，五千年灿烂辉煌的中华文明从来不缺乏对战略的深邃思考。广东省政府发展研究中心副主任汪一洋博士①主编的《广东"双转移"战略——广东经济转型之路》，就是全面呈现改革开放30年后，广东在重要转折的历史关头，在科学发展道路上作出正确抉择的一部力作。不同于一般同类书籍，它以理论的深度、战略的高度、实践的力度、历史的跨度，运用通俗的语言，生动诠释和权威解读了广东的经济转型之路。

一段壮阔的广东改革开放史，就是一部深刻的中国现代发展战略思想史。30多年前，曾经落后的广东成为我国启动改革开放的重要战区。"办特区""闯市场"，广东人冲破传统思想的种种禁锢，以无比勇气与亲身实践，推动了中国经济体制和社会事业发展的一系列重大改革，成就了大国崛起的光辉历程。

世界局势瞬息万变，时代发展不断向前。正如书中所言"三十年河东，三十年河西"，"排头兵迎来严峻挑战"，广东人均产值增速竟然落在沿海省份之后。长期积累了创新力度弱、产业层次低、结构不合理等矛盾和问题，在国际金融危机的严重冲击下，传统粗放发展模式走到极致，沉疴积弊集中爆发，形势和任务十分紧迫。广东该往何处去，应该怎么走，都是每位广东人直面深思的关键问题。

正是在这样的时代背景下，广东省委省政府在发动全省上下开展新一轮思想解放大讨论的基础上，经过充分调查研究，集中全省智慧，提出了一个新的重大的战

---

① 汪一洋：现为广东省文化和旅游厅党组书记、厅长。

略举措——"双转移"战略。这是区域经济发展理论的创新，打破了传统单向思维模式和发展思路，创造性地提出产业与劳动力的双向流动。这也是经济发展政策的创新，科学设计竞争激励的有效制度，极大地调动了各地加快转型的积极性。

汪一洋同志亲身参与了省委省政府这一重大决策的调研和文件起草工作。他和他的团队以政策的高度、专业的视角、精湛的文字、辛劳的付出，在《广东"双转移"战略——广东经济转型之路》给我们恢弘追述，再现了广东经济转型重大决策的关键阶段和细节经过，让我们对"双转移"战略的依据理论、研究酝酿、部署实施、意义价值有了全方位的理解。回过头来看，我们的确应该庆幸，从2007年底起，省委省政府提前意识到广东发展的严峻挑战，敏锐捕捉到重要时势的变化趋势，深入开展解放思想大讨论活动，果敢实施"双转移"战略，为我们战胜国际金融危机树立了信心、赢得了时间。这一不平凡的经历和过程，值得所有人认真品读，对实施"双转移"战略下的广东经济转型之路，进行反复思量和仔细回味。

本书对各地党委和政府部门贯彻"双转移"战略，创造性地开展相关工作，帮助广大企业把自身发展融合到全省总体发展战略中去，自觉地清醒地实现发展转型，都具有指导作用。尤其是在加快经济发展方式转变的伟大征程中，企业家必须要有强烈的使命意识，把推动广东省产业高端化，抢占经济发展制高点作为企业发展的理想抱负和社会责任。领导军企业要率先转，中小型企业要主动转。转型发展的关键在于朝着什么方向转，沿着什么路径转。这个问题最让许多企业家困惑。对此，本书恰好可以起到指点迷津的作用。

新商业文明潮头的第三个境界

大鹏一日乘风起

"大鹏一日乘风起，扶摇直上九万里"，这是庄子在《逍遥游》中描绘的身心合一、随风飞扬的自由境界。庄子其实在告诫我们，生命的至美状态，绝不是凭空而来的，要达到这种境界，需要有"咬定青山不放松，任尔东西南北风"的信心气魄，要有"好风凭借力，送我上青云"的风云激荡，也需要有鲲鹏展翅，一飞冲天，排除风险，万里翱翔的过硬本领。我以为，大到一个国家，小到一个团体、一个企业，甚至一个人，要想达到这样的境界，从根本上说，就是善于在复杂多变的环境下全面研判趋势，准确把握趋势的能力。趋势分长趋势和短期趋势，有硬趋势有软趋势。最难把握的是软趋势，人与人之间最大的区别就是把握软趋势的能力。所谓趋势，就是具有可能性和不确定性的发展态势。加速时代的主要特征之一就是不确定性。实际上我们每一天都生活在不确定性当中，恰恰是因为不确定性，使得我们每一个人的人生多了很多选择，多了一种无限的可能性。从这个意义上来讲，企业家从事的一切事业，都是为了增加企业发展的确定性，来解决不确定性的风险。大凡成功的企业家，必定是把握趋势的高手。

处于改革开放前沿的广东，民营经济市场主体的数量、规模更是如雨后春笋般呈几同何级数增长。然而，到了2008年，发端于美国的全球金融危机，对中国经济尤其是民营经济造成了严重冲击。同时，由于长期形成的思想观念和体制机制束缚，民营企业的生存环境和发展空间受到限制，被成本的高山、融资的冰山、市场的火山这"三座大山"压得喘不过气来，经营风险越来越严峻。其突出的表现是，中国中小民营企业的平均寿命仅为三岁，比欧美日等发达国家要低得多。

是生存还是毁灭？这是个问题！直面挑战，防控风险，练就在常态化风险条件下化危机为新机的过硬本领，是摆在民营企业家和商会组织面前的时代考题。作为民营经济的服务者和守护者，我带着问题沉到企业，向企业家学习请教，为企业解惑释疑、排忧纾困。在服务民营经济的过程中，对民营企业和民营企业家的生存风险有了更为切身的感悟，撰写了《跨越财富天险——企业家生存风险管理之道》等专著和多篇文章。日积月累，形成了有关民营企业风险管理的理性思考。做企业需要时间沉淀。日本、德国都有上百年、上千年的企业，一个家族就是做一个事情，一代一代地传下去。

在这个不确定性和高风险的时代，我们正经历百年未有之大变局，民营企业家要走在时间的前面，善于认识和把握当今时代新的发展趋势。

第一个趋势，全球经济秩序加速变革。我们已经进入了经济全球化与反全球化、逆全球化同时并存的阶段。但是，人类发展到今天，各个国家和经济体通过多种方式实现了"硬联通"和"软连通"，全球化也许可能出现一些波折，但总的趋势是不可逆转的。以美国为首的西方势力，逆历史潮流而动，不是与国际组织"脱群"，就是谋求与中国经济"脱钩"，最终将证明是走不通的。世界潮流浩浩荡荡，全球相互依存、合作共享的趋势是任何力量都不可阻挡的。多边主义必将战胜单边主义！

第二个趋势，新技术革命风起云涌。以新一代信息技术为代表的科学技术革命，信息传输技术的进步、范围的扩大，让社会分工更加灵活。"巨无霸"高科技跨国公司异军突起，在全球生产组织中发挥重要作用。以互联网为基础设施，5G、人工智能、大数据为重要技术手段的数字经济时代来临，将深刻重塑人类社会的生产生活方式，催生出新的业态、新的模式、新的产业、新的技术，并且也会催生新的社会阶层群体。美国推行的是"互联网+"跨界融合模式，大型互联网公司都开始做实体经营。德国制造业强大，走的是"+互联网"的路子。我国作为后发国家和人口大国，在信息技术发展上具有独特技术代际跨越和市场规模优势，部分新兴领域已经站在了前沿，在行业发展的业态上选择了"互联网+"和"+互联网"相结合的道路。在新技术革命带来的巨大机遇和挑战面前，民营企业必须认清新形势，把握新趋势，增创新优势，乘势而上，顺势而为，加快自主创新步伐，引进培养创新型人才，研发尖端高新科技产品，成为中国建设创新型国家的生力军。

第三个趋势，大国关系尤其是中美关系出现转折性变化。美国对中国遏制逐渐升级，最直接的原因是中国经济总量同美国日益接近。2019年，中国GDP接近美国的67%，工业总产值已经超过美国。从历史上看，GDP超过美国60%是一道红线，苏联和日本GDP超过美国60%后，美国都加大了遏制力度，这与追赶者的意识形态、政治制度或者是否"韬光养晦"并无直接关系。同时，2008年以来，以美国为代表的西方国家受金融危机影响，经济减速、政治动荡、社会撕裂更趋明显，民族宗教问题频发，美国还可能选择向外转移矛盾，中国将面临政治、经济、外交、科技、文化、舆论以至于军事等多方面前所未有的压力。从经济上看，2018年开始，美国总统特朗普单方面发起针对中国的贸易战，大幅度提高从中国进口商品的关税。

2020年以来，随着新冠肺炎疫情在世界蔓延，美国防控不力，成为受感染和死亡人数居全球首位的重灾区，进一步加剧了美国一些政客对中国的敌意和美国政府对中国高科技企业的打压，把一批批中国企业列入制裁清单，首当其冲的是华为、TikTok，美国政府不惜联合其盟友，用随意编造的理由和匪夷所思的手段，进行绞杀。美国对中国的遏制从贸易领域到科技领域，甚至有发展到金融领域的可能。在这种情况下，党中央国务院审时度势，作出了发展战略的重大调整，即构建以国内大循环为主体、国内国际双循环相互促进的发展新格局，要举全国之力加快半导体产业等关键科技产业发展，下决心尽快突破"缺芯少核"而受制于人的瓶颈问题。这就要求民营企业尤其是高科技企业在新的发展格局中寻找新机，在提高核心竞争力上下工夫，打造更多的独角兽企业。

第四个趋势，各国越来越重视制造业，重视实体经济的发展。美国过去搞去工业化，把生产制造环节转移到劳动力等生产要素成本低的国家和地区，自己占据产业链和价值链的高端。其结果是产业空心化严重，投资银行等金融寡头成为最大的"食利者阶层"，产业工人没有从财富增长中受益。特朗普上台以后，极力推动美国制造业的回归，日本政府也对回归本土的企业采取了奖励措施。中国是制造业大国，必须坚定不移发展实体经济，切实避免经济进一步"脱实向虚"的风险。我们要充分认识到，一个没有强大制造业、没有强大实体经济的国家是不可能成为现代化强国的。在我国，经过改革开放42年的发展，民营经济已经成为市场经济的主体，民营企业家承担着发展壮大实体经济的历史重任，要心无旁骛做强实业，做精主业，进而实现高质量发展。政府部门要优化营商环境，破除体制机制性障碍，下决心搬掉横在民营企业前头的"三座大山"，全力以赴在危机中育新机，于变局中开新局。

民营企业持续健康发展的终极标志是什么？我以为，其衡量的标尺主要有两条，一是有实现效益目标，创造财富；二是要履行社会责任，创造价值。这两条合在一起，就是幸福型企业。打造幸福型企业的理念、途径和方法，就是探寻幸福商道之谜。2011年9月，我曾经对翟美卿（香江集团总裁）、张茵（玖珑纸业董事长）、黄宏生（创维集团创始人）、胡志标（爱多品牌创始人）、陈凯旋（立白集团董事长）等多位知名企业家作过访谈，写成了《问鼎财富巅峰：当代商业领袖高端访谈录》一书，用一个民营企业服务者和民营经济守护者的独特视角，试图破解当代中国企业家的幸福密码。我发现，企业家追求幸福的过程，就是不断超越的过程。进入21世纪，产生了新型的国际化企业家，他们具有现代意识、国际眼光、创新思维和经营才能，在致力于企业转型升级、提高全要素生产率和核心竞争力的同时，其自身也在进行精神层次的突破调整和升级迭代，不断地超越别人、超越对手、超越从前、超越时代，进而在否定自己、超越自己中成就自己、塑造新我。我的结论是，企业家的幸福商道在很大程度上就是否定、蝶变、超越之道。2012年5月，我又在学习研究《道德经》的基础上，运用"上善若水"的思想，结合多年与企业家打交道的实践心得，写就了《商道若水：寻找当代企业家的"道德方舟"》一书，提出了企业家追求幸福商道的法则，这就是：淡浮如水，载舟覆舟的预见力；筑牢提坝，挡住洪流的避险力；进德修业，洋纳百海的学习力；滴水穿石，雄襟万里的专注力；以柔克刚，自胜者强的坚韧力；曲径通幽，和合圆通的变通力；滚滚江河，经流不息的传承力；上善若水，敬天爱人的感恩力；沧海桑田，剩者为王的生命力。企业家怎样把握趋势，防范风险、追求幸福？我献上三句话，就是"三笑三好"：笑看世界风云，开心就好；笑傲市场江湖，平安就好；笑面财富人生，健康就好！

第四章

延伸手臂：同舟共济聚合力

如果说，市场是"看不见的手"，政府是"看得见的手"，那么，现代商会就是这两只手臂的延伸和联结。商会作为是沟通市场和政府的桥梁，是不可或缺的"第三部门"，起着传递信息、行业自律、反映诉求、维护权益的重要作用。正所谓：因商而会，因会而聚，因聚而强，因强而盛，因盛而久。我们要发现现代商会功能之"美"，价值之"妙"，使其在推进治理体系和治理能力现代化中大显身手。

大力发展商会经济①

市场经济条件下，在市场机制这只"看不见的手"自发调节和行政机制这只"看得见的手"双重失灵时，商会组织将会作为构架于市场和政府之间的"神奇之手"，弥补市场失灵与政府缺陷。近几年来，各地商会发展十分迅猛，商会在促进经济发展、规范行业行为、协调劳动关系、维护企业权益、提升企业家素质等方面发挥了越来越重要的作用，商会参与经济服务活动的广度和深度大大拓展，一个发展商会经济的时代已经到来。

一、什么是商会经济

商会经济是一种新的经济现象，是以商会为纽带和平台，组织会员企业进行有目的有选择的经济活动和模式的总和。一方面，是由商会组织的；另一方面，是经济性活动。我认为，商会经济是"三民经济"：

第一，商会经济是民本经济。商会大多是以民营企业和企业家为主体组织起来的民间团体，民营企业具有民有、民营、民享的民本特征。民有，就是由民资所有，来自于民间资本，产权归民营投资者所有；民营，就是由民营企业家或授权的职业经理人负责经营；民享，就是企业的收益由投资股东自由支配和处置。以这一群体为主体组建的商会开展的经济性活动也自然具有民本性质。

---

① 此文是作者2008年9月在福建龙岩商会经济论坛上的演讲，后经修改补充作为专著《商会经济》（2012年10月暨南大学出版社出版）的序言。

第二，商会经济是民主经济。商会作为具独立法人地位的社会组织，其组织自律性、互惠性决定了商会经济带有天然的民主特征。现代商会是企业家的民主式组织，是自办会务、自筹经费、自选会长、自我管理的民间组织，这就决定了商会经济是不带有行政权威、不属于政府行为的经济模式，它是自主的，企业家才是商会经济活动的主体。

第三，商会经济是民生经济。民营经济是草根经济，民营经济的发展大大改善了民生，民营企业已经成为解决就业的主渠道，成为税收的重要来源。从这个意义上说，发展以民营企业成员为主体的商会经济，本质上是发展民生经济，根本目的是改善民生。

二、商会经济的功能作用

（一）商会经济是有效促进本地经济发展的新源泉

商会是企业自发组织组成的，目的是为会员服务，是为了成员企业的发展而形成的，商会组织企业积极参与政府的经济活动，既帮助企业的成长，又促进当地经济的发展，最终实现当地经济和企业同步发展的多赢局面。

（二）商会经济是加速主导产业形成的新力量

山东人豪气，上海人精明，一方水土养一方人，相同的文化背景，同样性格特质，同样的生意手法，因此在全国各地经常出现某一行业基本被来自同一个地方的人垄断的现象，高档酒楼则是广东人在经营，茶叶行业则是福建人经营。商会会员在生意上的相互交流和合作，能快速复制行业的成功经验，能大大缩短产业升级的时间，缩小与经济发达地区间的产业差距，这会给产业转移提供很大的帮助。

（三）商会经济是有效推动民营经济做大做强的新引擎

信息共享，风险共担，共谋发展，这是商会共同特征，商会在激活民间资金、合作开发市场方面有着与生俱来的先天优势，以商会为平台，众多的民营企业进行联合与合作，创造资金优势，形成产业规模。凭借商会雄厚的资金实力，一些民营企业在短时间内实现了大规模的扩张。

（四）商会经济是保护外来投资企业的合法利益，优化当地投资环境新途径

商会就是他山之石，而且是一块有分量的"大石"。企业的利益诉求只能由企业自己的自治组织才能恰当地表达出来，商会能表达企业自己的利益诉求，任何其他的社会组织都不能充当他们的利益代言人；因此，在市场经济条件下，商会是维护正当市场竞争和有序市场秩序的社会组织形式，是整个市场经济运行系统中不可或缺的中间环节。在保护企业利益，优化本地投资环境方面，商会发挥着巨大的作用，在与政府的协调沟通上，商会比单个企业更为专业、更具效率，如发生在我城区范围内的两起房地产建设纠纷，涉及南宁市其他市直主管部门，如是单个企业反映情况，按程序是应该从城区开始着手处理，但处理这些事要涉及其到市直部门，已超出城区职权范围，按程序只能逐级上报研究，这样就耽误事件处理的时间，现在企业通过所在商会与市里取得联系，在各政府部门的共同努力下事情很快可以得到圆满解决。

（五）商会经济是加快招商引资的新载体

商会经济异军突起，将商会组织推到了本地与全国各地的经济交流和合作的前台，商会充分发挥引导服务优势和桥梁纽带作用，通过沟通信息、增进友谊、交流经验、共同发展，吸引民间资本到本地投资兴业，利用商会联系商界的优势，以商引资、以商招商，从而帮助政府促成招商引资项目。

（六）商会经济是推动企业参与慈善事业，回报社会新平台

商会经济是合作的经济，商人集体做事的经济，商会能很好地发挥自我教育、自我约束、自我管理、自我提高的作用，积极组织商会成员，倡导爱国、敬业、诚信、友善等道德规范，积极参与光彩事业和公益慈善事业，对政府倡议捐资助学、救灾扶贫及其他社会慈善公益之举，积极响应，在许多公益慈善场合中闪动着各商会会员们的身影。

商会还可以在以下四种经济机制中发挥独特的作用。

一是降低交易成本。商会实质上就是一种能够降低交易成本的工商业组织，具

体表现在：提供交易条件的费用，发现交易对象和交易价格的费用等。商会通过统一收集信息并提供给成员，与个体会员分散搜集信息相比较能够减少重复投入，降低信息搜寻成本。一般来说，搜集信息是报酬递增的，即人们常常必须支付信息成本，但成本不会有很大变化。商会比较行会而言更有开放性，能在更大范围内为商人提供来自内部、商会之间及国际间的商业信息，缩短商人搜集、整理、加工信息的时间，通过集体谈判权的行使，减少讨价还价的费用，减少因信息的不对称而引起的交易成本的增加。

二是聚焦"社会资本"。网络是一种重要的社会资本，依托商会发展的"社会资本"包括三类。其一是商会与政府、社会之间的关系资本。其二是商会与商会之间的关系资本。其三，是商会内部成员之间的关系资本。后两者都能通过商会的组织，发挥民间商会的网络优势，以商引商。如果说竞争能够带来活力与效率的话，那么合作能够带来和谐与效率。这一制度安排能够给商人更多的合作，易于形成网络。此外，商会在商人与政府之间起着媒介作用，及时传递双方信息，减少摩擦，为经济组织间的合作提供机会。

三是实现规模经济效应。随着市场竞争的日趋激烈，民营企业只有以商会为核心把"五个摊开的手指头"变成"一个握起的拳头"，联合起来同舟共济。1998年，温州打火机厂商依靠商会的整体力量打赢了欧盟对我国的反倾销诉讼案，体现了加入世界贸易组织（WTO）后行业商会在国际贸易市场上维护企业直接交锋不可避免，各城市之间、同城同区的竞争也将日趋激烈，政府不干预，可能导致地区损失；政府干预市场又会留下许多后遗症，明智的做法就是发挥商会的组织作用联合应对。会员单位还可以通过商会统一采购降低成本通过联合办企，缩短委托代理链条，统一进行销售、采购，达到商会与投资者的双赢。在项目投资中，商会还可以通过会员间、商会间的"强强联合"，商会针对会员企业的优势项目，可以兴办担保机构、专业市场和大型企业，延长产业链，构筑产业集群，而这些"大手笔"常常是单个企业所难以办到的。

四是供给行业规范制度。制度分正式制度和非正式制度两大类。商会在政府职能转变的今天在行业规范方面的作用尤其明显和重要。当前政府向商会移交行政职能的目的，就是要做到市场的事由市场调节，企业的事由企业解决，行业的事由商会组织协调，政府决不干预市场。为此，商会必须认清自身在制订行业规范、维护行业信用建设方面的职责，通过利用商业法律、汇款单等正式制度与道德、舆论等非正式制度约束商人，减少违约行为，减少市场的不确定性，维护市场秩序，降低市场风险。坚持服务会员企业、自主建设以及正面褒扬和失信惩戒相结合的三大原则。通过强化行业信用制度建设、对会员企业开展信用评价、协助会员企业建立信用风险防范机制等工作，提高会员企业的诚信意识，增强行业自律水平，促进行业健康发展。因此，商会应在制度设计上显示出高度负责、高度专业的品格，包括：行业的标准制定、行业的统计、行业的初评、产品的推荐等，为政府腾出手来做好行业产业的规划、监督和协调发展提供便利。此外，商会为防止过度竞争可设计有效制度，将会员只顾自身利润最大化的决策转化为商会共同体的利润最大化，防止生产者之间重复投入和小而全，优化资源配置。

三、商会经济的主要模式

联通产业集群。做商会经济就是要做产业集聚，形成一条产业上下游相关的产业链。商会中的众企业活跃于各行各业，通过商会将它们串联起来，这种经济行业微观上可以在商会内部实现供需互补，宏观上能串起强大的产业链。

共建工业园区。广东高科技产业商会在粤北的河源、河南鹤壁、成都创建了三个高科技商会工业园，推动100多家企业总投资250多亿元。

搭建质量技术服务平台。中山小榄镇商会设立了五金、检测服务有限公司、企业服务有限公司、锁具服务公司和知识产权服务中心，建立了对企业产品进行技术质量等的公共服务平台。

举办展览会、博览会。广东美容美发化妆品商会主办的美博会，已成为具有国际影响的行业产品展销盛会。全国工商联烘焙业公会举办的一年一度的行业展会，吸引了数以千家企业参展。香港工展会时间长达一个月，是香港中华厂商联合的主打项目。

推动形成品牌联盟。广东家电商会着力打造行业企业品牌。广东家具商会组建行业品牌联盟，设立了具体目标，在山东、北京、辽宁等地建设广东家具精品馆。广州皮革皮具行业的数十家商会也有意组建品牌联盟。

合建商会大厦和总部基地。不少商会组织会员自筹资金建设商会大厦，集办公、培训、商务于一体，达到以会产兴会务的目的。有的商会还联合起来，共同打造成地区性的商会总部办公基地，并引入会员企业进驻。

打造产品展销基地。广东电脑商会在中东阿联酋的阿基曼组建了中国商品交易中心，一期建设面积达成十万平方米，在中东地区打造一个永不落幕的中国商品展销平台。

创新金融服务体系。深圳总商会创立的民营企业互保金，由总商会选择优质民营企业出资和政府部分出资共同设立担保基金，筛选既有资金需求又有成长性和偿还能力的贷款企业，以互保金提供担保，被推荐的单个企业向银行贷款后如到期不能还款，则由互保金偿付。这种企业联保、商会信用、政府信用合为一体的担保方式，受到借贷银行和有资金需求企业的普遍欢迎。作为一种创新模式，现已帮助民营企业取得贷款110多亿元。为帮助民营企业解决融资难问题走出了一条新路。

运营股份合作项目。广东乳源县将全县一个大的旅游开发项目交由商会运作，由商会会长牵头，组织有实力的会员企业入股组建项目公司，统筹进行项目开发。

发展经济信息服务和电子商务。广东油气商会每天向会员和社会提供国际同期油气价格权威信息。多数商会都有建立了商会网站，其功能已由初期的会务信息到经济信息服务，特别是为会员提供商机合作的电子商务正在成为商会经济服务的新趋势。

组建并运作投资基金。广东高科技产业商会牵头成立"中科汇商创业投资基金"，开创了中国商会设立基金的先河，并推动业内多家创投公司成立，累计金额达16亿元。

发展"商会经济"，应从政府对商会的适度授权起步，加快推进政府职能的转换，明确政府和商会各自的角色定位，逐步减少其官办色彩，扩大商会对市场和企业自主管理的范围，强化其管理和服务的权威性，使商会的市场化管理与政府的行政性管理有序分工和良性互动。有位必须有为，而有为必须要独立自主、敢作敢为。反之，如果商会仅仅只依靠政府部门赋予的某些权力，是很难长期有为有位的，"商会经济"亦会成为一席空谈。

想大事，做大事，成大事①

今天，省工商联召集大家在肇庆市大旺高新区这片投资热土、发展旺地进行学习交流，很有意义。在此，我谨代表省工商联对从各个地方前来参加会议的同志，特别是对本身有企业还在百忙之中前来参加会议的各位商会会长表示衷心感谢！听说有的会长专门从外地坐飞机赶来，这确实令人感动，足以体现大家对这次会议的高度重视。

刚才，12位会长、秘书长简短的发言非常精彩，从各个不同的角度和侧面反映了目前我省商会协会组织工作水平，反映了近年来商会协会在探索和创新等方面取得的宝贵经验。这次会议本来可以安排更多的商会协会作介绍，每位同志可以讲更长的时间，但如果会议时间拖得太长，有些同志由于有要事可能会离开，就达不到交流的效果。为了弥补今天的遗憾，会后我们将把会上的发言整理再发给大家。

今天会上的发言可以概括为四句话：创新兴"帮"、整合为王、资源共享、文明之光。

——创新兴"帮"。我这里讲的"帮"是特指商会和商帮，兴帮就是兴商会之帮。创新是一个民族进步的动力，也是商会工作发展的动力。各个商会的工作亮点就是创新与探索的成果，从商会工业园区建设到金融服务、知识产权服务以及拓展国内外市场等，无不体现了商会的创新精神。

——整合为王。主要体现在一些商会发挥了对行业进行整合的功能，通过组织

---

① 本文是作者在广东省工商联2010年商会协会工作会议上的总结发言。

的功能作用，对上中下游产业链进行有效整合。广东民营企业商会、广东家具商会等一些商会组织搭建各种平台，特别是组建商会品牌联盟，宣传推广品牌文化，积极推动广货全国行。其实，商会会长和秘书长经常要做的工作，就是刚才省日化商会秘书长余雪玲同志讲的"在沙滩上把千万颗珍珠捡起来，用绳子串成一条条挂在脖子上的精美项链"。

　　——**资源共享**。商会会长和秘书长要具备三种能力。一要善于画饼，就是要有策划能力；二要善于做饼，就是要有执行能力；三要善于分饼，就是要有沟通平衡能力。我们不少商会掌握了很多行业资源，广东很多行业在全国占有很大的市场份额，有的至少占全国三分之一，有的占全国的三分之二，有的出口超过了全国出口的三分之一，还有很多行业产品销量在全国排第一。有这么几句话：发展经济以工业为大，发展工业以产业为大，发展产业以企业为大，发展企业以企业家为大。说明企业家才是经济发展的核心竞争力。商会、协会的会长、秘书长要对产业和行业及企业家进行整合，不仅要聚合资源，而且要分享资源，还要使这个资源实现更大的价值。

　　——**文明之光**。商会、协会工作是一项传播商业文明的重要工作。在整个社会道德出现滑坡，特别是商业伦理遭受严重挑战的情况下，商会、协会的一项重要使命就是传播商业文明、弘扬商业道德，提升行业自律和道德水平。我们开展一系列的服务都要体现商会是现代新商业文明的传播者、传承者、整合者和创新者。这方面我们一些商会、协会做得越来越好。为此，我提议为各个商会、协会所取得的成绩给予热烈的掌声！

　　我来省工商联工作已有六年多了。这六年，是我人生中最重要、最关键、最值得珍惜的美好时光，因为我结识了成百上千的民营企业家，有机会跟各位优秀的会长、秘书长在一起工作、学习、交流，我在大家身上学到的知识，是激发我做好工商联工作的动力。这里，我有几点体会想跟大家交流一下。

一、工商联的工作已经站在新的历史起点上

　　一方面我们遇到非常好的机遇，另一方面我们又遇到极为严峻的挑战，总体上是机遇大于挑战。在2003年，我省民营企业只有25万家，现在已经超过80万家，中小企业超过100万家，而且还在不断增加。工商联作为党和政府联系非公有制经济的桥梁纽带，服务的对象越来越多，规模越来越大。现在全省工商联会员数量已

经超过17万个，每年增长10%左右。工商联是现有体制下最大的、最有政治优势的商会组织，它地位超脱、会员众多、舞台广阔、网络庞大、环境宽松，具有其他人民团体不可替代的优势。这些优势如果发挥不好，容易变成劣势。市场经济特别是民营经济大发展，加快转变经济发展方式等新形势，为工商联和商会协会提供了十分广阔的发展空间。商会是市场经济的必然产物。由工商联组建、指导、联系的商会，由于其与市场经济有着天然的相容性，在服务、协调、自律、维权等方面发挥了重要作用，在发展经济、促进就业、参与社会公益事业等方面做了大量有益的工作，涌现出了一批在行业内知名度高、社会上影响力大的行业商会协会。异地商会和综合性商会也充分发挥凝聚乡谊乡情、会员从业范围大，互补性较强的优势，积极搭建合作交流平台，进行资金信息结盟，为家乡及广东省经济社会发展作出了积极贡献，得到了党委政府的充分肯定。同时我们要清醒地看到，现在为民营企业和企业家服务的社会团体，并不只有工商联一个，还有其他很多的团体来"抢夺"资源，有的过去为国有企业服务，现在也把触角延伸到民营企业，这给我们提出了严峻的挑战。新社会阶层的日益扩大，以非公有制人士为主体的新社会阶层人数达到750万人，企业家素质的日益提高，也对我们的服务水平、创新能力提出了新的更高要求。因此，工商联的工作要抓住各级党委政府的重视，民营企业空前发展，工业企业越来越多，企业家对工商联的参与度越来越高等有利条件，特别是要抓住转变经济发展方式的有利时机，乘势而上，顺势而为。这几年省工商联紧紧抓住经济服务这个关键，组织企业与各市产业转移园区进行项目对接，受到了各地政府和企业家的普遍欢迎，也扩大了工商联的影响力。这给了我很深的教育和启示，使我认识到在工商联工作只要有为就一定会有位。工商联的工作以服务经济，服务民营企业为中心，包括商会组织建设也要围绕这个中心。今年5月，省工商联组织了180家企业到肇庆、云浮市进行招商引资项目对接，有望引进一些大项目。这次会议也来了一百多人，说不定就能成就几个项目。如果说，当初那个苹果最幸运的时刻是遇到了牛顿，牛顿受到苹果落地的启示发现了万有引力定律，那么，肇庆高新区遇到在座的各位会长秘书长以及引来更多企业的投资，今后高新区肯定会"大旺"。

二、现在已进入商会协会发展变革的黄金机遇期

随着民营经济的飞速发展，我省社团组织如雨后春笋般涌现。六年前，我刚担

任省工商联副主席、省总商会副会长时，省工商联直接服务的商会只有20多家，现在已经接近80家，全省的数量就更加多了。我省商会协会主要呈现加速发展趋势，正处于黄金机遇期：

一是商会协会数量大发展。据统计，截至2009年底，全省工商联组织的商会协会公会共498家，异地商会35家；省工商联密切联系的商会协会有78家，其中在民政部门登记注册商会70家，异地商会12家，团体商会39家。

二是集合发展的联盟越来越多。比如家具商会的家具产业联盟就是一个典型，还有皮具行业商会也准备建立产业联盟，全国几十家职业经理人协会联手组成职业经理人大联盟。

三是精细化的分工日益明显。在市场实际运作中，中小类行业组织更加细化、更加专业，一个大的行业里有很多个小的细分行业，往往更能发挥实效。如美国的大豆协会、温州的打火机协会，日本汽车行业就有数十个细分的专业组织。

四是区域化抱团成立的商会异军突起。近几年商协会发展最快的是异地商会。当前，广东省在外地已成立23家异地商会，福建省在广东省有40多家商会，其中有的还是县区一级在广东各地成立的以联络乡情共谋发展为依归的区域性闽商商会。

五是国际化发展初露端倪。现在有的商会已经不只满足于本土发展，在海外也成立了办事处。比如高科技产业商会在美国、中东、越南等地分别成立了办事处，有的商会会长、秘书长还成为美国一个州的名誉市民，有的商会本身定位就是国际化发展的，例如广东国际钻石商会。

六是市场化运作成为主流。很多商会不满足于过去只依靠在政府部门这棵大树下吃饭乘凉的低水平发展，而是创新服务，扩宽发展渠道，不断提升自己的品质。

七是品牌建设成效显著。广东已经出现了一批品牌商会。广东高科技产业商会荣获高含金量的全国先进行业组织称号，成为一面旗帜。刚才发言的商会协会都是经过长期的历练、长期的努力形成了自己的品牌，得到了会员的认可。例如广东日化商会在余雪玲担任秘书长之前，会务工作几乎一片空白，这几年，她做了大量工作，精心打造了六大平台，得到了日化商会会长、会员交口称赞。企业形成品牌很难，要打造一个商会的品牌更难。要打造品牌商会，必须有品牌活动。如油气商会每天向会员公布国内、国际燃气行情，成为国内燃气价格的晴雨表。

八是伴随着一大批品牌商会的诞生，产生了一批优秀的会长，特别是卓越的秘书长。以广东家具商会为例，我到北京开会期间，北京朝阳区一个乡的管委会主任请我去看销售广东家具的龙凤天地家居城，他说："因为广东家具商会做得好，家具商会有一个优秀的秘书长蒋德辉，他经常提到你们省工商联，经常提到你"。这说明我们有一批秘书长知名度相当高，已经成为行业的"香饽饽"。知名度不是吹出来的，也不是天上掉下来的，更不是别人给的，完全是自己实干出来的。现在既会画饼又会做饼还会分饼的秘书长是极为稀缺的宝贵资源。

我们的商会工作有很多亮点，怎样把这些亮点变成闪耀的星星，变成月亮和太阳？这需要我们认真思考。近年来，随着我省民营经济的快速发展，我省行业商会、综合性商会、异地商会得到了快速发展。但从总体上来讲，我省商会的发展还远远跟不上经济发展的步伐，有一些商会组织未能真正发挥作用，影响力有限，社会知名度不高，存在的困难和问题值得重视。

——组织实力不强，内部机制不完善，服务水平不高。

从整体上讲，我们的大部分商会协会规模不够大，实力不够强。据统计，大部分商会协会会员企业数都在200家以内。对于省一级商会协会来说，这个会员数是远远不够的，规模偏小，这是目前存在的一个比较突出的问题。同时，部分商会协会内部机制不完善，自身建设有待加强。有些商会往往还停留在"人治"阶段，人事制度、财务制度还没有建立或者有制度但无执行，商会的相关计划和决策无法得到很好的实施和贯彻。有个别商会没有专门的办事机构，没有会务活动，机制建设不正常，存在着服务的水平不高、质量不高、服务不到位的问题。这是一个根本性问题，也就是说，商会到底为会员做了些什么、做了哪些服务、寻得了多少商机、回馈了多少会员、维护了多少权益，在这些会员需求的问题上，动的脑筋不多，办法不多。这就导致了商会的吸引力不强，导致了长期没有新增加会员。

——发展参差不齐，行业分布不广，地域分布不均。

目前，我省商会协会虽有较大发展，但同时也呈现出极不平衡的发展态势。一是行业分布不广，中类尤其是小类缺乏。二是传统行业相对齐全，而新兴行业、现代服务业等符合政府产业规划发展方向的行业组织发展严重滞后，数量少，规模小，难以发挥作用。三是地域分布不均衡。大部分行业商会协会集中在经济发达地区，且以小产业、小商品领域居多，行业组织对于行业经济的拉动作用未能凸显。全省行业组织平均覆盖企业不足200家，大多数行业组织覆盖率都未过半，会员数量少，活力不足，有些连本行业的龙头企业都未参与，行业组织缺乏行业代表性和行规话语权，难以担当大任和发挥应有的作用。

——品牌商会和品牌活动不多。

现在我们工商联系统有不少的品牌商会，如广东高科技产业商会、广东省家具商会、广东美容美发化妆品行业协会等，通过多年的发展，在社会上打响了自己的品牌，赢得了社会和会员企业的认可。但仍有大量的商会没有形成自己的品牌，没有通过商会举办品牌性的活动、有影响力的活动，去打造商会的美誉度、知名度。我们常说，生命在于运动，商会在于活动。商会只有通过举办品牌活动，才能不断提升凝聚力，扩大影响力。

——专职工作队伍人才缺乏，素质偏低。

目前，大部分商会协会专职工作人员力量薄弱、年龄老化、专业水平低。据调查，商会协会专、兼职工作人员平均约五六个人，其中专职三四个人，最少的仅有一两个人，有的甚至没有专职人员。年龄结构不尽合理，部分商会秘书长年龄偏大，商会专职人员队伍梯队建设有待加强。由于商会在现阶段得到的社会支持力度不够，商会工作人员的社会保障问题不能解决，难于吸引到具有现代管理能力和商会专业知识的高层次人才加盟商会工作人员队伍。商会协会由于自身建设方面的不足，难以适应社会组织大发展的要求。

三、想大事，做大事，成大事

省委的决策、措施已经出台，现在关键是干，要抓落实，要实干。一个"干"字，就是要求我们的执行力要到位。我在一些商会会议上也讲了一些通俗语言。比如，要求广东水产业商会打造"生猛海鲜"般的商会，"生"就是要有生气，有活力；"猛"就是要有"猛"料（叫得响的活动内容），出"猛"人（行业领军人物、优秀企业家）；"海"就是视野要宽，胸襟要广，要海纳百川，吸纳各路商业精英加盟；"鲜"就是要有新鲜的创意，善于创新。这样的商会具有海派商会的特点。要求广东省金银首饰商会打造"珠光宝气"般的商会，就是要使商会成为行业的一颗璀璨明珠（珠）；使会员跟了会长、秘书长脸上有光，商会的招牌放射出夺目光芒（光）；商会的工作要有自己的法宝，即品牌活动、拳头产品、品牌项目及核心竞争力（宝）；要抱团合作、团结奋斗，要有正气、有豪气、有胆气，最终有王者之气（气），这就是"珠光宝气"。我还提出要打造"五子登科"的商会。一要有面子，得到各方面广泛的支持。例如今天我们来到这里，开发区为我们提供了这么好的条件，这么多会长秘书长来参加会议，把位置都坐满了。二要有里子，有非常充实的工作内容。前面一些商会介绍的工作亮点就是有里子的体现。三要有底子，就是商会工作的底气要足。我们的底气来源于商会的活动档次高、知名度大，满足了会员企业的需求，适应了时代的发展与党委政府的要求。很多事情政府不方便去做，但又希望我们去做，我们就全力把它做好。四要有票子，就是有雄厚的经济实力。商会要帮助会员企业赚更多的票子，同时壮大自己的经济实力，更好地用于为会员企业服务。商会虽然不是营利机构，但可通过合法的方式取得一些收入。五要有路子，就是工作要有思路。没有思路哪来出路？没有路子不会有票子，没有票子不会有底子，没有底子不会有里子，没有里子哪来的面子？因此，要打造品牌商会协会，开创我省商协会工作新局面，归根到底就是要想大事，做大事，成大事。我认为，这里有三个问题要搞清楚。

第一，要搞清楚什么是大事？

从哲学的角度来看，宇宙中最大的事是什么呢？大不过开天辟地吧！有一本论时空的书，据说是获了奖的。它说宇宙在100亿年以前，就是一个小点，这个点非常之小，比针尖还要小，这个小点儿100亿年前发生了爆炸，爆炸产生了现在的宇宙。看到这段描述，实在感到不能理解，地球、太阳、太阳系、银河系、宇宙都产生于它？这么个小点子。就从这次爆炸起，有了时间，有了空间，我感觉很有意思。这次大爆炸，意义很大，没有这次爆炸，在座各位就不会存在。咱们今天谈大事，这应当算一件。

从历史的角度来看，史上记载可看到的大事也很多。秦始皇时代修筑的万里长城，2000多年过去了，我们还要去爬一爬，"不到长城非好汉"。这算不算一件大事？这些东西都很久远了，咱们不再去多说。现代史上，中国工农红军二万五千里长征，穿越11个省，历经无数次战斗，是一件惊天动地的大事。当然我们党干这件事是被迫的，因为第五次反围剿失败了，红军不得不进行战略大转移。长征是中国现代革命史上开天辟地的大事变。中国共产党主动干的大事，也很了不起，真可谓是翻天覆地。军事上有三大战役——辽沈、平津、淮海，取得了解放战争的伟大胜利。新中国成立后，我们干的大事也很多，有些是逼出来的，像实现20世纪60年代的"两弹一星"，在苏联撤销协议，美国封锁围堵的情况下，我们克服难以想象的困难，终于实现了这一伟大梦想，一举奠定了核武大国的基础。这是大事，也是好事。大庆油田的开发也是，新中国成立初期缺油少气，外国权威声称中国地质构造贫油，我们只能拼命找。能源是大事啊！当然我们也做了一些很不好的大事。像"大跃进"，人民公社，"文化大革命"，给我国的社会主义事业造成不可估量的损失，教训十分惨痛。所以，大事可以分为被迫做的，主动做的；好的大事，坏的大事；为什么要谈这些？今天把大家的视野先扩展一下，使我们可以从一个比较大的角度观察大事。

从现实的角度看，我国正在进行的伟大民族复兴运动，30年改革开放，是三千年未有之大变局，造就了新的社会阶层，形成了波澜壮阔的造富运动，这是改变亿万中国人命运的大事。广东创造的经济奇迹，特别是民营经济的大发展，以及现在正在进行的经济发展方式的转变，都是我们亲历的大事。什么是商会协会的大事呢？就是一个前提、两大影响、三条标准、四个要件。

一个前提：必须符合科学发展观和商会的发展战略。如果商会做的事情不符合科学发展观的要求，不能满足会员的需求，不顺应时代的潮流，不符合商会自身的发展战略，就不能成为大事。

两种影响：一是要在全省范围内产生大影响。例如我们2008年举办的首届新粤商大会，在全省引起很大反响，成为省工商联的品牌活动。二是要产生全国甚至国际影响。如省家具商会在外省举办广东家具品牌文化节，其影响辐射全国；中山小榄商会制定了"369"发展目标：三年达到全省一流，六年达到全国一流，九年达到国际一流。现在六年过去了，商会确实做了很多大事，达到了全国一流。

三条标准：一是具有创新性。别人没有做我们做了，别人做了，我们做得更好更有特色；二是有规模效应；三是有时效性。刚才12个商会协会秘书长介绍的工作亮点，就具有创新性，规模性，实效性，完全符合干大事的标准。如广东家电商会通过举办一个活动可以为企业拿到几千万美元的订单，省家纺协会、美容美发行业协会举办一次展览产生好几亿人民币的交易额。

做大事还需具备四个要件：其一，做大事需要空间。只有在全国或者国外造成了积极的正面影响，才称得上大事。比如省工商联和综合性商会而言，做的事情如果在全省或者在全国没有形成好的影响，对民营经济健康发展和民营企业家健康成长没起到大作用，那就是没成就大事。就行业商会协会而言，如果在全国范围内有影响，或者在省内具有影响，起码必须在行业上形成影响。我认为这就算一件大事了。做成大事也可以拓展商会组织的社会空间。所以，秘书长可以寻找、谋划、完成一些大事。对商会而言，处处有大事，人人有大事。

其二，做大事需要时间。时间是伟大的魔术师。事业的成功和事物的发展总有一个过程。对人的一生有比较大的影响的事，可以称作个人的大事。人的一生由连续的时间构成，表现为一系列、若干件事情的过程。一件事对你一生有影响，使你的一生发生某种变化，这就是个人的大事。大家不要看自己那个工作，现在我们不能算个多么大的事情，10年以后再看，也许不得了。一个商会从无到有，从小到大，从普遍组织到卓越组织，绝非一日之功。讲到对大事的认识，这个认识随着时间变迁，随着经验积累，随着环境变化会不断变化、不断发展的。如肇庆市大旺开发区五年前经济还相对落后，但现在已迅速崛起成为开发区，它的发展速度、招商引资能力以及周围的环境，在广东乃至全国都是一流的。

其三，做大事需要想象。关键在于我们能否放开来想，大胆去想，扎实去干，敢想敢干，这很重要。思路决定出路，境界决定格局，心态决定成高度，细节决定成败。回忆起来，以前觉得很大的一些事，现在都觉得不那么大了，这和想象有关系。当然，想到的不一定能做到，但首先要敢想。如果事情尚处于想的阶段，你就问他，你能做到吗？能不能做到，以后再说，先放胆想一想，人不一定为了表现自己的稳重、成熟、考虑周到、深思熟虑、老谋深算，而不敢去想。用不着！你先去想，最多被别人说你是一个狂人，胆子不小，就这点事吧。不要怕，首先要想。我们许多商会的品牌活动就是想象出来的，所以，秘书长要成为追梦的人，有梦最美，希望相随。有梦想就会有奇迹。不能总是太现实，太清醒，这个不能做，那个也不成。当然，清醒不是坏事。但太清醒了就有问题。你的下属想干一件什么事情，如果你还没完全想好，就不要马上表示不同意。在工作中，有些事要坚决推动；有些事来个默许，让他办办看；有些事要坚决拒绝。因为有些小事可能发展成大事，看来不现实的事情可能发展成现实的事情。这是一种思维方式，也是有效的领导方法。总之，想象力是一个组织的领导者非常重要的能力。人类很多创造发明，都是想象力的副产品。

其四，做大事需要眼光。有这么一句话："所见所闻，改变一生；不知不觉，断送一生"，我觉得很有道理。会长、秘书长的眼光非常重要，眼光是一种思考艺术，或称思维艺术。刚才讲到想象，包含着胆量。有胆才能有识。然而你有胆量，不一定就有眼光，有见识。眼光应该是更新、更高层次的艺术，可以叫眼光艺术。原来没有这个眼光，人家一逼，眼光出来了。这就是眼光。换个眼光，能成大事，能创奇迹，大家怎么看？我认为，眼光还不完全是胆量，有时候人也不是没胆子，关键是缺少这样一种眼光，不会这样考虑问题，有胆无识的情况是经常有的。现在中国互联网门户网站好多是由外国人控股，多数又在国外上市。腾讯当初60万元都卖不掉，现在市值超1000亿元。照这个趋势发展，成为万亿"巨鳄"也很有可能。

第二，要搞清楚现在商会协会为什么要做大事？

从近几年的实践成果看，工商联系统商会协会已经干成了一些大事。比如广东高科技产业商会先后在河源、成都和鹤壁等地建立"广东高科技产业商会工业园"，累计投资达250亿元，参加投资企业100多家。先后在越南、迪拜、德国、美国设立办事处，为会员企业进军国际市场穿针引线，目前其会员企业中不少已在越南等地开设工厂。商会通过与银行、风投、担保机构合作，提供融资信息和渠道，为会员融资达200亿元。牵头成立"中科汇商创业投资公司"，并推动多家创投公司成立，累计金额16亿元。探索互为顾问、互为董事、互为股东工程，促进各企业相互持股，产权渗透。省家具商会成立家具产业研究院、广东家具精品馆。省家电商会未雨绸缪，带领会员企业四处考察，积极开拓海外市场，实施国际化战略。家纺协会举办深圳家纺展。广东电脑商会在中东阿联酋的阿基曼建设了中国商品交易中心。日化商会组建法规专业委员会。营销学会推动广货全国行、广货赢天下。吉林广东商会成立后，积极筹建了"吉林广东工业园"。广东省广西商会积极帮助家乡招商引资，引导会员企业到广西各地投资考察60多次，投资额近30亿元，为发展两地经济，促进交流合作发挥了积极的作用。广东省福建三明商会支持成立由三明市总商会七家异地商会共同发起的"明商集团"，目前，已发动会员出资超过1000万。在会员中以合资入股的方式，积极筹备成立巴马养生食品开发公司。还有很多商会与银行合作建立融资互保金等，这些都是实实在在卓有成效的大事。这些充分证明了商会协会经过多年的努力，已经从过去的联谊性转变为服务会员企业发展、让会员企业舍不得离开、忘不了的组织。

从广东商会协会发展的历史阶段看，做大事恰逢其时。在商会协会初创阶段或者内部很混乱等条件不成熟时，你提做大事，就是"半夜鸡叫"。天不亮你就叫大家起来，大家看到满天星星，还得回去睡觉，大家心里自然会烦，所以半夜鸡叫是不行的。也有点像是打麻将，你刚刚摸了一圈牌，能和吗？现在我们不少商会牌摸得差不多了，有那么几圈了，可以考虑成局了。就打牌来讲，你过早考虑成局是不现实的，牌没摸够，你只能再去摸，摸够了牌，还得不断地换牌、吃进，你才有机会成局，成局就叫大事。盖大楼也是一样，只有一袋水泥，两块砖头，楼是盖不起来的。要盖一座大楼，先要把水泥、砖头及其他建筑材料准备好，否则就别想盖楼的事。就我们一些商会协会现状来看，有的已经20年了，更多的十年以上，如日中天，是到了可以干大事的时候了，这种时候，谋划就要跟上去。如果说条件不具备过早地提做大事是"半夜鸡叫"，现在再不提出做大事，就会失去机会。因此我们必须认真考虑如何做大事的问题了。

从我们这支秘书长菁英团队看，也基本具备了做大事的人才条件。人的眼界由实践决定，不仅仅由你所掌握的理论决定，只有实践才能开拓我们的眼界。我们这支秘书长队伍经过多年的实践，已基本具备了做大事的条件，这是一个基本事实，在座的就有不少优秀的秘书长。很多商会协会有扎实的工作基础和丰富的历史积累，有一个经过多年考验、能做大事的菁英团队，近年来许多高素质的新人加入到了商会协会秘书处队伍，增加了朝气和活力，也带来了新的希望。新的商会也在不断地产生。新成立的商会由于没有包袱，没有历史的负累，它跑的速度也许会更快。但是，就我们整个商会协会秘书处工作队伍而言，还有相当一部分同志实践经验不够丰富，眼界不宽，局限较大，有必要通过做大事来进一步培养和锻炼我们这支队伍。我们必须清醒地认识到，做大事的本领不是天生的，不能勉强，人要突破自己是最难的事情，没有做大事的经历和考验，就不能说我们这支队伍是一支能打大仗、硬仗的队伍。

成就大事要从多做小事开始。一方面，小事不屑，大事不成。不愿意做小事的人往往眼高手低，不可能成就大事。而且大事也是通过无数小事成功累积而成的。荀子在《劝学篇》中说："不积跬步，无以至千里；不积小流，无以成江海。"奉劝世人要懂得积少成多、聚沙为塔的道理。另一方面，小事易做，大事难成。一件有影响的大事往往是一项艰巨复杂的系统工程，难度是很大的。例如一项大的活动，千人大会等。所以要有充分的心理准备、知识储备、工作历练、意志磨炼。通过做大事增强组织凝聚力、扩大社会影响力。

第三，要搞清楚商会协会组织怎样才能做成大事？

（一）确立商会战略

一是资源整合战略（政府、企业、社会），你有没有与政府打交道的能力，政府关系处理不好，就做不了大事。这是在计划经济向市场经济转变过程中一个特别的要求，一个特别的约束。你要离开了政府，你的事绝对大不了。所以，对政府这种特别资源，大家要高度重视。二是服务拓展战略，商会要为企业服务，为政府服务，为社会服务。三是品牌提升战略，打造品牌商会，扶植企业品牌企业，知名企业家。四是国际化发展战略。

（二）培育商会文化

我们的商会不是那种没有档次没有文化的商会，每个商协会都建立了自己的核心价值观，有自己的文化内涵，包括形成一些让大家认同的理念，有认同就有合同。如凡是有海水的地方就有温商、潮商，这就是文化力量的集合。有些商会核心是一支旗杆，它是贴在企业家脸上的标签，同时也在会员的心里，更多是体现商会的凝聚力，会长一有号召，就会群体响应，抱成一团。前温州商会会长刘剑团结了一批温州商人在肇庆大旺高新区建设了全国唯一由民营企业出资、达到国际标准的F3广东国际赛车场，其中光赛车场的换土就投入了几千万，路面只有0.35mm的误差。市领导也曾担心该项目搞不成，但刘剑撑起一支旗杆，把温州商人组织起来抱团发展，在无从下手时下手了，在难以成功时成功了。

商会文化的第一个层面是核心理念。如广东家电商会提出以国际视野办商会，办国际商会；广东家具商会核心理念是"因商而会，因会而聚，因聚而强"。第二个层面是文化内涵。如平等、团结、学习、互助、感恩、诚信、激情、创新等。闽商的文化是由虫到龙的文化，是海洋文化、围屋文化。第三个层面是家文化。商会是信息统一体，情感统一体，信用统一体，利益统一体。同时又是一种生活方式，价值平台。

（三）建立商会制度

商会制度也是商会文化的组成部分。商会只有固定而健全的制度才能奠定百年发展基础，打造千年商会。新加坡中华总商会、香港中华总商会已超过一百年的历史。要建立商会激励机制和约束制度，使企业都前来加盟，商会秘书处岗位成为抢手货，内部治理制度不健全的商会要好好借鉴别的商会的先进的制度，结合自己的特点，把它完善固定下来成为商会宝贵的文化资产。主要应建立商会会议制度、商会自律制度、商会培训制度、商会财务人事制度、商会激励制度、会员管理和发展制度（进退机制）、商会活动制度、商会联系制度、商会秘书处工作制度、商会会长（副会长）履职制度等，形成制度体系。

（四）发展商会经济

商会经济是一种以商会为纽带和平台的经济现象。近几年来，随着我省非公有制经济的迅速发展，以民营企业、外资企业为会员主体的各类民间商会组织大量涌现，这些组织主要为会员的经济利益服务。商会熟悉会员企业情况，掌握行业信息和市场动态更加精准，因此对企业的服务更加到位，组织优势十分明显。可以看到，我省许多商会在促进广货走向全国，推进"双转移"战略和行业经济发展中发挥了越来越重要的作用，一个发展商会经济的局面正在形成。当前要重点围绕经济发展方式转变，大力发展商会经济。商会中的众企业活跃于各行各业，如果能通过商会将它们串联起来，这种经济行业微观上可以在商会内部实现供需互补，宏观上能形成产业上下游相关的产业链，产生产业集聚效应。商会可以组织。进行投资服务，考察投资环境，帮助会员企业理性选择投资地和投资项目。商会的企业把总部设在广东，把生产基地向全国转移，降低了经营成本，又拓展了广东企业的市场空间。商会特别是行业商会，要在创建产业园区中主动介入，做出成绩，赢得政府的重视和支持，推动行业经济发展。又如，组建商会品牌联盟，更好地打造广东产品的品牌形象。商会要重点推介和嘉奖广东知名企业品牌和品牌企业，宣扬品牌文化，激发企业自主创新和打造品牌的动力。鼓励和支持商会成立行业上中下游产业链品牌联盟，提升广货的品牌影响力和知名度。利用商会熟悉商情、联系广泛的优势，创造商业机会，为广东的经济发展和与各地经济交流作出贡献。要依托商会优势，建设广东传统优势行业内销大平台。广东的家具、家电、服装、灯饰、建材、食品等传统优势行业，在国内市场有较高的美誉度和广泛的消费群，下一步要在市场占有份额和覆盖面上下工夫。各行业商会应因会制宜，积极组织会员企业，集中优势资源，在华东、华中、华北、东北和西部一些区域性城市建立大型的广东商品销售基地，构建永不落幕的覆盖全国的广货交易大平台。要组织以行业商会为单位的"广货全国行"活动。应当充分发挥行业商会信息灵通、渠道畅通、善于沟通的优势，一些有代表性的行业，可以由行业商会组织行业内的企业产品开展深度对接的"广货全国行"活动，这样目标市场更明确，针对性更强，效果也会更好。商会还可以在海外组织建设一批广货销售基地，还要努力成为在海外发展企业的权益"保护神"，改变中国企业在被反倾销的被动局面，加大力度宣传广东制造的国际形象。探索建立商会金融和产权服务体系，抓住国务院关于放宽民营资本进入基础设施、金融服务、公共事业等领域的大好机遇，积极推动成立担保机构和小额贷款公司，与政府、银行合作设立互保金，不仅能够帮助企业解决融资难问题，而且可以减少企业贷款成本，降低贷款风险，推进了金融创新。

（五）建设职业团队

《易经》中的大有卦，上离下乾，火在天之上，为大有之象。有了火力，如得天助，将学有所成或者功业有就。当然，创业是一个长期的过程，一时成功不意味着终生成功。所以在成功之时，切不可骄傲自大，得意忘形。必须积极行动，干出一番事业。同时，要特别警惕在盛运之时，仍然潜伏着挫折因素。所以，光有激情还不够，创业也需要冷静思考。

秘书长要善于合众共生。《易经》中的同人卦阐述了一个简单而又深刻的道理，那就是人生要善于与人合群、同心同德、合力奋斗，启示创业者们要突破狭隘的心理，团结众人，共同创业。秦朝宰相李斯说过："泰山不让土壤，故能成其大；河海不择细流，故能就其深；王者不却庶民，故能明其德。"每一个有事业心的秘书长，要想开创一番事业，单靠自己的力量是远远不够的，必须善于团结一切可以团结的力量，寻求志同道合者的支持，有海纳百川的胸襟。在顺境时寻找朋友易，在患难时得到真心帮助的朋友难。要善于建立一个共苦同甘的团队。创维集团的创始人黄宏生2004年因经济犯罪被香港法院判处六年刑罚。危难之时，正是以张学斌为首的职业经理人团队共同支撑了创维这座商业大厦不致倾倒。

秘书长要善于整合资源。现在人们都懂得了资源共享、整合为王的道理。人际资源是最宝贵的资源，合作合力比单枪匹马要强大千百倍。秘书长要学会借力，借助别人的脑力、智力、财力甚至人脉资源为商会工作所用。只有平时善于处理人际关系，热情帮助朋友，当自己有困难时，朋友也必然会站出来帮助你。做大事要善于选择合作伙伴。事业的成功，离不开人与人之间的真诚合作。"人"字是一撇一捺组成的，是相互支撑的，表明人要相互依靠、团结凝聚在一起。现在很多地方成立商会就是为了抱团合作，浙江商人的经商理念可以说最能体现人字的精髓。讲求有钱大家赚，抱团打天下，从不吃独食。在外经商只要站住脚，就一人带一家，一家带一村，一村带一镇，一镇带一县，进而形成企业集群和网络经济。散居在全国各地的浙商，哪怕只有三个人在一起，也能团结互助，共同赚钱。相比之下，广东商人在外地也不少，抱团的精神就稍逊一筹了。要善于化敌为友，变竞争对手为合作伙伴，变你争我夺为携手共赢。

秘书长要善于提升自己。秘书处工作人员管理和成长问题，推进商会协会秘书长职业化，把这份职业当做终生追求的事业。我们要不断学习和实践，在提高五种能力上下工夫：一是提高想象能力；二是提高观察问题、判断形势能力；三是提高表达和说服能力；四是提高沟通能力，善于和媒体打交道；五是提高文书写作能力；六是提高策划和运营商会的能力。希望未来在南粤大地涌现一批伟大的商业机构，涌现一批知名的商会，擦亮粤商商帮的招牌，也希望在我们队伍中能产生更多卓越的会长、卓越的秘书长。

商道似水，山高水长①

　　今天晚上嘉宾云集，高朋满座，是一个非常有特色的晚会，特别是从深圳、汕尾、江门来了这么多水产行业的企业家、会员，还有从北京、沈阳等各地远道而来的顶尖艺术家们，大家聚集一堂，欢声笑语，共迎新春佳节，值此机会，我代表广东省工商联、总商会，以一个水产业老朋友的身份，对晚会的成功举办表示热烈的祝贺！

　　今天是一个三喜临门的日子，我们水产商会的常务副会长蒋川生先生，借此他的澳信宏业公司和广州日报社的《美食导报》，签订一个战略合作协议；同时，将要成立一个"天一文化传播公司"，加上我们今天这个晚会，确实是三喜临门。而且，我想在此告诉大家，在座李积强监事长和蒋川生董事长，他们都是属虎的，所以我想借这个机会对所有属虎的人表示祝贺！

　　我曾经看过蒋川生先生收藏的一幅水中的老虎画，我为他的画写了一篇文章，叫《水虎铭》，我很憧憬那一种境界。那是一只老虎扑在大河之中，水和虎融为一体，刚柔并济，福财二旺，预示着他的企业，在新的一年里将会添福添财，天人合一，能够龙腾虎跃，有新的辉煌。而且，我从他今天的这个活动当中，以及他购买的这个画，我就体会到，一个水产行业的企业家，他在商会里面成长，由一个对艺术只是一种热爱，他变成来经营艺术，他身边汇集了这么多的企业家。所以，从这个例子可以看到，广东省工商联水产业商会确实越来越像一个有文化的商会，而且

① 本文根据2010年2月7日在广东省水产商会迎春酒会上的讲话录音整理。

有这么多的人来，说明水产业商会越来越有凝聚力。

我发现水产商会有一个温馨的传统，就是在座的行业大佬们，大家没有忘记自己的家，没有忘记自己的家属，尽管我认为，水产商会是企业家的家外之家，但是每一次开大会、年会，他们都能邀请到家属来参加，这是男人的榜样，是家文化的体现。

水产商会发展到今天，我认为已经初具规模，已经完成了他的成长期。在新的一年里，将进入一个发展期，非常关键的就是2010年，这一年是虎年，我用虎来寓意，水产业商会要在新的一年里，像老虎一样，有惊险的一跃。从一个我们自己组建的商会，变成真正的规范化、市场化、有完整的独立社团法人的这样一个现代商会，这是我最大的一个心愿。我希望我们水产业商会的全体同仁，能够真心的、真诚的团结起来，凝聚一心，把这个有这么好基础的商会，继续向更高的目标赶上去。

水产业商会，顾名思义，是以水为连接的行业商会，水产商会的文化，就是水的文化。水文化的第一点，它是善的文化，大家经常说：上善若水，水善利万物，水能够居中人之使用。所以，水，仅成为道，企业做企业要善道，就必须民道，民道就要像水一样，它有一个善良之心。大道莫水。水还是一个不断变化与创新的上帝之物。所谓，何以升腾为云，蒸发成雾，然后凝结成冰，最后又回归为水。再有种变化，就预示着我们企业家，我们的商会要融通万物，要海纳百川，要刚柔并济，善于在这个变化的时代，找到我们企业的定位。我觉得，水还有一点，它确实能够包容，是一个包容的文化。海纳百川，不如洋纳百海。我们多做世界海洋水产的生意，我们要把这样一种文化带到商会里面来，要能够听得见、听得懂不同的声音、拿来了不同的真言，真正的有各种各样的猛龙猛虎，过江以后聚集到我们的大海大洋当中，然后形成一个真正有非常大的凝聚力、包容力的一流品牌商会。

我从来没有对哪一个商会，怀有这么多的热情、怀有这么深的感情。所以，我最近研究经营企业的风险，就研究水，这个题目就叫"商道若水"，我认为，我们商会的大道、人生的大道，就像水一样，山高水长；就像我们画家笔下的这些山水一样，使我想起了那句有名的诗"青山有墨千秋画，绿水无弦万古琴。"所以，在水产业商会面临一个新的变化改革的时候，我要由衷地感谢这几年来对商会的成立和发展作出贡献、付出辛劳的王扬波会长、周辉执行会长、李积强监事长以及其他所有的常务副会长、副会长，所有的理事和会员，衷心地感谢你们！

在新的一年到来之际，我希望大家能够团结一心，同心协力，分享过去的成功，憧憬行业的未来。在这里，我为大家送上八个字"拥抱春天，绽放激情"，希望大家要团结在一起，真正维护好这个家，然后张开我们双倍的热情，事业的激情。我有一个很深的体会，就是企业家们加入到商会里面来，有一个最大的好处，就是能够健康长寿。我们广东省工商联很多老的领导，他们寿命都超过了九十岁以上，就是因为在这个社团里，他们得到了快乐、得到了享乐、得到了幸福，他们中很多很好的朋友，包括今天这么多著名的书画家来，可以接受我们，可以纯洁我们，可以善化我们自己，从而身心更加宁静，更加平衡。

那么，我也感谢今天来这里，当场挥毫、献画、献诗的艺术家们，向你们表达我最由衷的敬意！

春天快到，春天的脚步已近了，我代表省工商联衷心祝福各位企业家：新年快乐，身体健康，万事如意，合家欢乐！

讲诚信，讲合作，讲奉献①

今天是广东省工商联水产业商会一届四次理事会的日子，见到大家很高兴。

对于水产商会，我情有独钟，曾经就在今天活动的地方，我见证了水产商会的成立。我曾经说过："家外有家，商会是企业家的第三活动空间。"我今天看到水产商会这个家，越来越兴旺，越来越发达。在此，向新当选的副会长、常务理事、理事和会员表示热烈的祝贺。

我本人是很重感情的，水产商会成立到今天很不容易，我做了一个最痛苦的抉择，让水产商会成为独立的社团法人。于是，我极力推动商会去省民政厅社会组织管理局注册。今天得到一个好消息，省社会组织管理局已经批准成立广东省水产商会筹备组，这说明水产商会开始步入正轨，我在此表示最热烈的祝贺。但是不管如何，我觉得每个人都是有感情的，既然水产商会是在我们的关心、爱护、呵护、培育之下成立的，水产业商会跟工商联始终是血脉相连，我永远是水产商会秘书处编外的"秘书长"。在这里，我想说一个故事。昨天，我有幸陪同世界犹太人联合会会长杰克·罗森，他被称为当今世界五大最著名的犹太人之一，我和他探讨一个话题：犹太人为什么这么成功？不用我多说，大家都知道，马克思是犹太人，爱因斯坦是犹太人，弗洛伊德是犹太人，巴菲特是犹太人，洛克菲勒是犹太人，甚至美国前副总统戈尔也是犹太人，全世界有多少犹太人？1600万左右，广州市有多少人呢？将近1400万，也就是说，犹太人的数量跟广州市人口大体相当，以双方的人数

---

① 本文是根据2010年6月18日在省工商联水产业商会一届四次理事会上致词的录音整理。

比较，各自有多少位诺贝尔奖获得者，在这方面我感到很汗颜。犹太人在2001年以前一共有129位诺贝尔奖获得者，而且每几年都会有犹太人获奖，犹太人只占美国人口2％，但是在政界占10％，在全世界诺贝尔奖获得者当中，占22％。在金融和经济上，犹太人更是非常了不起。大家都清楚，我们国家还要向以色列购买科技产品，向他们学习农业灌溉技术。不同的民族，它的结果是不一样的。杰克·罗森讲了犹太人成功的秘密，一共四点：一是重视教育；二是看重家庭；三是很有抱负；四是宗教文化。除了宗教文化以外，家庭、教育等，跟我们国家是一样的，为什么犹太人能那么成功？中华民族当然也很成功，但是从影响世界的伟业来说，个人认为还是比犹太人逊色一些。什么原因？我说个故事：有位犹太国王，他有个女儿得了重病，寻遍很多医生都一直医治不好，国王贴布告：访天下名医，谁能医治好我的女儿，我把女儿嫁给他，而且继承我的王位。这时，在千里之外，有一个人有一双千里眼，他看到了布告，他就告诉他两个兄弟，现在我们机会来了，为什么呢？因为他的二弟有一张飞毛毯，可以日行千里，把他们三兄弟同时运到国王那里，三弟有一个苹果，可以医治百病，公主吃了就可以马上痊愈，三兄弟商量后决定去揭榜，坐上飞毛毯到了国王那里，公主吃了苹果后真的痊愈了。这时候问题出现了，因为犹太人最核心的理念就是诚信，国王说我是一个讲诚信的人，但是我怎么实现我的诚信呢？我把女儿嫁给谁呢？老大说没有我的千里眼，不可能看见这张布告，也不可能治好您女儿的病；老二说关键靠我的运输工具，没有我的飞毛毯，怎么可能治好您女儿的病？老三说关键还是靠我的苹果，公主是吃了苹果才痊愈的，大家说一说，最后这个国王怎么办？他又要讲诚信，又不可能把女儿同时许配给兄弟三人，国王找到了一个什么办法，国王把女儿嫁给老三，国王说老大的千里眼还在，老二的飞毛毯还在，但是老三的苹果已经被我女儿吃了，苹果不复存在。那么这个故事说明什么问题呢？我为什么在这个时候说这个故事？今天看到几个会长，大家成立商会，两年时间，已经在寻找新的伙伴，开疆拓土，寻找新的空间，我感觉这是非常好的现象，这就是商会的目的，成立商会，一是要讲诚信；二是要讲合作；三是要讲奉献。没有这三条，商会也不可能发展到今天。

今年5月份我们工商联在肇庆召开一次商会会长、秘书长工作会议，我在会上也讲了话，我告诉大家"生猛海鲜"商会的理念，已经不止在水产商会，而是在整个广东工商联的商会里开花结果了。我很荣幸参与了创建水产商会的全过程，最近又在推动成立广东省创意产业商会，今天的《南方日报》发表了我的一篇文章，主题是在新起点上，推动民营经济转型发展，其中讲到了创意产业。广东是海洋经济大省，水产行业是广东传统的优势产业，我们一定要通过商会的努力，把这个产业进一步做强做大。我还有一个理念，今天在这里与大家分享，就是"四个为大"，即发展经济，工业为大；发展工业，产业为大；发展产业，企业为大；发展企业，企业家为大。

下一步，我们要通过水产业商会这个行业组织，做几件大事实事，主要在三方面着力：一是通过大家的共同努力，把水产业商会做成全国最有影响力的行业商会之一；二是通过商会的熔炉作用，培养一批卓越的、优秀的企业家；三是通过商会的平台，使大家得到快乐、得到幸福、得到商机，取得成功！

在新起点上铸造现代智慧幸福商会①

在惠州这样一个非常美丽的地方召开"广东省水产商会成立大会"确实是一个很好的选择。首先，我代表广东省工商业联合会、省总商会，对广东省水产商会的成立表示最热烈的祝贺！对新当选的第一届理事会全体成员，特别是王扬波会长、周辉执行会长、李积强监事长、各位常务副会长、副会长们表示热烈的祝贺！

刚才李积强监事长说我是水产商会、水产行业的老朋友，这句话我还真是当之无愧，大家说是不是？今天站在台上百感交集、心潮澎湃，大家在一起，回首从前，聚首今天，昂首未来。为什么回首从前呢？因为，毕竟水产行业的同仁们自从2008年那个不寻常的冬天，11月28日成立广东省工商联水产业商会以来，整整走过了两年不平凡的历程。之所以能够聚首今天，因为水产商会又走到了一个新的历史起点上。昂首明天是刚才王扬波会长作了一个非常精彩的报告，非常鲜明、响亮地提出水产商会要打造文明水产、文化水产、科学发展的水产这样一个新的理念。这标志着，我们广东水产人，在这三面旗帜下，在广东省水产行业商会领导班子的带领下，共同奔向美好的明天！

之所以说百感交集，今天因水产商会的成立，取消了工商联水产商会，这标志着我们水产商会从一个工商联属下二级法人商会，正式成为具有一级法人资格的商会。从中我看到了几个关键词：一是看到了成长，就是说这两年，水产商会在成

---

① 本文是根据2010年11月23日在广东省水产商会（经省民间组织管理局重新登记注册）成立大会上致词的录音整理。

长，行业企业家们在成长；二是看到了团结，水产行业的同仁越来越团结，特别是商会成立这两年，不巧遇上了金融海啸，这么多的日日夜夜，大家共渡难关，抱团取暖，非常不容易；三是也看到进取，我们的商会在转型，企业在转型，企业家不断进取，不断提升，从刚才会长的讲话中可以感到，作为水产业的企业家，已经是行业的领军人物，商会会员的带头人。我是从放眼世界的角度来作这个评价的。与此同时，不知道大家有没有感觉，我觉得我本人跟水产商会打交道的这两年来，自己也在成长，也在转型，也在进取。在会前翻阅了商会的2010年合订本，感到非常亲切，真没想到，我在水产商会所有的发言都保持原汁原味登了出来。突然发现，我在水产商会这些年的致词，有的讲得还真不错，这是我在大家共同的见证之下，在这个水产之家里，如鱼得水，收获知识、友谊和做事做人的经验，所以非常感谢水产商会，感谢大家。

在今天成立大会上，我表达三点态度：第一个态度：我们要"尊重历史，开创未来"。所谓尊重历史，就是水产商会并不是今天成立，她应该是2008年11月28日成立，这段日子一定要在我们在座的各位，乃至所有水产商会的同仁心中打下永久的记忆。忘记过去，就意味着背叛。水产商会成长到今天，之所以能够登记注册，完全是因为有这两年打下的坚实基础，完全是因为有工商联水产业商会这块牌子事先已经矗立在这里，如果没有这个基础，在成立水产商会的道路上还要摸索漫长的一段路。但是，我们要开创未来。工商联水产业商会和广东省水产商会，几字之差，她还是有根本的区别，这个区别就是我们真正地成为具有社团法人资格的现代商会，这应该是值得高兴、值得庆祝的，尽管在广东省水产商会第一次会员大会上我讲了：爹还是那个爹，娘还是那个娘，但是毕竟是有很大的变化；第二个态度：我要表达我们工商联的态度，我作为省工商联分管商会工作的负责人，我的观念就是"不求所有，但求所在"。我们不断培育、发展商会，不管她是否归属省工商联，我们的初衷是要推动广东省行业经济的发展，商会经济的发展，社团的发展，这个目标是一致的，在另一个方面，我们不能有小农意识，而要有海一样的胸怀，只要商会成立了，只要行业发展了，我想我们的目的也就达到了。第三个态度：工商联不做"背影"，要做"背景"。希望大家不要忘了工商联，忘了，工商联就成了你们的"背影"了，工商联一定会一如既往地做水产商会的坚强后盾，做你们开展工作的硬"背景"。

值此广东省水产商会成立之际，我本来讲到这里就应该结束，但是有些依依不舍，很珍惜在这个舞台上的机会，在这里提出三点希望：

一是希望从今天开始真正把水产商会打造成为一个与国际接轨的现代行业商会。成为社团法人，只是商会规范化的第一步，只是新的起点，如果只有法人注册，商会内部的治理架构、管理机制、商会战略、商会文化、运作模式没有跟着进行改变，那么就是新瓶装旧酒，就是换汤不换药，所以不能够躺在过去两年的成就上，要有国际化的眼光，甚至要有跟全国同行水产业商会联合起来，打造在全国有影响的一流商会这样的气魄，来谋划广东省水产商会的规范、目标和具体的实施的对策，真正地把水产商会按照我们国际上的要求来做。现在，我觉得各个地方成立的商会，比雨后春笋还要长得快，各个商会当中互相竞争、合作，涌现出了一大批非常有特色，有实力的商会，作为海洋大省的广东省水产商会，完全有能力，有条件，也有基础，打造真正的现代行业商会。

二是希望把广东省水产商会打造成为一个智慧型的商会。现在社会发展非常迅速，是高速列车的时代，特别是武广高铁的开通，完全打破了我们过去地域的概念。在这个加速发展、变化的年代，最需要的就是学习，就是刚才王扬波会长所讲的文化水产，每一个企业家都面临着更新、学习新的知识，特别是转变经济发展方式以后，所谓现代化的产业体系，我们都要去学习，商会要打造成一个学习的商会，要成为企业家的学校，现在不少商会已经组建了研究院，成立了培训中心，都是往智慧商会发展，美国下一步战略就是要打造智慧国，智慧地球，是以互联网为技术支撑的一个真正的智慧大国，所以商会如何成为一个学习平台，学习的商会，是下一步不断努力的目标。

三是希望把水产商会打造成一个幸福商会。现在有很多地方都在提幸福城市、幸福企业。什么样的企业才是幸福企业，什么样的企业家才是幸福企业家？前不久第二届新粤商大会上有两位企业家不约而同的讲到了作为一个幸福企业家的概念。深圳研祥集团董事长陈志列提出，在高科技行业领先的企业，没有转型之忧，就是幸福企业。四川新希望集团董事长刘永好先生说，在传统行业能够率先转型，摆脱困境，实现新的发展，这样的企业家，就是幸福企业家。那么我们商会正式成立以后，其中一个重要的任务就是如何带领企业进行转型发展，真正成为科学发展的先锋，文明发展的先锋，我在2008年的成立大会上提出，在新的历史征程中，水产行业通过商会的努力和推动要实现三大崛起。那就是打造环保型企业，实现绿色崛起；引领创新发展潮流，实现蓝色崛起；培养造就政治信念坚定的优秀企业家，实现红色崛起。这个理念，本人在第二届新粤商大会上的主题文章中进行了新的阐述，我提出，要实现新粤商精神的崛起。打造幸福商会，还有一个关键，就是我们企业家要满腔热情地支持商会发展，一如既往地关心参与商会的各项事业，把商会当做温馨家园。大家在这个家庭里面，像浙商、闽商这些商会一样，真正团结抱团，同心同行，同声同气，实现合作共赢，有困难大家一起帮，有成就一起分享，有风险一起担当，有快乐也一起享受，这样的团体一定是一个非常幸福的团体。我记得温州商会的会歌叫做《温州之恋》，是著名词曲作家陈小奇创作的，像《涛声依旧》一样优美感人，我每次参加温州商会的活动，第一个节目就是唱这首会歌。商会成员通过齐唱会歌，抒发情感，激起共鸣，联通情谊，其乐融融。

最后，我想把海子那句名言献给大家：从明天起，做一个幸福的人。我有一所房子，面朝大海，春暖花开。

美国非营利组织发展的启示①

省委全会对社会组织提出了新看法，认为政府要鼓励购买社会服务，从"万能政府"变为"有限政府"。笔者以为，美国在社会组织方面的历史与变革值得我省借鉴。

20世纪80年代前后，由于经济衰退、财政危机以及公民对政府服务普遍不满等原因，美国兴起了以"政府再造"为主要内容的行政改革浪潮，通过重新确立政府职能定位，把原由政府承担的部分公共管理和服务职能交由非营利组织承担，从根本上实现政府治道的转型，提高政府治理能力，构建公民作为社会治理主体的公民社会。通过长期的努力，在今天美国的舞台上，形成了政府、营利组织（企业公司）和非营利组织三大部门唱主角的格局。营利组织是社会财富的主要创造者；非营利组织主要致力于社会服务和管理；政府是在这两者之间，站在更高层次上，进行政策调节、法律制定和财政支持，来实施宏观调控和宏观管理。特别是非营利组织已经成为美国政府治理和社会管理的重要基石。这种政府治理和社会管理模式，既体现政企分离，又体现了政事、政社分离的双重要求。

非营利部门在美国是一支重要的经济力量，其财产总额达到两万亿美元，年收入为一万亿美元，占国民收入总额的11%左右，其中约30%的款项属于政府择优资助的拨款，相当于我们的政府购买社会服务。由于经济力量的强大，非营利组织在美国社会具有十分重要的功能作用。他们为政府、社会、个人提供各种服务，特别是

---

① 　此文连载在2011年8月3日至4日《南方日报》。

对社区服务功能的开拓、服务体系的建立，起到了组织、管理和推动作用。以比较典型的纽约社区信托基金组织为例，它拥有17.5亿美元的资产，一年可以接受145万美元的捐赠，是美国最大的社区基金组织。捐赠人采用信托的方式将财产交给社区基金组织。纽约社区基金组织管理着约1400项个人信托基金，这些基金分别用于教育、艺术、卫生、医疗、环境保护等各种公益事业。非营利组织通过承担社会公共事务，有力地推动了社会经济的发展。

建设有限政府，非营利组织的发展是关键。在美国社会，政府管理处于相对超脱的状态，它主要实行宏观管理，制定经济社会发展政策和公共事业运作法规，采取财政支持和投入，并对非营利组织进行管理和考核，而大量的、具体的社会公共服务的内容、项目的开展，都由非营利组织去承担和组织实施。非营利组织是独立于政府之外的社会中介组织，不从属于政府，政府也不能干预它们的活动，可以独立代表各市场主体的利益，与政府沟通、谈判，从而影响政府的决策。从美国政府改革和社会公共管理创新的成功实践中可以看出，随着政府的社会管理职能被重新认识和重新定位，公共服务中政府独占的地盘必然日益缩小，具有竞争性的领域将不断扩大，政府不再是公共服务的唯一提供者，政府与民间的合作日益增多，大量原来由政府承担的服务性或事务性的工作也逐步由企业和非营利部门提供。因此，政府职能转变和社会管理体制创新与非营利部门发展是一个正相关的互动关系：一方面，非营利部门的发展是社会管理体制创新的重要背景和推动力量，另一方面，社会管理体制创新又为非营利部门发展提供了重要条件和历史机遇。

广东地处改革开放前沿，随着市场经济的发展，非营利组织也有长足发展，其中商会、行业协会已有2000多个，各级政府也组建了隶属于民政部门的慈善机构，这些非营利组织数量明显增加，社会影响力日益增强，发挥作用的领域不断扩大。但是，与美国等发达国家比较，差距是明显的。主要表现在：一是发育程度很不充分，数量过少。二是功能作用相当有限，我国的非营利组织的功能只是协助政府监督、管理社会，实际上只是政府的附属品和神经末梢，虽然也为政府、社会、个人提供某些服务，但整体素质不高，难以适应政府职能转变和公共管理社会化的要求，也很难真正承担起政府职能外移职责，相当数量的只是起到联谊作用而已。三是官办色彩比较严重。我国社会中介组织相当大一部分是依赖于政府的，运作模式还带有许多计划经济色彩，一些中介组织利用政府资源收取服务费用，成为新的垄断组织。一些社会中介组织行为不规范，缺乏法律约束和社会外力监督，损害了自身的社会形象。造成这种差距的原因是多方面的，但最根本的原因在于我国市场经济发育不成熟，政府体制改革和职能转变滞后，法治社会还远未形成，公民社会建设刚刚起步。

因此，要为非营利组织发展开辟道路、拓展空间，当务之急是借鉴西方国家"政府再造"的经验，结合我国政府改革和建设社会主义和谐社会的实际，加快推进政府职能转变和社会治理模式的变革。

为了加强社会建设、创新社会管理工作，经中央编办批准，广东设立社会工作委员会，该委员会既是省委的工作部门，也是省政府的职能机构。这表明我省社会建设迈出了体制化、常设化的重要一步，具有政府治道转型的典型特征。

管制是一种统治概念，治理则是一个参与概念。治理与统治最基本的甚至可以说本质性的区别就是，统治主体一定是政府，而治理的主体并非一定是政府机关，它也可以是非营利机构和私人机构，还可以是公共机构和私人机构或非营利机构的合作。从统治的角度来看，政府是中心、是目的，全部社会管理都是为政府服务；政府凭借权威，通过发号施令、制定政策和实施政策，对社会公共事务实行单一向度的管理。从治理的角度看，公民是社会治理的主人，"政府是我们使用的一种工具"，是解决公民需要解决的问题的手段。治理是一个上下互动的管理过程，它主要通过合作、协商、伙伴关系、确立认同和共同的目标等方式实施对公共事务的管理，这是一个日益公民化的社会的必然走向。从统治到治理的转变，对传统的公共行政管理体制构成了挑战。

过去，大多数人一直认为，政府的角色是单方面的：收税和提供服务。但当代西方政府改革正在通过对政府职能的重新定位而改变着这种旧的观念，人们已经对这个古老的话题给出了一种新的答案：政府的职能是"掌舵"而不是"划桨"，是治理而不是提供服务。掌舵就是决策，就是把握方向，就是治理，这是政府首要的和根本的责任。要发挥好掌舵的作用，就必须将政府原有的执行性和服务性的工作尽量分离出去，交给其他部门和社会组织来承担。把"划桨"工作职能分离出去，应交给谁来承担呢？一是交给企业，二是交给非营利组织。企业界在创新、推广成功的试验、适应迅速的变化、抛弃不成功的和过时的活动、完成复杂的或技术性任务方面往往更胜一筹。在美国，非营利机构提供了政府出资的所有社会服务的

56%，就业和训练服务的48%，保健服务的44%。

因此，我省可以试运行公共事务民营化。此举能够在公共领域引入竞争机制，提高服务的质量和效率，还能使政府在一个千变万化、扑朔迷离的世界面前，将重点放在政策环境的改善上。公共事务民营化通常指公共事务（包括政府公共服务项目或功能）自公营部门"转移"为由民间提供，旨在扩大社会参与，减轻政府负担。民营化或民间化倾向的改革措施最主要的做法，一是政府以出让股份之方式将原国有企业的所有权转给私营部门，或鼓励和扶持民间非营利组织进入公共服务领域。二是政府与民营机构或非营利机构签约公共服务的合同。包括美国在内的西方发达国家的实践表明，把政府服务承包出租出去，能够提高公共服务的效率，保持甚至提高服务质量水平，并节约服务的成本。这种做法不仅使政府的财政大大减轻，而且探索出一条使社会逐步摆脱对政府过分依赖的可行之路。

广东作为我国市场经济比较发达的省份，应着眼于市场体制的完善，着眼于与国际接轨，着眼于遵守世贸规则对政府职能的承诺，在全国率先进行政府治理改革，创新公共管理和公共服务，分步推动非营利组织的发展。比如广东可以先行试验政府职能从评估、公证、仲裁等领域退出，把它交给社会中介组织去运作；一些行业标准制定、行业统计分析、市场信息发布、行业政策前期调研、行业评价和行为规范等工作，交由行业组织去做；机关后勤管理、政府采购和一些公共服务事务等实行社会化，外包给非营利组织或私营机构。政府变运动员为裁判员，真正放弃对这些公共服务的垄断，并把它推向市场，而政府只要把好市场准入关、诚信关、公平竞争关、服务标准关和处罚关。我省社会工作委员会的成立，尤须汲取国内外先进经验，实现制度优势，使社会建设有一个高起点。

用五种精神全力打造广东客家商会①

今天，我们这个会议得到了客家语系八市工商联领导这么高度的重视，得到各位重量级客商企业家的大力支持。因此，这个商会没有理由办不好。说实话，我原来还有所怀疑，时间这么紧张，能不能保证在12月5号上午按时揭牌？但通过今天这个会，我完全有理由相信，这个目标一定可以达成。尽管现在给我们的时间只有不足40天了，但是只要大家团结一心，众志成城，在即将举行的世界客商大会上一定可以如期顺利揭牌。

首先我想宣读一下刚刚收到省民间组织管理局黎建波副局长给会议发来的一条短信，因为特殊情况他不能前来参加此次会议，所以委托我向大家传达几句话：

李主席：抱歉！因为有会而忍痛割爱，放弃与大家共襄盛举，请您向大家转达几句心里话：不要错过历史性的机遇，让各地更多有成就的企业家有机会站在这最具影响力的制高点，共为构建客家商会精神打造，为促进客家地区经济发展，为实现企业合作共赢，建设客家经济航母，贡献智慧和力量。关键时刻千万别缺席，愿当引领更多的具有代表性的各地客商企业家加入，共同发展。

大家从建波副局长的短信中可以读到他的期盼和情怀。所以，我认为这次会议非常成功。大家的发言情真意切，对商会的核心价值观和经营理念高度认同。我

---

① 本文是根据2011年10月26日在广东省客家商会筹备工作座谈会上发言的录音整理。

们实际上是在推动一项伟大而神圣的事业，客家商会就是在真正把客家商人联合起来，承担共同的的使命。

刚才，三位企业家表达了他们的共同心声，那就是：要用自己的汗水泪水甚至血水来擦亮客家商会这块金字招牌。我想，如果客家商会是金字招牌，我们在座的各位都是擦拭金字招牌的人。如果是这样的话，客家商会的成立，完成这个盛典，大家就没有白活一回，这将成为终身的荣耀。

我想请问：在客家民系中，有什么样的事业能够得到这么多成功人士如此高度的重视？有什么样的组织能够在这么多财富菁英面前形成共识呢？唯有广东省客家商会。所以，我们要共同打造客家人的"商业航母"。从现在开始，要团结一心，众志成城，铸造世代相传的客家品牌。

全省客家语系的各市工商联系统来推动这项事业，正是贯彻落实中央和省委关于加强工商联工作文件精神的需要。工商联作为具有统战性经济性民间性的人民团体和商会组织，其工作的基础就是地域性和行业性基层商会。随着社会建设的重视和加强，广东省社会组织特别是商会组织大发展的时代即将来临。一项重要工程，就是培育枢纽型组织。所谓枢纽型组织，就是各个行业的总会，包括工商联（总商会）、妇联、总工会、青年联合会等群团组织，要更好地发挥其作为社会组织枢纽的功能。这个大发展对工商联将会带来极大的挑战和机遇。各级工商联要抓住这个历史机遇，积极主动地培育和发展商会组织。

10月12日，我去梅州参加了客家商会筹备工作座谈会，会议期间，我们就确定了这一次由省工商联牵头筹备，相关市工商联一起参与。这也是工商联延伸工作手臂、发挥枢纽作用的天赐良机，我们能不能够、善不善于抓住这一良机，我相信今天来参加会议各市工商联的领导，已经用实际行动充分体现这一点。

按照省里的规划，到2015年，全省的社会组织要由目前的2.8万家增加到超过5万家。数量并不重要，重要的是如何打造高质量的商会，打造有全国影响力甚至世界影响力的商会，这才是我们应该考虑的问题。组建一个商会并不难，但是组建一个能代表客家文化、具有雄厚经济实力和全球影响的客家商会就很难。要抓住"建设一个怎样的客家商会，怎样建设客家商会"的核心命题来谋划商会发展战略，这是商会的灵魂，以及将来立足全国走向世界的法门。

建设客家商会是一项系统工程，而完成一项系统工程，必须要具备四个条件：

一是要统一协调，完成执行，就是有一帮人做这个事；二是做这个事的方法，以什么方法途径来做这个事；三是指导做事的方法也就是方法论；四是在方法论的基础上，以什么样的理念、价值观做基础。以上四个条件我觉得我们全都具备了，同时需要有五种精神。

第一，要有"思利及人"的精神。这实际上是一种利他精神。要把自己的力量、资源、智慧、时间、金钱奉献给商会，为大家做事。这是一种情怀，也是一种境界。先是甘当"傻子"，为商会发展和商会成员共同目标服务，似乎这些付出有点"傻"。继而是甘当"疯子"，把自己整个心思都扑到商会工作里面去了，投入了近乎有点疯狂的热情，有点像德国哲学家尼采在《悲剧的诞生》中所说的酒神的癫狂状态。但是，时间会作出证明，付出会有回报，当商会会长们以"傻子"和"疯子"的状态去全情投入商会建设和发展事业，这样的领导班子在众人眼中就是一班"带头大哥"，在商会团队里就是旗手，并且有望成长为既有经济实力又受社会尊敬商业领袖。这样的商会领军人物，堪称"时代骄子"。

第二，要有"无中生有"的精神。老子曰："天下万物生于有，有生于无。"此"无"无形无象，无色无声，至虚至空。此"无"本来无名，老子勉强把它称为"道"。所以"无"即"道"，是纯粹、朴素的物质，是一种无形却又真实存在的东西，是至善至美、至高无上的本体。我们遵循这个"道"，就无所不"有"。

第三，要有"异想天开"的精神。我这里讲的异想天开不是贬义的，而是从积极的角度来理解：不异想哪能天开呢？在座很多企业家，当初都是赤手空拳起家，现在做得那么大，你说这不是异想天开吗？没有这个异想，机会之门是不会对你打开的。所以，我们要打造商会航空母舰，必须要有异想天开的精神。

第四，要有"崇实重信"的精神。要按照大家构想的客家商会发展理念和模式，打造商会的经济联合体，积极推动我省的产业结构的升级，为客家地区经济发展献计出力。在这方面，未来商会的作用不可限量。企业家肯定是要追求利益，商会也要维护大家的正当利益，但诚信是根基，只有良好的信誉才能行走天下。

第五，要有"抱团合作"的精神。现在是"合作共赢"的时代，要把客家的商帮融合起来，把客商的旗帜高高举起来。客商的未来，需要有更多像曾宪梓、田家炳、杨钊、叶华能等重量级企业家，甚至需要催生世界级的客商企业家。通过弘扬客家文化基因，吸取世界先进商业文明之精华，形成富有特色的客商流派、客商气派。客商的气派就是粤商的气派，就是华商的气派。

第二届世界客商大会召开在即，时间紧任务重。在这个会上要特别安排广东省客家商会揭幕授牌，这将是第二届世界客商大会的一大亮点，把客家商会一下子就推向世界了，迈出走向全球的第一步。要实现这个目标，接下来要做好以下几个方面的工作：

升华共识，齐襄盛典。在座的应该没有问题，关键是还要有更多的企业家来认同商会的核心价值观，支持这项事业。同时，要让各地党委政府更加重视。为什么我们非常积极？就是这个商会承载着振兴客家商邦的责任和使命。我想，凭着现在这个基础就完全可以实现，所以，共识是最关键的。

选好班子，举起旗帜。11月中旬的第一次全体大会一定要成功召开，选举商会领导班子。这个领导班子是核心，要具有代表性，具有认知度，具有影响力。在政治上、社会上都有影响，经济上有实力。我们要选出一批能够真正代表客商菁英、代表先进文化的企业家进入领导班子。建议每个市都要有进入班子的人选，进入班子里面来，形成核心力量，这是我们能否成功挂牌的关键因素。

重点发动，汇聚菁英。把认同商会理念，愿意参加的企业家吸纳到商会里面来，形成客家商会的精英，不要滥竽充数。我还是赞同大家的观点，就是重质量不做数量，要致力于打造商会航母，我们客属企业家的品牌就是商会的品牌。

建章立制，规范运作。商会章程制度还要进一步修改完善，立章建制，真正做到以民主化，自治化来规范运作。

八方共聚，四面齐心。核心的问题是如何建立客家商会在省工商联以及分会在市工商联的关系。刚才河源市张国权主席说得好，实际上就是可以作为省工商联的一个分支，但一定要保持其独立性。工商联可以引导，要淡化领导观念，要强化服务观念。我们希望广东省客家商会加强与省市工商联的联系，与工商联建立良好的合作关系。

坚定目标，正点揭挂牌。下一步怎么来发展商会经济，怎么样设立商会目标，打造一个百年老店，这个都要长期的、很好的规划。作为省工商联，还有各市工商联，永远都是客商会事业的坚强后盾，支持帮助商会实现稳健发展。眼下的当务之急就是全力以赴做好各项筹备工作，使商会在世界客商面前荣耀登场。

　　广东省客家商会是一项开创性的事业，是具有客家民系商业文化特色的新探索。只要我们团结一心，众志成城，我相信，广东省客家商会一定会成为真正影响全国的商会航母。

新商业文明潮头的第四个境界

同舟共济聚合力

　　2003年12月，我从大型国有铁路企业转行进入广东省工商联工作，从接触商人、指导商会、认知商帮，到了解商人、组建商会、研究商帮，久而久之，成了名副其实的商会服务者、推动者，并由不经意到自觉，加入到商会理论研究者的行列。十多年来，因工作关系，我到过数十家商会调研考察，参加了各类商会举办的论坛、年会、就职庆典等活动达200余场之多，上台致辞、演讲不计其数。我还与广州万国城市研究院院长王廉先生合著了《走向社会管理时代：商会经济》，并在《南方日报》等媒体发表有关商会组织文章。一些有心人，还把我在商会活动上的演讲进行了录音整理，累积下来达50余篇。我所表达的，是商会作为企业家的组织，为企业家提供高质量服务是其根本价值所在。因商而会，因会而聚，因聚而强，因强而盛，因盛而久，最终成为百年商会、品牌商会。我提出要打造"生猛海鲜"的商会，使商会有生机、有猛料（优质产品）猛人（实力企业家）、有海纳百川的文化、有新鲜的创意活力。我总结了商会组织的五大要素：金（科学发展战略）、木（高效组织架构）、水（运营资源活力）、火（激情燃烧团队）、土（深厚社会根基）。十多年与商会菁英打交道，我服务商会的精神境界与商会组织的本质特征已经融汇一体了，那就是：我们已经步入一个社会治理变革和商会组织大发展的新时代，必须更好发挥商会功能作用，汇聚合力，团结协同，共谋发展。正所谓：同舟而进，遇风，其相教也如左右手。

　　现代商会组织是市场经济发展到一定阶段的产物。商会组织作为企业之间的联合组织，当单个企业无法解决由于市场失灵所带来的行业困境时，企业之间形成某种形式的联合体就成为必要，商会组织也由此产生形成。随着市场经济体制的建立特别是新型政商关系的确立，商会主要承担着以下功能：一是利益整合；二是经济服务；三是政企纽带；四是协调联络；五是政治参与；六是行业监督。商会组织所形成的生态圈，不仅来源于会员企业之间及会员企业与商会平台的共生共荣关系，也来源于企业家精神的自组织，来源于企业家社会网络关系，以及与政府、企业、市场的关系。在新型政商关系下，商会组织应该要形成以"亲清"为内核的有机生态系统，这是以企业家为主角的社会生态圈：第一圈层——企业家与企业家，即企业家之间的联谊圈；第二圈层——企业家与商会，即商会内部社交圈；第三圈层——企业家与政府机构，即正常的政商关系圈。网络体现的是当今人类社会一切活动无处不有、无时不在的紧密联系状态。信息经济时代，互联网、物联网等网络将成为重要的基础设施。在互联网思维下，商会组织具有独特而重要的功能，将成为企业家社交网络枢纽、社会协作网络平台、全球商业网络节点以及云端制新组织模式桥梁。

商会组织本质上是一种利他组织，商会经济本质上是一种利他经济。处于时代新风口的商会经济是一种新的经济组织模式，具有协同性、开放性、分享性、共赢性的本质特征。协同，突显的是企业家之间的优势互补和分工合作，从个体互助走向群体协作。成功的协同合作必须具备以下基本条件：一致的目标，统一的认识和规范，相互信赖的合作气氛，一定的物质基础。开放，表明的是商会经济是一个对内外部经济主体无障碍商业交往的开放系统。现代商会组织就如同一个"学习的大机器"，这部学习机器是一个开放的平台，商会中的每个人有不同的独特的头脑、才能、经验，在开放的平台上交流碰撞，容易产生好的创意、黄金点子，互相启发思维，激发潜能，共同学习提高。这正是现代商会经济开放性的生动体现。分享，揭示的是商会组织作为一个利益共同体要实现商业资源渠道的互利。分享经济本质上是一种内部和外部双层结构模式，商会既可以实现组织内部的分享，也可以推动组织间的分享。共赢，体现的是商会经济要促进所有经济主体共同发展。从商业的角度来看，合作、开放、共享的最终目的，就是要取得共赢的结果。从根本上说，就是能够实现企业、商会、社会、国家的共赢。

现代商会组织汇聚了外部各种高端资源要素，成为促进经济增长和社会发展的新动力。同时，内部也在快速聚变，形成彰显自身特色的组织功能与力量。作为内源发展的力量，有效促进民营经济发展的新源泉；作为资本带动的力量，加速主导产业形成的新引擎；作为组织服务的力量，保护外来投资企业合法利益的新途径；作平为台整合的力量，集群化、国际化、全产业链招商引资的新载体。因此，商会推动市场经济秩序的构建，它提供了一种政府与市场之外的民间自治力量，使得政府可以将原本负担着的大量不必要、也管不好的职能，有步骤地转移到商会组织。商会助力新型政社关系的建构。商会的培育、规范和发展必须与加快推进政府的职能转变相对接。商会的发展还能够推动自治性社会责任型经济的建构，促进改善民生，解决就业，提供税收。商会能够发挥协调社会关系、化解社会矛盾的作用，还能够发挥社会管理和社会服务的功能，推动企业参与慈善事业，回报社会。

具有企业家精神的新型商人群体是现代商会发展的引领者，他们的成长历程及个性特点塑造着商会的灵魂。广东培育发展现代商会，关键在于新粤商精神的生长、锻造、勃兴。商会的未来发展方向在于：

商会组织的联盟化，分散企业联合形成了商会组织、小商会联合起来形成大的商会联盟。

商会组织的品牌化，品牌代表着商会组织对广大会员的一贯承诺，代表着及时有效的服务，代表着商会在商会内外人士心目中的形象，以及公众对它的认可、评价和美誉度。

商会组织的精细化。商会组织的精细化管理主要表现在两个方面，一是内部管理的精细化，二是内部服务的精细化。

商会服务网络体系的国际化与全球化，在全球格局下以中国文化和智慧布局中国商会组织，将是中国商会组织的未来走向和必然趋势。

商会组织的网络化治理。互联网日益参与社会治理，未来的商会组织将既是为政府与企业提供服务的智库顾问，更是兼具策略、组织、实施与引领功能的商业领导组织。多元主体协同治理中的商会组织，商会组织可以加速政府改革、优化营商环境、维护企业家合法权益，成为提升社会协同治理能力的重要力量。

微信扫码

第五章

扶持新人：芳林新叶催陈叶

薪火相传，生生不息。新生代企业家作为改革开放之初创业的老一辈企业家的传承者，正以矫健的姿态登上中国现代经济舞台，要以战略眼光和国际视野，不失时机地进行引导、培养、锻造，使他们成长为创新的一代，超越的一代，更有责任担当和国际担当的一代中国企业家。

光荣与梦想①

广东外商公会青年委员会今天在香港成立（以下简称青委会）了。青委会的成立，标志着外商公会朝着年轻化方向迈出了决定性的一步。我代表广东省工商联（总商会）对外商公会青委会的诞生表示诚挚的祝贺！

广东外商公会走过了17年不平凡的历程。前不久，我寻找到1988年9月21日在广东迎宾馆举行的外商公会成立大会当天的会议记录，当时，首任会长曾宪梓先生说了一番热情洋溢的话，他说，国家改革开放不久，我们这些旅居香港、澳门的商人不能袖手旁观，要为祖国、为广东、为香港做一些事情……。虽然17年过去了，至今仍萦绕在耳。不久前，我在拜会曾先生并谈及现在要成立青委会一事时，他用带有客家口音的普通话高兴地说：外商公会的未来是属于你们年轻人的！

1963年8月28日，美国黑人领袖马丁·路德·金在林肯纪念堂前发表了一篇著名的演讲：《我有一个梦想》，他梦想能消除种族歧视，实现黑人与白人一样平等的生存权发展权。当年，曾宪梓先生、杨孙西先生那一代人在创办外商公会时，他们有一个梦想，就是搭建一个服务粤港澳工商界的平台，推动三地经济同发展，共繁荣。他们的梦想都实现了！今天，我也有一个梦想，就是在我们这一代人手中，通过青委会同仁共同的努力，把广东外商公会做大做强，做活做旺！

外商公会是一块金字招牌！广东外商公会是由在广东省投资或进行经贸合作的

---

① 本文是2005年5月在广东外商公会青年委员会成立大会上的致辞。广东外商公会青年委员会是广东省工商联组建的第一个青年企业家组织，成员涵盖粤港澳三地。

港澳工商界人士组成。创会会长是曾宪梓先生，现任会长是杨钊先生。公会自成立以来，积极支持国家的改革开放政策，配合广东省政府中心任务开展工作，公会约两百家会员企业遍布北京、上海、广东、江苏、湖南、内蒙古自治区等全国各省市及俄罗斯等国家，仅在广东省就有过百家。公会致力于团结和引导会员致力于粤港澳经贸经济合作与发展和社会公益福利事业、光彩事业、为港澳的繁荣稳定和广东的经济发展作出了积极贡献。

广东外商公会到目前为止为第四届，70%以上的会员在各级人大、政协或工商联担任了领导职务。本会自第四届换届以来，发挥民间社团的独特优势，积极开展各种活动，组团拜访了全国政协副主席、全国工商联主席黄孟复、广东省省长黄华华、澳门特首何厚铧；组团赴清远、河源考察当地投资环境，与有关部门洽谈建立清远玩具城等事宜。2004年，为广东省"民心工程"捐款五百万元。但是，光荣只属于过去，属于我们的前辈！今天，我们接过接力棒，要传承历史，创造未来，共同把这块金字招牌擦得更亮，叫得更响。

你们都是青年实业家。干企业是需要激情的，办商会也需要激情。激情是创业之父，激情是创新之母。外商公会发展到今天，已经到了一个十字路口，是要把这面旗帜继续扛下去，使它在粤港澳大地高高飘扬，还是要偃旗息鼓，改弦易辙，停步不前？回答是肯定的：就是弄潮儿向涛头立，手把大旗旗不湿！

随着粤港澳经济一体化，CEPA的实施，WTO后过渡期的到来，今天的形势已与17年前大不相同。商会工作需要与时俱进，公会发展需要新思维。

目前，珠三角现有三资企业10万家，港澳投资企业8万家，省总商会会员企业10万家，香港中华总商会会员6000家，香港中华厂商联合会7000家，香港总商会4000家。我们外商公会虽有17年历史，却只有200家会员，公会发展需要新力量。

进入新世纪后，我们高兴地看到，包括青委会成员在内的新一代年轻企业家迅速崛起，已成为粤港澳工商界一道亮丽风景，一支不可忽视的新生力量。相比前辈，欠缺的是经验，是人生阅历，是对内地的了解，但也有前辈们不可比拟的优势——观念资本、年龄资本、知识资本。十几年一过，蓦然回首，我们已经站在父辈们的肩膀上！我们完全应该，也完全能够比我们的父辈们更加优秀，干得更加出色！江山代有才人出，长江后浪推前浪！

我到广东省工商联工作一年多，有幸跟外商公会各位理事结识，在他们身上，我学到了很多个人奋斗的成功经验，他们的人格魅力、经营理念、报国情怀，感染着我，影响着我，激励着我。我有责任把外商公会的事情做好，为大家服务好。

今天，我又结识了这么多年轻的新朋友，感谢大家对外商公会的追捧，从你们身上，我看到了希望，感受到了有一股强大的前进的动力。我有信心同大家一道，把外商公会打造成一个在境内外具有广泛影响力的商会。

我有一个梦想——就是把外商公会做强做大。经过一年努力，使会员总数达到300人；经过三年努力，会员人数达到500人；经过五年或者更长一段时间努力，会员人数达到1000人。继青委会成立后，在条件成熟时将成立科技委员会，妇女委员会等，并在香港、澳门、珠海等地设立办事处。

我有一个梦想——就是把外商公会青委会做活做旺，要发挥青年企业家的蓬勃朝气、昂扬锐气，开展一系列有品位的经贸交流和文化活动。展示当代青年企业家的时代风采，使外商公会具有强大的凝聚力和旺盛生命力，为打造百年商会奠定坚实基础。

我还有一个梦想——就是在不久的将来，我们广东外商公会青年企业家中将会涌现出许许多多世界级企业家、实业家、社会活动家，出现许许多多享誉海内外的商界巨子和财富英雄。再现一批又一批李嘉诚、霍英东、庄世平、曾宪梓、杨钊、甚至中国的比尔·盖茨……

雄关漫道真如铁，而今迈步从头越。年轻的朋友们：如果你们都跟我有着同样的梦想，那么，就让我们团结起来，拉起手来，共同去追求属于我们这一代的光荣与梦想吧！

未雨绸缪，家族企业的薪火传承①

作为广东省工商联副主席、广东省总商会副会长，中国民营经济研究会常务理事，全国工商联执行委员，广东省商学院客座教授，中国战略与管理研究会研究员，李阳春先生一直关注中国的民营经济发展。长期研究企业风险管理、企业家风险管理、民营经济发展环境与政策、产业转移与招商引资、非营利组织、商会经济与文化、创意产业等。

今年1月，广东省工商联对民营家族企业中的"新生代"进行普查，调查报告显示，未来五至十年将是该省民营企业主交接班的关键时期，计划由子女接班的达62%，换班潮来临，六成的"富爸爸"们担心子女能力不足。

对此，本刊近日采访了李阳春先生。请他谈谈行业内的接班情况和"新生代"的现状，以及为"新生代"顺利接班所采取的培训方法。

一、现状："富不过三代"的新考验

《高球先生》：基业长青，是无数创业者的梦想。但是中国"富不过三代"的"魔咒"似乎成了家族企业发展的一个"定律"，您怎样看待这一问题？

李阳春：中国民营企业绝大多数都是家族式的管理方式，其成功的关键往往取决于个人在经营决策中的能力与智慧。这种将企业发展与兴旺系于一人的管理格局，让决策者事无巨细，日理万机，超负荷工作，身体容易处于亚健康状态，时间

---

① 本文为2010年1月接受《高球先生》杂志的专访稿。

一久，企业也可能陷入"亚健康"。不仅使企业当家人不堪负重，而且会使民营企业忽视企业管理菁英的引进，和菁英团队的培养，独打天下，独撑局面，缺乏应对突发性危机的准备。随着现代企业制度的不断出新，家族式企业的发展正在经历着前所未有的考验。

《高球先生》：民营企业"新生代"的现状关系到中国家族企业未来的命运，更关系到中国经济体系的健康发展，您是如何总结广东民营企业家成长之路的？

李阳春：改革开放32年，广东省许多企业秉承粤商敢为天下先的精神，敢想敢闯敢拼，抢占先机，占领市场，经历了从草根经济一路前行，发展到旧体制时期的第二批企业家洗脚上田，以智取胜，再到第三批胆识、智慧、德商三者兼备的新世纪商人。

经过三代的奋斗和洗礼，广东民营经济产值已占当地国民经济总产值的42%，税收贡献率超国有和外资。半壁江山赫然在目，新老交替迫在眉睫，然而95%的非公有制企业主体为家族企业，其发展和管理模式已不适应企业规模的不断壮大，原有积累的经验和知识反而成了企业发展的羁绊，经济产业结构的调整和转型，以及国家法律法规的不断完善，企业也从野蛮生长到了文明发展的阶段，社会舆论的影响等无不呼唤更高、更强新一代接班人指点江山，"新生代"任重而道远。

二、破题：突破家族传承的"主渠道"

《高球先生》：与西方家族企业常见的继承时将管理权和所有权分离不同，中国家族企业的接棒方式是其内部血亲、姻亲传承，突破这个桎梏需要什么样的理念？

李阳春：民营经济在江浙、广东等经济发达地区占据甚至超过当地国民经济总量的半壁江山，其所缴纳的税收更是当地财政收入的重要来源之一。因此，民营经济的持续与发展已不单是一个家族，一个企业的内部事务，而是关乎全省民营经济乃至当地整个经济发展的重大现实命题，也与群众就业、社会稳定息息相关。

含着金钥匙出生的"新生代"如何靠本事而不是靠家族传承、凭真才实学而不是凭现代世袭完成权力交接，关乎企业的持续、健康的发展。政府动用优质资源并把这些资源实际运用在全省未来民营经济的实际"接班人"身上，不能不说是一件有政治远见的实事、好事。

有人说，"二代接班人"脚下是金子做的垫脚石，但能否突破"富不过三代，从穷光蛋到富翁，从富翁到穷光蛋"的富人家族的宿命，不仅仅凭他们自身实力和造化，更需看他们的教育背景、知识储备、管理能力和科学决策、道德素质等综合素质。集训"二代接班人"为他们的成熟提供了一个锤炼的熔炉，在中国乃至世界都具有广泛意义。

三、出路："新生代"的培训模式及方向

《高球先生》：现在，社会上关于"二代接班人"的培训"包罗万象"，您对此有什么建议？

李阳春："为富不仁""奢华享乐""不思进取"，是当下社会对"新生代"群体不够客观的负面评价。这其中因素很多，如何改变人们的一些偏见呢？我认为加强对"新生代"的培训尤为重要，原有企业主对"新生代"培训模式主要有以下两种：

（1）把子女送往国外接受教育，毕业后在国外企业（公司）打几年工，学习外国企业先进的管理经验，然后回到国内企业参与管理。

（2）让子女在国内高校接受教育，毕业后直接进入企业从基层岗位做起，熟悉企业经营的整体流程。政府对"新生代"、更好更切合实际的培训模式及方法，仍在进一步的研究和商讨中。

同时，应具体加强对"新生代"以下五点的培训：

加强高端商务的培训。

加强合作、访谈、交际、沟通和意志力的培养。

加强民情、世情、国情教育。

提高防范化解风险，应对危机的能力。

加强传统文化的补课。

四、趋势：培训不分贫富，战略以人才为主

《高球先生》：时下社会对富人阶层"新生代"培训的关注度普遍较高，有人认为未来的接班人条件好不用愁，反而社会应更多地关注"贫穷阶层的第二代"，您怎样理解两者之间的关系，有哪些建议？

李阳春： 关于政府培训民营企业"新生代"是"欺贫傍富"的观点有些偏激，政府培训企业接班人与培训农民工，这两项工作并行不悖，政府一直都在花大力气，分批、分层次地培训社会各阶级的人，为社会输送人才。开展对未来民营经济发展承担重要使命的民营企业"新生代"的培训，需要站在国家经济发展全局的战略高度来理性认识，这实际上是对未来民营企业领航者的智力投资和能力培训，因为未来企业的竞争从根本上看是人才的竞争。

我们不但要加强对民营企业"新生代"的培训，而且呼吁政府还要加大力度实施民营企业经营管理人才培养战略，把年轻的民营企业高级管理人才培训纳入整个人才培养规划。企业现在最缺的是人才，从平凡到优秀有很长的路要走，从优秀到卓越有更长的路要走，因为民营企业发展的战略问题，竞争在人。

《**高球先生**》：社会上对于民营企业"新生代"的偏见，有很多内外因素关联，你主张什么样的财富理念？

李阳春： 富裕优质的生活是人人所向往的，社会财富积累得越多，越是社会发达和进步的表现。现在社会存在"仇富"的现象需要加强正面舆论引导，让社会公众转变观念，以健康心态崇富、尊富，一个社会如果对阳光财富的创造者抱有尊崇的态度，人人以创造财富为荣，最终实现共同富裕，这样才是一个人人向往的美好社会。

自主创业天地宽①

　　刚才潮水般的掌声充分展现出青年创业者的激情，流动中的空气充满着朝气。使我在感动中看到了一股时代潮流，这就是青年创业的潮流，这一潮流不仅席卷中国，而且是世界性的。欧美和日本等发达国家一直致力于提供青年创业，制定了鼓励青年创业的行动计划，取得了很好的成效。美国的硅谷有一个风险投资的机制，使之成为青年创业的天堂，也成就了无数有梦想的创业家。前几年我曾经接待过一个台湾青年创业协会（以下简称青创会）代表团，他们多是成功创业的青年企业家，青创会全部的成员已有六万人之众。我觉得在大陆特别是我们广东，也应该成立这样的青创会，积极推动青年创业发展，这是个非常好的事情。

　　创业是促进就业的最直接途径，而且一人创业可以带动多人就业。现在大家都说就业难，这是事实。特别是这几年由于大学专业设置与企业和社会需求不相匹配，使大学生就业出现结构性困难。一些大学生只愿意到机关和国企、外资企业工作，不愿意到民营公司就业，更没有自主创业的打算，这进一步加剧了就业的困难。青年既是就业的主体，也是自主创业的主力军。所以，我们要大力提倡自主创业，并且为青年人自主创业创造良好条件，鼓励和支持更多的青年加入自主创业的队伍中来。自主创业的青年越多，社会财富的创造者就越多，失业人数就越少，社会就会越稳定，国家税收也会相应增加。因此，我认为，要把青年创业工程作为国家的战略性工程来规划和实施。

---

　　①　本文是根据2010年5月16日在中国青年自主创业大会上演讲的录音整理。

　　自主创业天地宽。这些年我接触到整以千计的企业家，总结他们成功创业经验，我认为可用中国传统文化中的"五行"来概括，就是需要"金木水火土"。

　　金，就是有黄金般坚韧的信念，坚信自己能成功，相信自己也可以创业，不要半途而废。有些创业者不是倒在创业初期，而是在事业快要成功的前夜。正所谓"行百里者半九十"，十分可惜。我们经常说信心比黄金还重要，创业也需要有这样的心理素质。

　　木，就是有专业技术特长和相应的知识结构，这是创业的基本条件。"求木之长者，必固其根本。"这个根本就是你的硬实力，就是你的知识根基。所以，我们青年创业者要多学习，练就过硬的本领。大凡成功的创业者都有自己的"独门绝技"，而且在创业过程中不断更新知识，提升素质，超越自己。

　　水，就是有源源不断的人脉资源。朱熹有言："问渠哪得清如许，为有源头活水来。"人脉好比水源，一不干涸，二不断流，三不污染，就会有充足的人脉支持你的事业。创业需要情商，人脉需要建立和挖掘，并不是一两天的事儿。俗话说，一个好汉三个帮。所有的创业成功者，都得益于别人的指点和帮助。"欲流之远者，必浚其泉源。"很多时候，人脉不仅是创业成功的决定因素，而且也是你的事业持续发展的关键。

　　火，就是有始终燃烧着的创业激情。创业不能离开火一样的激情，创业的岁月就是激情燃烧的岁月。激情是创业灵感的源泉，激情是点燃希望的火把，激情是照亮前路的灯塔，激情是克服困难的动力。易经中的大有卦，上离下乾，火在天之上，为大有之象。天行健，君子以自强不息是也。有了火力，如得天助，将学业有成或者功业有就。当然，创业是一个长期的过程，一时成功不意味着终生成功。所以在成功之时，切不可骄傲自大，得意忘形。必须积极行动，干出一番事业。同时，要特别警惕在盛运之时，仍然潜伏着挫折因素。所以，光有激情还不够，创业也需要冷静思考。

　　土，就是有创业需要的良好环境，包括现实条件、外部因素、人际环境等。创业要应天时，尽地利，得人和。天地人是易经中的"三才"，三才协调，万事皆顺。三才不合，处处碰壁。改革开放之初，第一批创业者只需要胆量，抓住机会就可以发财。而现在，光靠胆量致富只能是梦幻。彼一时，此一时也。土，地也；地，坤也；坤，广阔也。地势坤，君子以厚德载物也。在市场经济条件下，要让一切创造财富的源泉得以充分涌流，一切创造财富的火花得以竞相迸发，一切创业财富的平台得以充分搭建，为一切创业者提供创业天地。创业者也要善于适应客观环境，利用外部条件，获得驰骋沙场的通行证。

"金木水火土"是我总结的创业心经。与时同时，我还从一些成功创业者中总结了如下几个关键词：

"胆大包天，领异标新。" 卓越的成功者都有一个共同特质，那就是始终怀着永不满足、超越现在、渴望成功的梦想。成功创业者都是伟大的梦想家，都是偏执狂，只有偏执狂才能成功。有些人在成功之前，别人说他是疯子，不可理喻，但他自己认准了，咬定目标不放松，终获命运女神青睐。几乎所有的诺贝尔奖获得者都有超越常人的性格基因，大凡卓越的企业家都不是按常规出牌的。"删繁就简三秋树，领异标新二月花。"美国企业研究专家吉姆·科林斯在《基业长青》中总结卓越企业的成功密码，提出要有"胆大包天"的目标。他举例说，在1952年的时候，波音公司在美国民航机市场几乎无足轻重，因为它主要是替军方制造飞机，其80%的业务都来自一个客户——美国空军。而且波音过去涉足民航机市场的尝试始终是失败，欧美的民用航空公司对波音也不感兴趣，当时没有一家飞机制造公司能证明喷气式飞机有市场——民用市场全部是螺旋桨飞机的天下。波音公司在二战结束后已将员工从战时的51000人裁减到7500人；开发民航用的新式喷气式飞机需要花费过去五年平均年度税后利润的三倍！然而，面对这种不利形势，波音公司的管理层却制定了致力于成为民用航空飞机市场领导厂商的大胆目标，制造了喷气式客机波音707，就此把世界带进了喷气式时代。多年前，20多岁的浙江人王均瑶在长沙开往家乡温州的颠簸的汽车里突发奇想，要是能租用飞机回家，就可以为多少人免除长途劳顿之苦啊！于是，这个"标新立异"的年轻商人居然在旁人的嘲笑中成立了中国第一家民营航空公司，成就了一个伟大传奇。

甘于吃苦，决不放弃。 创业艰难百战多，成功路上是坎坷。创业不是绘画绣花，过程并不浪漫，多数时候充满痛苦。改革开放初期，不少洗脚上田的农民之所以能成为民营企业家，靠的就是"白天当老板，晚上睡地板"的精神苦出来的。他们走遍千家万户，历经千难万险，想尽千方百计，跋涉千山万水，吃过千辛万苦，才取得了创业的成功。所以，青年创业一定要有吃苦头的准备。创业需要艰苦奋斗的精神，需要百折不挠的意志。当然，现在有很多新型的创业者，靠知识、智慧和过人胆识，利用互联网和资本市场的力量，在短时间创业成功。这与艰苦奋斗是不矛盾的。阿里巴巴创始人马云在创业之初就曾吃过太多苦头，但他从来没有想过要放弃。

愈挫愈奋，无惧失败。 大凡成功的创业者都是从失败中走过来的。正如那首歌中所唱"没有经风雨，怎么见彩虹？没有人会随随便便成功"。创业者的正常心态是既能享受成功，也能承受失败。巨人集团创始人史玉柱的故事对创业路上的中国青年具有极大启迪意义。他从深圳大学出来后开发一种汉卡走上了自主创业道路，借助于互联网开发软件产品，大获成功，短短几年进入中国富豪榜。快速的成功让这个年轻人迷失了，在珠海建设巨人大厦时由于不断加高楼层导致资金链断裂陷入巨大的亏损。极度失望时他也曾产生过轻生的念头，最终他选择了重新创业，在保健品行业又靠神奇的营销策略打开了市场，还清了欠账，咸鱼翻身，第二次创业成功。近年，史玉柱又回到了IT业，开发网络游戏，奇迹般地重上富豪榜。今年5月，他又来到珠海这个让他不能忘怀的城市，建设巨人集团南方数码科技大厦。他有一名言"失败是成功之母，成功是失败之父"。所以他是中国青年创业者中最有标志性意义的成功者、失败者和东山再起者。

合众共生，合作共赢。 《易经》中的同人卦阐述了一个简单而又深刻的道理，那就是人生要善于与人合群、同心同德、合力奋斗，启示创业者们要突破狭隘的心理，团结众人，共同创业。每一个有事业心的人，要想开创一番伟业，单靠自己的力量是远远不够的，必须善于团结一切可以团结的力量，寻求志同道合者的支持，才能实现自己创业梦想。广州有名的地产商富力集团是由两个性格迥异的人李思廉和张力创办的，他们堪称团结合作的典范，不是兄弟，却胜似兄弟。尽管也有意见分歧，但大目标、大战略是一致的。在顺境时寻找朋友易，在患难时得到真心帮助的朋友难，创业者要善于建立一个共苦同甘的团队。现在人们都懂得了资源共享的道理。人际资源是最宝贵的资源，合作合力比单枪匹马要强大千百倍。只有平时善于处理人际关系，热情帮助朋友，当自己有困难时，朋友也必然会站出来帮助你。创业者要善于选择合作伙伴。事业的成功，离不开人与人之间的真诚合作。"人"字是一撇一捺组成的，是相互支撑的，表明人要相互依靠、团结凝聚在一起。现在很多地方成立商会就是为了抱团合作，浙江商人的经商理念可以说最能体现"人"字的精髓。讲求有钱大家赚，抱团打天下，从不吃独食。在外经商只要站住脚，就一人带一家，一家带一村，一村带一镇，一镇带一县，进而形成企业集群和网络经济。散居在全国各地的浙商，哪怕只有三个人在一起，也能团结互助，共同赚钱。相比之下，广东商人在外地也不少，抱团的精神就稍逊一筹了。所以，创业一定要学会借力，借助别人的脑力、智力、财力甚至人脉资源为自己所用。要善于化敌为友，变竞争对手为合作伙伴，变你争我夺为同舟共进。

我们这一代①
——广东民营企业商会青年委员会行动纲要

一、我们是谁？

2011年秋，我们——新一代企业传承人，共同加入属于我们自己的团体——广东民营企业商会青年委员会（以下简称青委会）。从此，精诚相聚，携手同行，共担社会责任，开创人生新景。

我们是中国改革开放后第一代民营企业家的后代。我们正在或已经接过父辈打下的江山，成为家族企业接班人和民营企业新掌门人。我们既有无限机遇，也有无限压力。

我们目标清晰：要成为领导者，无论精神上，还是行动上。

我们压力巨大：父辈期待，企业现实，社会关注，需要异乎常人的成长加速度。

我们拥有自我，有时却身不由己。既要找寻个人的坐标，也要探求企业的方向；既要保护个性，又要社会认同；既秉持独立的价值观，又要与社会取向圆融和合。

我们有新锐的实力，又不失父辈奋斗的基因。我们有激情梦想，又不失理性冷静。我们知足而长乐，又知不足而长青。在自我否定中，实现自我超越；在眼光定格中，用特色保鲜；在纷纭评判中，用行动正名。在机遇与挑战中，我们磨砺

---

① 2011年作者发起组建广东民营企业商会青年委员会，这是作者在省工商联组建的第二个青年企业家组织，意在培养团结企业家新生代。本文是作者为青委会起草的行动宣言。

成长。

我们是家族事业的传承者，我们传承的不仅仅是企业和财富，更是责任、使命和文化。我们是全球化时代的开创者，我们不仅要超越父辈的成就，还要引领企业走向更广阔的世界，更纵深的领域。

心之所至，路之所在。今天，我们正出发。

二、我们是什么样的团体？

青委会是一个与众不同的团体，她不同于行业性的商会，不同于综合性和区域性企业家商会，也不同于一般意义上的青年社会团体。青委会是广东民营企业商会属下的广东民营企业第二代、第三代企业家组成的团体。

我们的目标：打造最具新锐活力、最具发展潜力和最具社会影响力的民营企业接班人组织，最终成为国内领先社团。

我们的宗旨：致力推动民营企业后备人才队伍建设，促进企业传承人顺利接班，实现基业长青，共同打造百年企业。

我们的价值观：实现自我成长，凝聚企业合力，推动社会进步。创新、责任与合作，是我们社团文化的精髓。

我们的成员：诚挚欢迎所有认同我们共同目标和价值观的新一代民营企业接班人加盟。

我们的行为准则：企业发展有追求，人生价值有理想，美好生活有激情，社会责任有担当、商会工作有贡献，谋大事做大事成大事。

三、我们要做什么？

青委会要成为培养新生代企业家的菁英基地。与世界同步，与企业共进，是我们这一代的长期追求。顺应时代发展，满足会员需求，打造学习型组织，力求用5年左右的时间建设我们自己的商学院，培训一大批优秀的民营企业接班人。

青委会要形成新生代企业家的合作发展高地。加快发展我们自己的商会经济，组建抱团合作的经济实体，创建广东民商菁英创业投资公司和投资基金。条件成熟时建设广东青年商厦。整合会员资源和社会资源，为会员事业发展提供全方位高层次的服务。

青委会要建立新生代企业家的精神家园。开展有独特品位、有独到追求、多元化的文化、运动、休闲、娱乐、联谊活动。创建长青藤菁英俱乐部，在3至5年内跻身国内一流企业家俱乐部行列，使青委会成为所有成员追求快乐人生、品质人生、成功人生的"幸福大本营"。

总之，我们要打造一个全新的团体，让所有的会员都得到机遇和舞台，提升价值和地位，享受事业和人生。

让大家生命更精彩，事业更出彩，未来更光彩，处处显风采！

四、我们将会如何做？

独立活动。我们将在遵守《广东民营企业商会章程》的框架下，相对独立地开展活动。

建立机构。会员代表大会是我们的最高权力机构。会长办公会议是我们的最高决策机构。秘书处是日常执行机构和服务机构。今后还将根据会务发展增设新的机构。

制定制度。制定和建立与我们的使命和任务要求相适应的管理制度、办事制度。重点是主任（会长）团队履职制度、各种会议制度、民主选举制度、学习培训制度、会员入会制度、财务管理制度、资产管理制度、秘书处人员薪酬激励制度、内部监督制度等。

打造团队。重点打造秘书处工作和服务团队，招聘较强的语言文字表达能力、组织协调能力、社会活动能力、热心商会工作、富有朝气活力的人员担任秘书长，在会长（主任）领导和广东民营企业商会秘书处指导下开展工作。

发展会员。要本着自愿加入、质量优先、循序渐进、宁缺毋滥的原则，力争在3年内达到1000人的规模。

创新会务。我们要有计划有策划地组织开展适合新一代青年企业家特点的活动。

战略联盟。搭建商业合作平台，构建信息交流渠道，使社团成为商业机会的促发之地。

兴办实体。多做整合资源的工作，积极探索，推动发展商会经济，组建抱团合作的经济实体，创建广东民商菁英创业投资公司和投资基金，推动各种商业项目的合作。

对外交流。加强与国内外境内外工商社团、青年社团的交流，推动与港澳台在粤投资企业的第二代掌门人的交流合作，组织赴省内外、国外进行商务考察和文化考察活动。

建立网站。运用会员资源，以全新的视角，建立一个面向世界华商第二代、第三代企业家的网络平台，提供及时广泛新鲜的资讯。

打造精品论坛，多方面整合资源，合理运用专家顾问会，结合市场热点话题，打造老辈企业家和新生代商业领袖的对话平台，以及各种最具前瞻性、最具战略思维的精神碰撞平台。

创办会刊。结合青委会定位和人群特征，深度解读青年新生代企业家的生活、工作、学习、爱好，更好的结合市场资源，打造全新的社团刊物。

广东民营企业商会的新星们，让我们携手共进，共同开创属于我们这一代更加美好的未来！

为了我们共同的使命①

　　首先我代表广东省工商联，并以我个人的名义，对新鲜出炉的广东民营企业商会青年委员会（以下简称青委会）第一届理事会的成立和领导班子的产生表示最真诚的、最热烈的祝贺！

　　今天到会的有50多人，人数虽然不多，但因为年轻，给了我们很大的想象空间，而时间的绵延可以赢得空间。别小看今天我们这一棵棵小小的幼苗，也许在未来五年、十年以后，再来回眸今天，就会想象在座各位今天做成了一件什么样的伟业，所以我提议我们要给自己掌声。这个青委会的成立倾注了广东省工商联、广东民营企业商会以及陈凯旋会长为首的各位长辈非常多的心血，特别是尊敬的陈凯旋会长把他的儿女全部送到我们的青委会来，以实际行动支持青委会的成立，刚才又作了一番语重心长的讲话。这充分体现改革开放以后，第一代民营企业家们对第二代及至第三代企业家们殷切的期望，拳拳之心，溢于言表。我记得他讲道：你们作为父母的骄傲、商会的骄傲，将来还要成为中国的骄傲。这几个骄傲，掷地有声，催人奋进，就像一声号角，在年轻人的心灵当中一定会产生强有力的激荡，所以第二个掌声要感谢我们尊敬的陈凯旋会长。第三个，我也建议各位给我本人一点掌声，因为青委会是我的一个梦，我原来没有想到在这么短的时间里就能够得到张敏明、陈展生，包括在座各位这么多人的支持，大家以实际行动来圆我这个梦，我非常感动，也非常感谢。其实，成立这个青委会不是我的最终目的，只是我梦想的第

---

　　① 本文是根据2011年9月25日在广东民营企业商会青年委员会成立大会上演讲的录音整理。

一步。终极的梦想，就是希望在全省的新一代企业家当中，能够培养造就一大批在省内外、国内外有影响的知名企业家，他们因卓越的商业成就而受到尊敬，这是我的一个美梦、一个好梦、一个大梦。这个梦想要实现，非我个人能力所为，必须得到各位的大力支持。所以在这个过程中，我是完全以利他之心来做这件事，因为我知道不管白猫黑猫，利他就是好猫。今天，在这里，我怀着深深的感情，同大家一起来见证这个历史时刻。

前面我讲了很多，回归到一点，就是今天讲的主题：要打造一个卓越企业家的孵化器、一个培养优秀企业家的大学校、一个粤商菁英的俱乐部，实现企业基业长青，打造百年企业。这几点就是我们共同的信仰，要把这些目标上升到信仰的高度来认识、来对待，这是一个非常高的起点。所以不要小看现在好像是一个青年委员会，是民营企业商会的二级机构，名字并不重要，甚至层级也不重要，大家要跳出观念，分校可以超越母校，二级机构也可以超越一级机构，关键是我们怎样去做，怎么去实现既定的目标。所以在科明达公司开的那次筹备会议以后，我就写了一篇文章，后来变成了青委会的行动纲领，就是我们是什么，是个什么样的团体，将要做什么，如何去做。在纲领里面，我提出了四个方面的任务，十个方面的工作要求，我希望青委会要不折不扣按照行动纲领来实施、来运作。

那么，怎么样去实现我们共同的使命？其实我非常同意陈凯旋会长刚才讲的这番话，我们聚在一起是为了什么。其实我是很羡慕你们的，因为你们的机遇太好了，你们有这么好的青春，这么好的教育背景，国际学校读书的在领导班子占大多数，你们回来发展，怎样解决水土不服问题，怎样正确地认识自己，又不断超越自己，我觉得这是要实现我们的共同信仰不可逾越的第一个阶段。第一步就是出发的起点，就是各位自己是谁，何为正确？这也是稻盛和夫先生反复强调的经营哲学，就是做人做事以何为正确。第二点，就是要充分考虑到当今所处的竞争风起云涌的时代。这个时代至少有"几不缺几缺"：一不缺企业，但缺优秀的企业家，缺在世界上有影响、受世人尊重的企业家；二不缺产品，但缺世界知名品牌，缺精品；三不缺理想，但缺独到的思想、缺有创见的思想；四不缺文化，但在这个道德滑坡的年代，缺坚定执着的信仰。所以我们要打造一种有信仰的组织，只要能够把信仰树立起来，永远有一盏灯照耀前进的道路，这个团队才能向前。在此，我想拿前几天参加2011年稻盛和夫经营哲学广州报告会的一些心得来与大家分享，我在会上的演讲中指出，我们应该从三个视角认识稻盛和夫，第一个是作为日本企业家的稻盛和夫，第二个是作为两个世界500强企业创始人的稻盛和夫，第三个作为中日友好使者的稻盛和夫，他80多年人生的追求和卓越成就，确实值得我们景仰。他27岁开始创业，也就是在座的大多数朋友现在的年龄。稻盛和夫创建了两家公司，一家叫京瓷，一家叫KDDI，这两家公司，京瓷进入世界500强的461位，KDDI排232位，这是2001年的数据，但是京瓷的经营效益是排在前30位的。我发现稻盛和夫之所以取得这样的成就，就是因为他的信仰——做人如何正确的经营哲学，他提出了一个人生的方程式，就是事业的结果=思维方式×热情×能力。思维方式可以从负100分到正100分，其他两个是1到100分，如果思维方式是负的，你的能力再高、热情再高也是没有用的。所以在这个意义上来讲，人的品格和价值观、思维方式才真正决定了事业的成败。那么在这个方面讲，我觉得他的经验和一些哲学思想确实值得我们学习。当时会场2000多人，他进来的时候，全场站立，长时间鼓掌，一个日本企业家能在中国受到这么多人的热烈欢迎，而且他还已经皈依佛门了，在他78岁的时候，日本政府还三顾茅庐把他请出来挽救日本航空公司，80岁了，精神和身体还那么好。他认为活着就是要感恩，活着就是要利他，而且不产生非理性的情绪，这些对我们都是很深刻的道理，而这个企业家他一生就是这么落实的。我期望青年一代企业家能够很好地借鉴世界上一些伟大企业家的哲学思想，并运用于自己的经营实践。

在座各位不要一味认为青委会就是第二代、第三代企业家的组织，要有更宽阔的胸怀去跟外面的组织打交道，不要把青委会变成一个纯粹的第二代、第三代的封闭的组织，团体的思想、交往圈子绝对不能仅限于二代、三代人群，这是我的一个忠告。如果限定了自己，那就永远无法拓宽视野。

青委会成员还有一个任务，就是向自己的父辈学习，像我们陈凯旋会长就是非常驻机构典型的榜样，最近我在写的一本书里面会详细介绍陈凯旋先生。他17岁就出来打工，当过搬运工、做过苦力，后来就做贸易，通过创品牌，再建工厂，经过几十年的打拼，成就了百多亿产值的民营企业航母，可以跟世界日化品牌比肩。我发现他之所以会取得事业的成功就是他的信仰在起作用，他的哲学理念在起作用，他的那"十颗心""一个总原则""五立文化（立真、立质、立先、立责、立信）"在起作用。我们可以请陈凯旋先生等老一辈企业家面对面交流，虚心向前辈请教。不同经历的人一起来交流大有好处，每个人身上都有值得学习的长项。还可以进名校、访名企、学名家，开展一系列适合企业、适合年轻人的活动。努力把我们这个团队做成一个现代商会文化的试验场，作为一个先进企业管理思想的学习基地，大家可以放飞想象，大胆创新。希望秘书处要很好的负起责任，想办法把更多的青年企业家组织起来，凝聚起来，活跃起来，发挥更大的作用。现在人数太少了，扩大十倍都不多，广东有超过100万家的民营企业，有了团队还要有一定的规模的。在企业发展过程当中，做大和做强永远不是矛盾的，规模永远不该遭受诅咒的，所以扩大规模仍然是商会第一大任务。在扩大规模中积蓄力量，提高我们的核心竞争力。等到有一天，在座的各位经过二三十年的打拼，真正成为陈凯旋、成为李嘉诚、甚至成为乔布斯了，那我觉得中国才真正是伟大的国家，大家一起来共同努力。

10月15日，今天当选的会长、副会长，将在广州花园酒店面对海内外700多位客商集体亮相，华丽登场，接受省领导颁发的当选证书，这是一个难得的机遇，秘书处要组织好。至于我自己，我永远有一颗年轻的心，永远做大家的好朋友，永远做青委会的义工。

造就一大批优秀职业经理人①

今天晚上的君悦酒店群星璀璨，菁英云集。获奖者的光芒点亮了这个不平凡的夜晚。我们在这里隆重举行"2011年十大优秀职业经理人颁奖典礼"，见证一批优秀职业经理人的诞生。首先，请允许我代表广东省工商联、省总商会对颁奖典礼的隆重举行，对当选的优秀职业经理人表示最热烈的祝贺！

今天晚上这个盛会，首先是一个弘扬诚信精神的宣誓。刚才蔡敬聪会长提过每一个参评人都要拿到信用报告，这是对"三打两建"活动最实际的支持。今天晚上的盛会，也是职业经理人协会创新服务的展现。我看这个活动完全是专业化、国际化的。与以往的活动比较起来，人数不见得增加了多少，但是档次品位绝对是最高的。一直提倡，社会组织的活动要贴近高端、走进高端、服务高端，不要做那些杂乱的、大而化之的、一般化的活动。从某种意义上讲，现代商会服务就属于高端服务业。另外，这也是一场感恩的盛举。刚才蔡会长致词中那一连串的感谢，每一个活动的筹办者和参与者都没有被他忘记。这也体现了事业越做得好，就越有谦虚的精神和感恩的情怀。因此，这些让人印象深刻的元素，决定了今天的盛会将载入职业经理人协会发展的史册。

我们为什么要举办这个活动？为什么要表彰优秀的职业经理人？首先是推动转型升级、建设幸福广东的需要。建设幸福广东、转型升级核心是要打造一批具有实力、贴近市场、有品牌价值、受广大消费者尊敬的企业家队伍、职业经理人队伍。

---

① 本文是根据2011年12月广东省十大优秀职业经理人颁奖典礼上的讲话录音整理。

越是在中小企业艰难的时候，越是需要弘扬职业经理人精神，实际上也就是"大工匠"精神。我们恰好提供了一个机会和平台，以展示当代优秀职业经理人的形象和风采。所谓建设幸福广东，自然包含了要打造幸福企业，要培育和造就幸福型的企业家和高级管理团队。因此，今天活动的举办，就是对广东省第十一次党代会的一次最有力的响应和推动建设幸福广东的具体行动。

刚才《新浪网》的记者采访我，提出的问题重点有两个："对当代职业经理人的使命怎么看""职业经理人应该如何来智慧领航、共赢未来"。来到这里，我相信大家已经有了答案。其实，今天受表彰的这一批优秀职业经理人，他们每一个人的成长道路都是生动的诠释，如林榜昭先生，他十几岁出来打拼，经过30年努力，发展了一个大的产业，成就了大的事业，最近抓住时机收购了美国的资产，体现了一个企业家国际化的追求和眼光。

借这个机会，我还要特地提及两个职业经理人。一个是女性，就是格力新鲜出炉的女董事长董明珠。她1990年36岁时候放弃在南京的工作，来到深圳打工。一个偶然机会到了珠海，就一直扎根珠海，从一个普通的员工、一线销售人员，一步一步地通过自己的努力，成为格力集团的总经理，现在又当选这个全国知名企业的董事长。她的成长道路充分说明，职业经理人的发展与成长，与出身、贫富是没有关系的，能力和实绩就是职场跃升的通行证。另外一个是"格"字当头的顺德格兰仕，第一代职业经理人是梁庆德，现在交给了第二代是梁昭贤。格兰仕到今年将达到400多亿元的销售额，在全球占有40%的市场份额，在中国占70%以上市场份额。如果说梁庆德为格兰仕打下了一个良好的基础，而真正实现企业腾飞走上国际化的道路，恰恰是他的儿子梁昭贤。在梁昭贤身上，我们看到了一个子承父业与再创新、再创业的二代掌门人，他已经超越他的前辈。第29届奥运会明年将在伦敦举行。职业经理人应具有什么精神？就是冠军精神，就是追求"更高、更远、更强"的奥运精神。梁昭贤对盛田昭夫很钦佩，盛田昭夫曾说过，日本企业家是两栖动物，必须在水上和陆上生存。梁昭贤说，中国的企业家是三栖动物，还要像鹰一样在空中飞翔。什么是体育竞技的冠军精神？我曾经概括过：不断追求、不断奋斗的精神，既能享受成功，又能承受失败的精神，不断超越前辈，超越同行，超越自我的超越精神。有了这种精神，中国企业家何愁不能成为伟大的企业家？有了这种精神，粤商转型升级创造国际品牌的目标又何愁不能实现呢？这就是当代职业经理人的历史使命，这也是职业经理人协会的历史使命。

今年下半年职业经理人协会还要有新的招数，包括举办亚太职业经理人高峰论坛，推出对职业经理人的资质评定。这些具有革命性的举措，必将带动广东职业经理人团队的成长。家族企业也好，其他非家族企业也好，未来的发展方向必然是产生一批一批优秀的职业经理人。无论你是传承父业，还是"空降兵"，都是如此。由此可见，我们今天所从事的事业，不仅关系到当前推动转型升级、建设幸福广东，而且关系到民营企业的未来发展，关系中国企业中国品牌如何能真正赢得世界声誉。所以，职业经理人协会的责任是共筑平台、共享资源、共谋发展、共赢未来。让我们共同努力，以今天的成就为新的起点，在职业经理人协会的旗帜之下，使广东的职业经理人团队不断地进步、不断地创新、不断地超越，产生一支职业化、专业化、国际化的现代职业经理人队伍。

认识自己，超越前辈，引领时代①

今天站在台上心情特别的激动，我想起了2011年的9月25日，在清远狮子湖畔成立大会上的演讲——为了我们共同的使命。我越来越认识到：一个民族、一个地区、一个企业，谁拥有青年，谁就能够拥有未来。

过去我曾经做过共青团的工作，在2005年我把香港的富二代近250人聚集在一起，由曾宪梓先生的儿子曾智明领衔成立广东外商公会青年委员会，现在他们大多已经成为粤港澳三地非常活跃的成功企业家。这次的试验大大激发了我，所以我在去年又萌发了一个念头，随着近年民营企业家第二代的成长崛起，很有必要组织"创二代"的团队，把他们团结起来，联系起来，凝聚起来，于是就成立了广东民营企业商会青年委员会，在去年10月15日广交会酒会上光荣就职。从此为青年企业家搭建平台，提供机遇，就成为了本人离不开也舍不得的事情，所以前不久又搭建了一个新平台，就是除了接班的新生代，还有自主创业的年轻一代，凡是45岁以下，都把他们组织起来，成立广东省青年企业家联合会，将在5月中旬正式成立。接下来还准备成立海外归来的青年创业企业家组织。这几个平台都是为青年企业家创新创业来打造的，你们有着鲜明的时代特色，有着与众不同的成长经历，有着令人羡慕的家庭背景和教育背景，同时也有令外界无法想象的压力。我同你们接触后，觉得有一个规律真正体现了：确实是一代更比一代强。

另有一件事，最近成为广东省的佳话，在今年3月11日，以张敏明、谢萌、陈

---

① 本文是根据2012年4月20日广东青英巡回论坛（佛山站）上演讲的录音整理。

展生为代表，用新生代创业者（创二代）的名义向省委主要领导同志写信，表达了"愿为广东的转型升级，幸福广东的建设承担我们的历史责任"的共同心愿，信中说，"我们不要贴上富二代的标签，社会不要戴着有色眼镜来看我们，我们是有理想、有抱负，有社会责任感的一代"。省委主要领导对青年创二代的回复语重心长，意味深刻，是八个字："创业不易，守成更难"。这个回复刊登在3月15日《民营经济报》上，党委政府对新一代企业家的高度关注，殷切希望创二代企业家要有角色意识、自主创新意识和超越前辈的奋斗精神。

传承，其实是一个时间概念，一代一代地传承下去，目的是要打破"富不过三代"的魔咒。发展，可以理解是一个空间的概念，企业发展要走向国际化，这是新一代企业家面临的时代主题。

在工商联工作有将近十年时间，通过与企业家接触，我有以下几点的体会：

（1）老板自己的成功只是小的成功，下一代更加成功、培养的员工站在你的肩膀上，这才是大成功。

（2）创造500强企业当然不容易，但是500年比500强更加重要，所谓企业长青之路就是需要一代一代传承下去。传承不是复制而是创新。只有创新才能传承与发展。传承与发展是不断超越，认识自身、超越前辈、引领时代，否则谈何传承、谈何发展？

（3）传承的不只是财富和家族事业，而更应该是文化的传承、企业家精神的传承。

（4）三种视角看待新一代企业家：

站在老一辈企业家视角，我们是从何而来，我们来自何处？就是解决这个问题，老一代经过30多年的打拼，他们有很多优点，特别能吃苦，胆大，善于抓住机遇，但是文化底蕴显然是不够的，要经常从老一辈的角度看他们对我们有什么样的启发。

从同龄的一代，农民工的二代身上来找到共同点和差异处，也就是说如何认识新一代的农民工。他们和他们的前辈在想法、追求上完全不一样，现在他们上网吧，不愿意回老家，要立足城市、扎根城市，有自己的理想和追求。如果不能很好地认识他们，就不能更好的认识自己，要在新一代农民工身上更好的认识自己。

还要在同辈的阵营里面，更深切认识自己，找到我们的长处，共同抱团发展。

　　所以，未来的企业家精神，真正的就体现在更加的睿智、更加的乐观、更加的豁达、更加的包容，更加的具有奉献精神。当代青年企业家要回归本位，弄清自己从何而来，要向何处去，企业家一定要有自己的坚定信仰，一定要扎根实业，坚守实业，一定要有全球视野，有面向未来这样一种远见，从你们身上我看到广东新一代企业家身上的闪光点，也看到了新一代企业家更加光辉灿烂的未来。

在高山之巅赢得幸福人生①

　　人的一生要做很多事情，自然有不少事会做错，但更多的事情是做对了，我觉得我们成立广东民营企业商会青年委员会，就是对的人用对的方式做出了一件特别对的事情，大家说对不对？今天来的是不一般的人，用不一般的方式，做出了不一般的事。你看，我们第一站就马到成功，事隔两月，我们又转场来到广州市商业中心地带，正佳风光独好，来到这里，我们的话题，特别的有意义，所以感到大家脸上写满了特别的幸福。

　　在四川，有一个著名的企业家族，刘氏四兄弟按"言行美好"排序：刘永言，刘永行，刘永好，老三本应叫刘永美，因过继给别人了，改姓陈（陈育新）。我记得在6月30日这一天，在成都，刘永好作为当代著名企业家，他创立的新希望集团30周年，他请到了来自全国各地100位、排前100的著名企业家来参加新希望集团的生日典礼，而且破天荒第一次由他们四兄弟整个家族全体到场，如果说这足以作为影响当地的一件大事的话，还有一件事情，就是组织这个会的人，是刘永好的宝贝千金、32岁的新希望集团团委书记刘畅，给她安排了四百万，组织一个典礼、一场论坛、一台晚会，结果办得非常成功。我说的这个意思是，像刘永好他们四兄弟，现在每人都创立了自己的公司，联合起来的资产超过一千亿元，的确是很成功的企业家族。但是在刘永好的心目当中，所谓的新希望是什么，恰恰就是他的女儿刘畅能够传承他，甚至可能超越他，这就是当代企业家的一种幸福。

　　那么，现在把这个镜头换回到今天的广东，今天的广州，我们谢铁牛董事长，是个牛人，就像他的名字一样。但是他真正的成功，真正的幸福，在我看来，并不

---

　　① 本文是根据2012年8月广东青英巡回论坛（广州站）上的讲话录音整理。

是他当年在部队的军旅生涯，也不是他创办了正佳的商业帝国，而是他培养了像谢萌这样的优秀的接班人，今天他已经成为广州天河路商会的掌门人，我有幸参加了天河路商会的成立大会，他请到了广州市陈建华市长来支持并讲话，当时市长的讲话非常给力。我也看到了以谢萌为代表的青年企业家越来越有活力，越来越团结，越来越有干劲，他们就干出来这个论坛，有内容、有质量，因为他抓住了人的生命当中最柔软的东西，人性最光辉的部分，那就是家国天下，薪火传承。所以我说这个会办得好，办得对。我在省工商联近十年时间，最值得骄傲与自豪的事情，就是组建了多个青年企业家组织，特别是今年5月成立的青年企业家联合会，因为为新生代企业家服务就是为未来发展付出了心力。

美国，有一个很长寿、很富有的企业家，他是1839年出生，1937年去世，足足活了98岁，他是美国历史上第一个十亿美元的世界首富，创办了两所大学，包括芝加哥大学，还有以他名字命名的大学，我相信大家都知道他叫洛克菲勒，石油大亨、著名的慈善家，他在企业家社会责任方面，堪称世界企业的翘楚，但是他始终没有忘记对自己下一代的教育和培养，曾经他给他儿子写的一封信中说，世界是一座高山，作为父亲的自己已经站在高山之巅，其位置决定下一代的脚下并不会低，你的人生起点高于很多同龄人，但必须谨记，贫穷和富裕，成功和失败，或者不能够长久，但是只要奋斗和坚持，才是成功的真理。他还讲，人的一生，起点只能影响结果，不能决定结果，真正决定结果的是你的理想，你的境界，你的才能，你的价值观，甚至还包括你的运气，所以请相信，每一个人都有求胜的本能，但最终站在高峰之上赢得人生的，是时时刻刻对未来有准备的人。人的一生都是痛苦与精彩中来回穿梭，如果说我们前半生努力是为这个社会添砖加瓦的话，那么我们的后半生，你将发现有惊喜的一幕出现，就是社会各方面的正能量都来为我们的人生添砖加瓦。洛克菲勒把生命的智慧和人生的辩证法传授给自己的儿子，我相信这个故事对大家肯定是会有启发的。

最后，我想讲今天我们讲幸福的企业家，我有三点体会，第一就是幸福的经济，幸福的商道，是民主的经济，民生的经济，民本的经济；第二，幸福经济是一代以一代人创业、创新创造的经济；第三，所谓幸福的商道，那就是我们要创造幸福的企业，要产生幸福的企业家，进而以优质的产品和服务，带给全社会更高的幸福指数。

当代职业经理人的成长道路①

一、新兴的力量——职业经理人队伍的崛起是中国改革开放的一道独特而亮丽的风景

我国民营经济的高速发展，催生职业经理人制度的产生和职业经理人队伍的形成，越来越多具有管理才能的人，凭借智慧和勤奋有机会进入企业高级管理层。我国民营企业职业经理人成长与民营企业发展过程相伴而行，快速成长，规模不断扩大，社会影响日益增强，发挥了不可替代的日益重要的作用。

他们用知识资本，在企业生产经营中发挥领导作用。职业经理人，是指在一个所有权、法人财产权和经营权分离的企业中承担法人财产的保值增值责任，全面负责企业经营管理，对法人财产拥有绝对经营权和管理权。职业经理人是以人力资本和知识资本的双重形态立足民营企业的，他们是企业生产经营的实际领导者，具有敏锐的市场把握和反映能力。对企业经营业绩有着举足轻重的作用。三一重工总裁向文波对这家知名民营企业战略重心的确定作出了重要贡献。近年一批曾经叱咤风云的企业家相继淡出管理一线，成为"弃业家"，一批年轻有为的职业经理人菁英走上了前台。联想集团创始人柳传志交棒杨元庆、万科创始人王石放手让郁亮独当一面，印证了职业经理人成为民营企业实际领导者渐成趋势。

他们用管理智慧，在创造企业财富中发挥中坚作用。职业经理人作为由企业在职业经理人市场（包括社会职业经理人市场和企业内部职业经理人市场）中聘任，

---

① 本文为2012年9月23日在首届中国职业经理人论坛上的演讲。

而其自身以受薪、股票期权等为获得报酬主要方式的职业化企业经营管理专家。他们是企业生产经营和领导者和企业财富的创造者，并且处于中坚地位。顺德美的职业经理人方洪波成功接任集团董事长，执掌千亿知名民企，应该视作一个标志性事件—说明职业经理人的管理才能得到出资人的高度认可和资本市场的充分认同。

他们用自身优势，在家族企业变革中发挥催化作用。职业经理人在家族企业建立现代企业制度过程中扮演关键角色，起到催化作用。正是由于他们的存在和影响，促使越来越多的家族企业引进职业经理人，并进行股份制改造，建立现代企业制度。职业经理人既是高层管理人员，直接为老板服务，又与广大员工打交道，有的还来自于普通员工（如方洪波），这种双重身份，有利于在构建劳动关系中发挥调和润滑作用，及时化解内部矛盾，形成更加和谐的劳资关系，便于民营企业内部进行管理变革。

他们用团队力量，在化解企业危机中发挥砥柱作用。这方面最经典的例子是创维数码集团的危机处理，当黄宏生失去自由不能掌控企业时，正是其培养的以张学军、王殿甫、杨东文为代表的职业经理人团队，在企业生死关头发挥了中流砥柱的作用。事后，黄宏生总结为"雁阵效应"。

他们用创新实践，在塑造企业文化中发挥引领作用。职业经理人的存在，有利于民营企业建立学习型组织，培育和塑造独具特色的个性化的企业文化，破除家长制的老板文化，建立目标一致的核心价值观，形成利益共同体、命运共同体。许多民营企业的关爱员工行动、感恩文化等，与职业经理人的努力不无关系。

所以，职业经理人是新兴的力量——市场的力量，资本的力量，智慧的力量，变革的力量，团队的力量。

二、成长的烦恼—民营企业经营的成功与巨大的挑战，使职业经理人既具有职业荣耀，又存在职业困境

职业经理人是人才市场中最有活力与前景的阶层。职业经理人最重要的使命就是经营管理企业，使其获得最大的经济效益。顶尖职业经理人具有稀缺性、不可替代性、高利益性、高风险性等职业特点，所以对职业经理人有其独特的评价标准、就业方式和利益要求，其报酬及社会地位的高低取决于经营业绩的好坏，他们是"刀尖的舞者"，需要承担经营失败后的职业风险。经理人的职业化，必须将经理

人的利益与企业的经营绩效结合起来，将他们的命运与企业的生死存亡联结起来，从而形成同舟共济、荣辱与共的关系格局。

无需讳言，我国民营企业中职业经理人成长也存在一些困境：

（1）地位的不确定性，来自出资人的不信任，缺乏职业安定感，有"打临工"思想。

（2）中国传统家文化与职业经理人职业特点的冲突，使得职业经理人时常处于夹缝中，有"局外人"心态。

（3）缺少科学的评价标准，使职业经理人职业化无规范可循，职业发展的空间受到限制。

（4）整个社会对职业经理人的价值还没有广泛认同，不少职业经理人未能获得社会尊重。

（5）职业经理人队伍的素质参差不齐，鱼龙混杂，与国际水准相差甚远。

三、希望的田野——市场化、职业化、专业化、国际化，是职经理人成长的必由之路

民营企业职业经理人的规模和素质在很大程度上决定了民营经济的规模和素质，反映民营企业的现代化水平。虽然从总体上看，我们已经建立和形成了一支规模庞大的职业经理人队伍，但与国际先进水平和企业发展需要相比，这支队伍的素质状况还是极不适应的。我们不缺企业，缺的是知名企业；不缺产品，缺的是知名品牌；不缺企业管理者，缺的是知名的企业家，具有世界知名度的国际品牌、跨国企业、伟大企业家更是高度稀缺。所以我们还有很长的路要走。

以美国为例，美国是一个经济大国，世界级的大企业为数不少，闻名遐迩的企业家更多如牛毛。每年《财富》杂志评出的世界500强中，美国企业往往占上前20名中的一多半。《福布斯》杂志每年评出的世界富人排行榜中，美国人也要占多数。因而有人说，强大的美国经济造就了产生大富豪、大企业家的土壤。美国企业家之所以能形成气候，首要的原因是得益于竞争。美国政府对市场实行的是开放式管理，主要是由市场这只"看不见的手"操纵。政府只是在税收、质量标准、法定最低工资等方面订框框，让公司之间各显身手，自由竞争，最后优胜劣汰。在此过程中，小企业主可以成为大企业家，而大企业家同样有可能沦落为小企业主，甚至破

产、失业。

值得注意的是，美国政府倡导企业自由竞争，但也不是撒手不管。在保证公平自由竞争秩序的方面，政府的监管起到了至关重要的作用。美国政府鼓励中小企业的发展，对于大企业的行业垄断则是时时提防。而对中小企业，政府不时出谋划策，提供信息服务。政府采购项目也公布于众，只要中小企业的产品质量过硬、价格合理，政府照样愿意下订单。美国政府的目的似乎很明确：保持良好的竞争环境。只有竞争，才能催生出万千强劲企业；只有竞争，才能催生出无数了不起的企业家。

其次，美国有一个庞大的企业家"潜在队伍"。这个队伍的中坚力量就是获得工商管理（MBA）学位的人。拿了MBA不见得一定能当企业家，但看看美国企业界的当今情况，MBA得主们的确挑起了大梁。美国企业界顶尖人物中，MBA出身的不少，中上管理层更可以说是MBA的天下。

第三，美国企业界不唯文凭论英雄。虽然说MBA为美国企业界输送了大量人才，但MBA也并非是成为企业家的唯一途径。在美国，企业雇人也好，个人想办企业也好，更重要的是看你有没有头脑、有没有能力，文凭大不过是个参考的系数。手里拿着博士学位没有多少作为，甚至找不到工作的大有人在。而学历不高创造奇迹的人也不在少数。像微软的董事长比尔·盖茨就是哈佛大学的肄业生，戴尔电脑公司的一把手迈克尔·戴尔、甲骨文公司的首席执行官拉里·艾里森也都是肄业生。

企业、政府和社会应当共同为职业经理人队伍成长以及作用充分发挥开辟希望的田野，实现市场化、职业化、专业化、国际化。

（1）创造竞争环境。建立公平、公正、诚信、契约为基础的市场环境，让民营企业与国有企业、外资企业真正的平等竞争，让更多的有志之士自主创业。

（2）建立评价标准。以此为基础搭建公开的覆盖全国的职业经理人人才交易平台。

（3）提供培训机会。商学院教育和企业内部培训相结合。

（4）推进企业变革。家族制企业要加快建立现代企业制度的步伐。

（5）完善激励机制。成长激励，利益激励，荣誉激励。

（6）培育社会组织，发挥各个层级职业经理人协会的独特作用。

（7）加强国际交流，学习借鉴国外扶持中小企业发展和企业家成长的经验，先进的职业经理人理论、制度文化，引进和输出优秀的职业经理人顶尖人才。

新商业文明潮头的第五个境界

芳林新叶催陈叶

　　"芳林新叶催陈叶，流水前波让后波"，是唐代诗人刘禹锡的著名诗句。前句"催"字有一种紧迫感，表现机不可失、时不我待之意；后句"让"字中有一种气势，展现你追我赶、百舸争流的姿态。习近平总书记曾在2018年春节团拜会上引用这一千古名句，寓意中国的改革开放如"新叶""后波"一样，冲破一切阻力，以锐不可当的气势不断向前推进。

　　"天时人事日相催，冬至阳生春又来"，中国哲学向来认为宇宙万物是生生不息，正所谓"天地之大德曰生"，新的东西必然代替旧的东西，这对新旧更替的过程，就是"动以入动，不息不滞"。自然界是这样，人类社会发展亦如此。我们的先人早就提出"周虽旧邦，其命维新"，"天行健，君子以自强不息"的思想，成为中华文明连绵不绝、昌盛于斯的智慧源泉。

　　发轫于20世纪80年代末至90年代初的民营企业，是中国改革开放以后第一代创业者，他们创立的绝大多数是家族企业。这些家族经过近20年的打拼，到了2008年之后，日益面临一个十分现实和急迫的问题，就是新老交替、代际传承问题，第一代创业者行将谢幕，其接班人如何培养和选择？从我当时接触了解的企业来看，存在这一困惑的创业者不在少数。这越来越引起我的关注。2008年，在纪念改革开放30周年之际，我的首部专著《跨越财富天险——企业家生存风险管理之道》出版，其中有一专章阐述"家族企业的薪火传承"问题，提出了破解"富不过三代"魔咒的可行途径和让企业顶尖人才掌舵的趋向，指出了建设职业经理人队伍的紧迫性。2010年前后，我有意识地组织了几次专题调研，并在全国省级工商联率先启动了新生代企业家成长工程，会同有关部门开展了对这批二代接班人的培训项目，受到了家族企业交棒人和接班人（包括准接班人）的欢迎。2012年5月，广东省青年企业家联合会成立，其创会成员都是各期新生代企业家培训班的学员。我还组建了广东民营企业商会青年委员会、广东外商公会青年委员会，并大力支持广东省职业经理人协会发展壮大。直到今天，广东新生代企业家成长工程作为民营经济统战工作的品牌项目，仍然长盛不衰。这些探索和实践，体现了"传承薪火、扶持新人"的姿态和境界。

我认为，新时代工商联工作一个重大责任，就是为新生代青年企业家的培养和成长创造条件、提供平台。由生意人向企业家的转变，也是作为二代接班人的更高的自觉要求。著名的中国政治和社会问题研究专家郑永年先生在《中国为什么鲜有真正的企业家？》一文中指出，中国的企业缺少核心技术，人们期望的企业家较少，人们一直挂在口头上的企业家精神十分欠缺。近代以降，商人的社会地位有了空前的提高。不过，中国的许多商人并没有从传统的"低端"文化中解放出来，这个群体的行为仍然停留在传统模式，无论是主动的还是被动的。更为重要的是，这个群体并没有把自己提升为企业家。这和西方社会形成了明显的对照。西方近代以来经济领域一个最大的变化，就是很多商人转变成为企业家。一般说来，企业家被视为是能够自己创立并运营企业的人。企业家对整个企业承担责任，并为企业长远利益着想谋划。一个人如果接手前任所拥有的事业，并且做法不具创新、突破或者变革的特点，就不符合企业创立的意义，也就是说不会被视为是企业家。如果企业传承于接班人或者第二代，而在发展方面展现求变、模式与前任有显著不同的特征，那么，仍然可以称得上是企业家。所以说，不是每一位从商者都可以称为企业家，从商人到企业家的提升是新第一代企业家绕不开的人生考题。

企业家精神的概念是近代西方国家的企业产生和发展的产物。法国早期经济学家让·巴蒂斯特·萨伊认为，企业家就是冒险家，是把土地、劳动、资本这三个生产要素结合在一起进行活动的第四个生产要素，企业家承担着可能破产的巨大风险。英国经济学家阿尔弗雷德·马歇尔也认为，企业家是以自己的创新力、洞察力和统率力，发现和消除市场的不平衡性，给生产过程指出方向，使生产要素组织化的人。美国经济学家约瑟夫·熊彼特对企业家定义最为经典。熊彼特认为，企业家是不断在经济结构内部进行"革命突变"，对旧的生产方式进行"毁灭性创新"，实现经济要素创新组合的人。他归纳了实现经济要素新组合（也就是创新）的五种情况：一是采用一种新产品或一种产品的某种新的特性；二是采用一种新的生产方法，这种方法是在经验上尚未通过鉴定的；三是开辟一个新市场；四是取得或控制原材料（或半成品）的一种新的供应来源；五是实现一种新的产业组织。美国经济学家彼得·德鲁克也认为，企业家就是创新者，是勇于承担风险，寻找创新源泉，善于捕捉变化并把变化作为可供开发利用机会的人。

诚然，当代中国特别是改革开放先行地广东的企业界也涌现出不少民营企业家。但和西方比较，中国民营企业家的局限性是显而易见的，主要表现在两个方面。第一，大多数企业侧重于现有技术的应用，而非创造新的技术；第二，企业家侧重于内部管理方式的创新和外部商业模式的创新。但所有这些都是为了赚钱，赚更快、更多的钱。结果，中国原创性的技术少之又少。总体上，因为企业家没有强烈的使命感，企业不能提升自己，尤其是没有革命性的变化。同时，企业家自身也不能得到提升，仍然维持在唯利是图的商人水平。真正意义上的企业家仍然鲜有。不管如何，企业家仍然鲜有成为中国崛起为世界强国所面临的难以克服的瓶颈。如何在文化和制度层面为企业家群体的产生打下一个坚实的基础，仍然是中国改革所面临的最难的问题之一。

2018年11月1日，习近平总书记在民营企业座谈会上的重要讲话中，要求新一代民营企业家要继承发扬老一辈人艰苦奋斗、敢闯敢干、聚焦实业、做精主业的精神，努力把企业做强做优。如何继承老一辈人的光荣传统，接过上一代创业者的接力棒，跑出更高更快更强的成绩，不负时代，不负韶华，需要用行动提交优异答卷。

想起了德国哲学家尼采那句名言：每一个不曾起舞的日子，都是对生命的辜负！

第六章

推波助澜：抱团向洋走世界

经济全球化虽遇逆流，但势不可挡，国际经济
竞争风高浪急，"一带一路"合作方兴未艾，
推动更多的民营企业走出去，抢占国际市场，
加强全球合作，是工商联和行业商会的职责和
使命。实现中华民族伟大复兴的新征途，呼唤
一大批实力强劲的跨国企业，世界品牌和影响
全球的国际级企业家！

对进一步推动民营企业"走出去"的思考[①]

近年来，民营企业对外贸易活动十分活跃，是我省外向型经济的重要增长点，也是提升民营经济整体发展层次的重要拉动力。进一步推动民营企业加强对外经济交流与合作，对实施"走出去"发展战略，实现我省民营经济新发展，具有十分重要的意义。

第一，民营企业走出去是实现经济国际化的必由之路。以前，我们只重视在"家里"做生意，开展销会，请外商进来采购。但是随着经济的发展，以及民营企业的不断发展壮大，他们已经不满足于由外贸公司做产品代理的被动经营方式了；他们要掌握主动，要自己走出去自己看市场，寻找合作伙伴。"只有走出去，才能有发展"。对此，佛山市南海高达建筑机械有限公司董事长梁耀荣深有体会，他认为，现在国际市场商机很多，民营企业不仅要善于在国内做生意，也要尝试把产品卖到国外去。2004年他开始尝试到越南去开产品发布会，搞招商，取得出乎预料的效果，自此，他把企业发展投向了国外市场的开拓。此次赴中东该企业除了签订了原来谈妥1200万美元产品代销合同外，还与沙特阿拉伯、科威特等国的企业初步达成了三个产品的供求意向。佛山市南海鸿龙石材发展有限公司董事长叶卓球回国后，马上赴北京驻巴林大使馆会晤大使及商务参赞，就进一步合作进行接洽，并已初步达成砂石供货的合作意向。这些都是走出去带来的效果，它不但给当事企业带来效益，也给参团的企业带来希望和信心。

---

① 本文是2005年组织民营企业代表团赴中东考察后的思考和工作建议。

　　第二，中东地区尤其是海湾地区市场前景广阔、商机无限。中东人口4.5亿，海湾地区有丰富的石油和天然气资源，但是该地区资源品种单一，除了石油出口，绝大多数消费品依赖进口。到中东之前，考察团成员听到的是野蛮、动乱的恐怖，闻到的是贫瘠、高温、干燥的沙漠气息；来到中东后，大家都说，没想到这里这么富有，没想到这里的发展速度这么快，没想到这里到处充满商机。

　　阿联酋的迪拜是中东的门户，每年举办众多的大型国际性商品展览，是中东地区重要的自由贸易港，目前有300多家跨国企业在此设立办事处和分支机构。在迪拜的中国城，有1500家中国商铺，中国产品物美价廉，深受欢迎。但从数字上看，目前广东乃至中国与中东的贸易额不大，2005年中阿进出口贸易额为106.76亿美元，其中广东为22.4亿美元。

　　巴林地处海湾中部，地理位置十分重要，政府正在实施多元化发展战略，吸引外资，并推出了一系列极具吸引力的优惠政策，更为重要的是，巴林与美国签订了自由贸易协定，只要产品在当地有35%的深加工，就可视为原产地，享受零关税进口美国的政策。巴林人口增长迅速，该国的基本建设、房地产等产业高速发展，建筑装饰材料、建筑机械、家用电器、家具、家居用品等轻工业品需求非常强劲，而当地轻工业相对落后，对上述产品的需求依赖性非常强。

　　从我们考察的情况来看，中东地区在金融业、制造业、旅游业、工商科技服务业、医疗教育及培训业、物流业的前景都十分广阔，还有很大发展空间，而这些又是我省的强项。因此，抓住机遇，抢先一步，开拓中东市场，民营企业完全可以获得新的发展空间。

　　第三，民营企业家整体素质亟待提高。这次到中东考察，我们认为，目前国内企业还不足以与世界级企业竞争。国内企业存在着产品知名度不高、不善于宣传的问题，很少有自己的世界名牌产品，许多厂家都是为外国企业的贴牌生产，赚取一点少得可怜的加工费。因此，如何培育中国的世界名牌，如何造就中国的世界级企业家，是民营企业参与国际市场竞争所必须逾越的两座大山。必须下决心培养一批有知识产权的世界知名品牌，一批敢于在世界强手之林一决高下的跨国企业，一批懂得国际经济规则、善于与世界合作伙伴打交道的优秀企业家。也正因为如此，广东省总商会积极参与省政府组织的经贸活动，把企业家带出去，让他们看，让他们自己感受，只有这样，才能提升他们的整体素质，帮助他们建立现代企业，真正地走出去参与国际市场竞争。

第四，必须建设与国际接轨的现代商会。商会是推动国际经济合作的重要组织，具有不可替代的重要作用。我们这次到巴林，巴林工商会的秘书长向我们介绍了他们的十四个方面的职能，其中有些职能是国内商会所不具备的。我省在国外举办的大型经贸活动都是和当地商会联合主办或由当地商会负责承办及发起的，而国内商会的影响力及作用还远没有达到这个水平。我们此次经贸活动的迪拜站，迪拜工商会是阿联酋方面唯一的协办单位，所有的活动均由这个非官方的机构统筹。

近年来，广东省工商联也在朝着这个方向不断地努力。目前，越来越多的客商来我国开展贸易活动，他们常常通过商会组织进行咨询，请商会给予把关，帮助其寻找合作伙伴，并且他们和企业签订的合同一定要有商会见证，这也是商会组织在国际交往所必须具备的基本功能。为此，我们抓住国外客商来广州考察、采购的机会，带客商走访民营企业，不仅为国外客商寻找合适的合作伙伴，而且为省内民营企业提供了最直接的需求信息。

随着越来越多民营企业走出去，对提供国外商务信息，在国外举办展览，组织企业参加国外展览等的愿望越来越迫切。目前国家商务部和我省都出台鼓励民营企业走出去的相应的政策，比如补贴团费及参展费等，我们希望参加工商联组团的企业家也能享受相应的待遇，使其能够切实得到实惠，加快走出去步伐。

加强广东与非洲经贸合作正当其时①

　　近十年来，非洲大陆政局渐趋稳定，各国不断调整经济政策，实行对外开放，推行经济改革，经济发展稳步回升，而且随着非洲区域经济一体化的加速推进，以及得天独厚的资源优势日益显现，非洲大陆开始作为世界经济一个新的增长点，越来越为世界所瞩目。美国和欧洲一些发达国家正在加大对非洲经济的投入。非洲是广东实施"走出去"战略的一个重点区域，广东的经济发展和现代化建设需要不断扩大与非洲的经贸合作。两地的合作不仅可以解决资源尤其是能源不足对我省经济安全的影响，而且对广东企业做大做强，开拓国际市场有着重大而深远的意义，尤其是广东民营经济可以扩大对非投资和争取非洲市场为重点，为实现广东经济的二次腾飞再创奇迹。

一、广东与非洲经济互补性强，经贸合作势头强劲，潜力巨大

（一）广东对非经贸合作取得新进展

　　近年来，广东在开展对非经贸合作中的广度和深度有了新的拓展，取得了新的成果。2004年1—7月份，广东省累计向非洲出口12.8993亿美元，占全省出口总额1.3%，同比增长39.3%；进口8.6365亿美元，占进口总额0.95%，同比增长74.02%。广东企业在走向非洲活动继南非首站成功之后，10月10日在开罗开幕的"中国广东

---

　　①　此文2005年被广东省人民政府发展研究中心刊发，至今仍具有现实价值。

（埃及）经贸合作洽谈会"期间，广东与埃及以及北非和中东地区的企业达成贸易成交金额4.3亿美元，其中出口3.7亿美元，进口0.6亿美元，对外投资0.36亿美元，承包工程8.4亿美元。10月13日开幕的"中国广东（阿尔及利亚）投资情况介绍会"期间，广东企业与阿方企业经贸成交总额达3.72亿美元。可以看出，广东省与非洲的贸易额呈现出快速增长的势头。

（二）广东与非洲开展经贸合作领域广、投资行业多

广东是中国经济实力最强的省份之一，与非洲经济存在很强的互补性。其一，电子、电器、食品、饮料、农机设备、纺织服装、日用轻化、建筑材料等行业，在非洲大部分国家正处于培育发展阶段，无论是技术开发水平，还是行业发展规模都落后于广东，非洲大陆占世界面积的1/5，八亿人口，但贸易额却不到世界的2%，具有十分广阔的市场前景。其二，非洲国家的矿产、石油、农业、林业、渔业等资源十分丰富，市场广阔，这为我省发展重化工、机械设备以及农业深加工等提供了原材料的优质来源，也给广东企业寻求新的发展提供了理想的投资方向。广东与非洲的贸易额虽然增长很快，但总额仍然偏小，占对外贸易额的比例也较少，有着巨大的扩展空间。

广东企业在非洲可投资行业广、投资机会多。一是投资资源开发业。非洲是世界最古老的大陆，矿产资源和战略资源得天独厚，在世界已发现的150多种矿产资源都能在非洲找到，有50多种具有战略意义的有色金属分布集中，其中17种居世界之首。我省企业可根据实际情况，或者采用劳务承包的方式，或者采用直接投资的方式，与非洲各国开展合作。二是投资基础设施。近年来，落后的基础设施已成为非洲各国经济发展的"瓶颈"，各国纷纷把改善基础设施放在经济发展的重要位置。基础设施多属于劳动密集型项目，技术要求不高，因此我省的低成本优势往往可在工程投标中胜出。三是投资制造业。目前，制造业是非洲吸引外资最多的行业，广东企业许多工业制成品物美价廉，在非洲市场具有明显的竞争优势，因此在这方面同样具有很多机会。食品饮料、农机具、建筑材料、纺织服装等行业完全可以就地取材，实行本土化经营；技术相对复杂的制造业，如电子、家电、日用轻化等，因供给配套能力的原因，可以采取带料加工的方式在非洲投资。而且，投资制造业还具有转移富余生产力和提高边际利润率的作用。四是投资服务行业，例如医药、餐

饮等行业，广东企业也可以一展身手。

（三）广东企业参与非洲经贸合作具有十分难得的机遇

非洲各国的投资环境明显改善。其一，近年来，非洲大陆的领土争端、部族争端、党派争端渐趋平息，纷纷致力于发展本国经济，政局稳定。其二，在非洲统一组织、非洲区域性国际组织和国际社会的支持帮助下，非洲经济开始逐步回升，持续保持3%～6%的经济增长率，非洲外债在国民生产总值中所占比重逐年下降，平均每年减少2%，而且国际社会也加快了对非洲重债贫困国减少债务的速度。人们生活水平不断提高，南非2001年人均国内生产总值已达2982美元，埃及2001年的人均生产总值也有1290美元。其三，许多非洲国家为吸引投资纷纷制定优惠政策，尽力创造一个良好的投资环境。例如南非、肯尼亚、埃及等国都设立了开发区、自由贸易园区、保税区，免费或优惠提供土地、减免所得税等政策，来吸引海外投资；南非通过立法明确规定对外商投资企业实行国民待遇；埃及颁布了《鼓励投资保障法》，列明工业和矿产等16个方面的鼓励投资领域，并明确规定，"投资者的利益受法律保护""公司和企业不会被国有化或被没收"；肯尼亚政府积极加强基础设施建设，并对外商投资者给予减免所得税，免五年厂房租金、建厂补贴等各种优惠政策。

加强我省与非洲的投资合作具有良好的政治和经济基础。其一，我国与非洲的39个国家签订了经济贸易协定，与18个国家签订了投资保护协定，与四个国家签订了避免双重征税协定。目前，中非经贸合作正处于快速、全面、稳定发展的新时期，中非在贸易、投资、承包工程和劳务合作以及经济援助等四个领域中"四位一体"的经贸合作格局已初步形成，极大地促进了双边贸易的加速发展，中非贸易总额从1950年的1214万美元剧增到2003年的185亿美元。其二，为促进中非经贸合作，广东省在非洲的投资方式正由设立贸易机构向生产投资转移，而且制定了一系列鼓励企业到非洲投资的政策，以扩大对非洲各国的投资力度。例如，给到非洲投资的企业低息或贴息贷款；允许在非洲投资的企业将在当地赚取的利润留作扩大再生产资金；方便到非洲投资人员进出境等。

二、广东企业参与非洲经贸合作的重点

（一）重点合作的地区选择

非洲市场巨大，但人口分布并不均匀，经济发展状况也很不平衡，北非、西非和南非是非洲最有发展前途的市场。这三个地区不仅其国民生产总值和人均国民生产总值都最高，总人口也超过四亿，而且其区内企业的营业能力也最强。据统计，广东出口额最大的非洲十国中，除南非外，有八个国家属于西非和北非。而且，根据广东主要商品进出口统计，广东外贸出口以机电产品、电子器材、纺织服装、家电、塑料制品等为主，这也比较适合西非、北非和南非的市场需求。另外，非洲的油气资源也主要分布在北非的克拉通带盆地、苏伊士裂谷盆地和西非尼日尔河三角洲盆地，陆上油气资源约占整个非洲的2/3。海上油气资源以尼日利亚、喀麦隆、安哥拉一带海域较为集中。而且，广东从北非的苏丹、西非的布基纳法索、科特迪瓦、马里等国家每年都要进口大量原材料，因此加强与北非、西非和南非的经贸合作，也有利于资源、技术的优势互补。

（二）重点合作的行业选择

（1）房地产建材类。非洲城市人口增长快，工业与民用建筑需求量极大，土地价格便宜，但水泥等建筑材料产量很少，价格昂贵，各国多有鼓励房地产投资的优惠政策。因此我省企业可利用这个机会，开发建材市场和开放房地产市场。

（2）家电及维修服务类。电视机、DVD、VCD等家电产品，除南非外，其他国家几乎没有能力生产，严重依赖进口。而且非洲气候炎热，空调、冰箱、电风扇需求也很大，市场售价昂贵。在这方面，广东民营企业可凭借在技术、质量、价格方面的明显优势，向非洲各国出口或直接投资生产。而且还可以联合多个企业建立连锁维修网络，既提供服务，又卖配件和耗材。

（3）纺织服装类。埃及等国家是世界上最好的棉花生产国，产量大、价格低，原料优势特别明显，纺织工业也初具规模，主要出口欧洲。广东企业可以通过在这些地方投资设厂，建立品牌，经营系列服装和鞋等，并可利用该地区配额出口欧美。

（4）餐饮、零售业。南非、肯尼亚、埃及等国是世界闻名的旅游胜地。但非洲

最贵的消费是吃饭，而且中餐很受欢迎。我们既可以搞快餐联销，中西结合，以低价格吸引顾客；也可以充分利用旅游资源，开高档酒店为富人服务。在非洲很多国家少有甚至没有大型的购物中心，零售业市场利润空间较大，其货源也主要来自中国。广东的贸易公司可组建百货连锁公司，直接将消费者争取过来。

（5）承包工程。近年来，非洲各国都非常重视基础设施的建设。我省有许多建筑企业拥有在海外承包工程的丰富经验，而且我省建筑企业的低成本优势往往是工程投标中的关键优势。工程承包还可带动我省机电设备和建筑材料的出口，增加我省的外汇收入和就业机会。

（6）农业。非洲土地资源丰富，具有发展农业的良好基础。但绝大多数非洲国家生产技术落后，生产率很低，已开垦比例占可耕地的比例很低。例如，肯尼亚是非洲各国中农业较发达的国家，但仍有近27%的可耕地没有开垦（近2.9万平方公里）。据联合国粮农组织估计，只要创造一定的水利条件，肯尼亚可耕地面积至少可以扩大一倍。我省在精耕细作、农田水利、良种选育、病虫防治、农机设备等领域有很强的优势和丰富的经验，可以通过合作的形式帮助非洲国家发展农业，以此带动我省化肥、农业生产技术及农机器具和设备，尤其是打井技术和设备、灌溉技术在非洲的推广和传播。同时，坚持走多种经营的道路，进行农业资源深加工，将其产品在当地销售和出口，形成"农、工、贸，产、供、销"的产业经营链条，不断拓宽我省企业在非洲的经营范围。

三、对推动和加强广东与非洲经贸合作的建议

（1）把加强与非洲经贸合作作为实施我省"走出去"战略的重要组成部分。非洲大陆是一个巨大的新兴市场，具有广阔的发展空间，不仅各国间经贸往来日益频繁，而且与发达国家也具有很密切的经贸关系。推动和加强我省与非洲各国的经贸合作，巩固和扩大我省企业在非洲市场的占有份额，不仅有利于提升广东经济发展的潜力和后劲，是广东经济持续保持领先的关键所在，而且还有利于广东企业通过非洲市场来开拓欧美发达国家的潜在市场，是广东实施"走出去"战略的重要组成部分。

（2）利用非洲经济结构调整和推进改革的机遇，提升我省与非洲经贸合作的层次。目前，我省企业对非洲投资的项目还主要是简单的来料加工装配工业，资本和

技术密集型的投资还非常有限。在承包工程和劳务合作方面，我省企业能够进入的也非常少。因此建议与非洲的投资合作，在结合各国调整经济结构的前提下，逐渐提高起点，要向高层次、高水平、规模化、集约化的方向发展，允许企业以购买股权等方式增加对非洲各国的投资，在发展资源性产业和重化工业的同时，积极发展深加工、增加产品附加值和劳动密集型的加工工业。

（3）积极拓展战略资源合作领域的广度和深度。非洲的石油、矿产资源等战略物资的开发还处于初期阶段，勘探开发潜力非常大。但从整体情况看，我省企业对非洲石油开发的广度和力度明显不够，投资主体、投资方向和投资地区单一化的弱点十分突出，未能形成良好的投资局面。对此，建议我省制定投资非洲能源的发展纲要，鼓励民营资本进入这一领域，加快改变我省能源发展的格局，增加对原油的战略储备。

（4）积极鼓励和支持我省民营企业进入非洲市场。我省的民营企业实力雄厚，产品、技术和管理经验比较适合非洲国家的实际需要，而且自身的发展也迫切需要在更广阔的领域进行生产要素的组织。建议在现有的法律框架下，进一步制定、完善民营企业在与非洲各国开展经贸活动中关于出口、税收、对外投资、金融信贷等具体法规和政策，把民营企业作为进入非洲市场的重点。

（5）积极完善政府投资服务体系。其一，设立相关服务机构。在积极利用我国已在埃及、喀麦隆、几内亚等11个非洲国家设立的"中国投资开发贸易促进中心"基础上，设立广东企业投资开发服务中心，并在南非、北非、西非设立分支的联络和服务机构，整合投资企业力量，搜集并提供信息，改变企业"单打独斗"的困难局面，为一些程序上的瓶颈问题提供解决方案，例如为工作许可证、报关、商检、汇兑以及贸易争端等问题提供代理或咨询。其二，加强政府间沟通，共同搭起经贸合作平台，注重与当地政府在通关、税收等问题的沟通，引导非洲各国政府为我省企业投资扫除障碍、简化手续，降低投资者税率，为我省企业进入非洲创造便利条件，降低投资风险和成本，增强企业的投资信心。其三，积极组织省内各外贸企业团体参加非洲各国举办的各类商品交易会、经贸洽谈会、商品展销会、博览会等。通过交易会广泛与各界朋友接触、洽谈，建立起良好的商业联系，争取多品种、大批量的现货或期货交易订货。其四，在一些交通便利、经济商贸相对发达、华人华侨较多的大中城市组建大型的"中国城"或"广东商贸城"，专门从事中国商品的进出口经营。一方面协调各企业、商家的关系，实现商品品种、规格、档次、价格等方面的搭配与协商，避免"自相残杀"；另一方面，可以大批量经营，便于向周边国家和地区的市场渗透；另外，还可以承担零配件供应、维修保养等配套服务，便于形成一个较为完整的商品销售网络体系。

（6）积极发挥商会作用，带动广东企业投资的规模和集群效应。商会组织在开拓国际市场具有保护企业投资权益、组织企业参与经贸合作、处理贸易纠纷等积极的作用，而且由于商会具有网络广、影响大的特点，容易形成企业对外投资的规模和集聚效应，拓展经贸合作的广度和深度。广东还可以利用港澳企业界和非洲国家政府的良好关系，以及港澳商会熟悉国外市场的特点，积极发挥广东总商会与港澳九大商会组织建立合作关系的资源优势。通过加强粤港两地商会的联系和合作，共同推进两地工商界携手进军非洲市场。

四、对广东企业开展对非经贸业务的建议

（1）应当客观认识非洲，既要看到在非洲拓展经贸合作的机遇和巨大潜力，也要看到非洲所特有的困难与复杂性。一方面应看到非洲的总体形势趋向缓和，绝大多数国家正致力于经济社会的发展，有着广阔的市场前景和机遇。另一方面也应注意到与非洲开展经贸合作的制约因素有很多。例如，很多非洲国家的工作效率低下、投资配套能力较差、外债负担严重、资本市场规模小、交通运输不便、电力资源供给不足、执法随意、国民素质低、教育落后、人力资源尤其是高素质人才缺乏等。

（2）深入、全面地进行市场调查，切忌盲目投资。企业应密切结合省内的需要和自身的优势，认真分析非洲的资源与市场发展规划及重点领域、政策法规、税收等方面的情况，选好合作领域和具体项目，做好可行性研究，拟定积极稳妥的企业发展战略。情况不明而匆忙进入，必然会在运行中遇到种种问题，甚至无功而返。

（3）要加大商品宣传力度，坚持"以信誉和质量取胜"。广东企业应通过扎实的工作和规范、依法经营、站稳脚跟，树立起自己的良好形象，把好商品质量关，进而逐步寻求扩大与深化合作。在对非合作中搞短期行为、"一锤子买卖"，只能是自损形象，堵塞企业自身在非洲发展的道路。同时大力宣传中国和广东商品的特色，以引起消费者的青睐和偏爱，使中国和广东商品成为非洲人民心目中的首选

商品。

（4）寻找可靠的合作伙伴。对于合作伙伴的选择，应以双方长期接触、了解为基础最好。对对方的商业资信、个人信用要有一定深度的了解，将合资合作建立在双方已有的合作基础上。对于所中意的项目，不要急于投资，应在双方义务责任中掌握谈判的进展尺度，不要急于谋取合作而贸然决策。

（5）要注重各种公共关系的开展。特别要与非洲政府主管机构和官员加强联系，疏通各个环节，建立起相互信赖，互助合作的良好关系，以便及时掌握当地政府有关商业流通信息、税收优惠等方面的政策。同时也要与非洲的商贸界建立起良好的合作关系，除与各种商业协会、行业协会建立关系外，还要与各行各业的非洲商人广交、深交朋友。南非的治安环境比较复杂，要特别注意在非企业人员的人身安全，通过当地政府为他们提供可靠的安全保障。

（6）注意交易风险的规避。其一要熟悉当地法规，明确法律保护的对象以及司法程序；其二，选择当地有信誉的律师，独立注册企业，然后选择合作伙伴商议合作方式。千万注意不可接受合作对方包办注册公司等的承诺。其三，明确合作关系，慎重选择合资方式，尽可能独资，尽量避免与当地公司合作，对于合资方的审计结果，客观谨慎的态度比较可取。

到全球去直销中国品牌①

前几天参加羊城晚报举办的一个财富沙龙，讨论的主题是在全球金融危机的情况下，中国企业要不要走出去，怎样走出去？我作为讨论嘉宾在论坛上发了言。

主持人说，省钱省力省时的美国DELL电脑的直销模式，曾被看作一场IT业的直销革命。现在，全球金融危机到来，美国等大国经济陷入衰退而造成消费需求减弱，国内许多出口企业都受到了巨大冲击，首当其冲的中小企业。面对目前的经济困难，来自美国的企业家用"戴尔模式"为中国企业把脉：为何不把中国商品直接卖给美国和其他国家的消费者？为何不把"广交会"开到美国去？为何要给中间商赚走那么多的利润？中国产品不能再被人贴牌，而是要有自己的品牌了！

对此，我深有同感。我说，2004年，我随全国工商联代表团赴日本参加世界新华商大会，期间一个论坛上有一个中国留学生的发言给我留下难忘印象。他在日本专门从事推销世界知名品牌的工作，但他推销的几乎是清一色的日本名牌，还有一些是韩国品牌。他多么想在日本推销中国品牌啊，可是就是找不到像样的中国牌子。这种悲哀的心情可能在国外体会得更加深切。然而，我们到国外，特别是到美国、欧洲，会发现大量中国制造的商品，你想不买都不行，但是牌子都是外国的。中国商品不仅价廉物美，而且在国内也有好品牌，但美国人、欧洲人根本就不知道！所以，对于中国企业和中国商品该不该走出去的问题，是一个根本不需要讨论的问题。任何时候中国的企业和中国商品特别是中国企业家都是应当走出去的，不

---

① 此文的摘要登载于2008年10月18日《南方日报》。

仅应该走出去，而且是走出去更多、更好，现在是走得不够！走出去有四个阶段：产品走出去；企业走出去；企业管理人员走出去；品牌走出去。现在我国主要是产品走了出去，企业走出去比较少，品牌走出去就更少。从这个意义上来说，我们走出去才刚刚开始，这个步子才刚刚迈开。

我说，对美国的市场应当更加关注和重视。特别是在全球金融危机发生以后，美国房地产价格下跌，消费品市场萎缩，正是中国企业进入美国的好时机。严重的次贷危机使美国经济遭遇打击，一般美国消费者在普通消费品的选择上会自觉不自觉地青睐低价位产品；人民币的强势升值使国内企业利用人民币进行海外投资的成本核算更低；加上美国商品销售价格比国内商品高出很多，美国又是一个成熟的经济体，抗风险能力强，对世界经济影响大。因此，我们对美国的市场要不抛弃，不放弃，走出去而且要走进去。特别是一些有创新的品牌更要抓住机遇抢占美国市场。对此，在场的嘉宾看法是相同的。中山大学岭南学院教授许罗丹认为，"美国再有危机也是世界上最大的消费市场，又是国际市场的制高点，一旦进入美国市场就容易辐射全球。进军美国市场是中国企业走出去的理想选择之一。"广州华德工业有限公司总经理李志明用自己的切身实践说明，抄袭美国的产品是很难进入美国市场的。他们通过5～6年的研发，拿出了创新的技术，才真正进入美国市场。美国对创新产品很欢迎，而且也容易找到市场。通过走出去，不仅要把自己的产品打出去，更重要的是在美国建立自己的品牌，同时为企业的发展拓展空间。美籍华人企业家Ridegway国际有限公司副总裁玛格瑞特说，美国市场上的很多商品都是中国制造的，但是被中间商赚取了很大利润，中国企业应当直接到美国建立自己的品牌营销基地，更要创立自己的品牌，这样利润会高很多。特别是现在美国经济衰退，很多人失业，现在是利用美国的专业人才，发展品牌和高科技的好时机。

那么，中国企业如何才能走出去呢？我认为，首先要把中国制造做好，提高产品的核心竞争力，特别是质量上要达到国际标准，哪怕是贴牌也要生产最好的产品，打出中国制造的国际信誉。现在一些中国产品在国际市场上信誉并不好，玩具、食品等都遭遇退货。如果连贴牌都做不好，怎么谈得上品牌输出呢？第二，政府要强力推动企业走出去。第三，选择有利于企业产品走出去的目标市场。中国企业要有意识地减少对美国市场的依赖。既然要走出去，就要全球化地走出去，过于依赖美国市场容易形成单条腿走路的局面，一旦美国有风吹草动我们就会受到影响，不能走单纯依靠一两个市场走出去的发展道路。比如中东、非洲、东盟、印度，都是我们必须高度重视开拓的海外市场。第四，发挥海外侨胞众多的资源优势，借助他们帮助推销中国产品。第五，成立行业产业链的企业联盟，共同打造走出去的联合体，组织更多的企业家走出去。第六，当务之急是培养适应国际化经营的高端企业管理人才。第七，最关键是要抓紧中国企业品牌建设，在企业自主创新上下工夫，使广东制造真正成为广东创造。要多培养像深圳华为那样的创新型企业，加大企业自主研发的投入力度。华为2.3万人，有1.3万人搞科研，一年投入研发经费几十个亿，不仅生产自主知识产权的产品，而且还生产标准，生产专利。然而中国这样的企业太少了！第八，可以借助国际的平台，发挥品牌方面的优势，通过国外的商贸平台完成自己走出去的计划。在这方面，目前正在推广的美国明尼苏达州亚洲商贸城项目就是一个好主意。该项目是由Ridegway国际有限公司投资兴建的，该项目中国区代表陈达先生是一位中国房地产商人，最近他把目光投向美国的商业地产项目。他说，在美国有50%的企业是属于中小企业，这些中小型的企业主本身不会讲中文，资金也有限，但是其中50%的中小企业主却大老远跑到中国来寻找中国的制造商，但中国的企业就没有办法直接面对美国的终端消费者，我们的商城就是要打破这道隔离墙，提供中国企业直接面对美国顾客的平台。首先推销中国的商品，然后还可以把产品变成"美国制造"。在美国设一个简单的工厂，进行组装后就可以贴上"美国制造"的品牌。

当然，我们还要认识到走出去是有很大风险的，要克服盲目性，理性地走出去。与走出去的重要性相比，打开内销市场更为紧迫。中国很多行业在国内就有很大市场机会，只有对企业做强有帮助时才能走出去。如果对企业做强没有直接帮助，走出去的风险远远大于在国内的风险。在这方面，广东一些企业甚至是品牌制造企业曾经交了昂贵的学费，付出了沉重代价。国外的法律、人文、安全环境都有许多困惑，企业家走出去时一定要有足够的思想准备和措施上的准备。

那天，美国明尼苏达州Ridegway国际有限公司副总裁玛格瑞特女士给大家留下了深刻印象。她是一个美籍华人，今年已经60多岁了，出生在美国，几十年都没有回来过，但她对中国很有感情。她很有感触地说，中国制造在美国太便宜了，钱都让美国人赚走了，长期这样是不行的，太亏了！所以，现在不抓住机会投资美国，等到三年以后，进去的机会就相对减少了。美国人到中国，对中国市场非常了解；

日本人到美国，到世界各地推销自己的产品，收购别国的物业。同样，我们中国人也应该了解美国的市场，最好的办法就是到美国去做生意。中国商家如果不亲身到美国去做生意，没有跟美国人直接的交流，根本就不会深入了解美国人的需要，中国制造也难以进入美国高端市场。

用行业商会力量推动"广货全国行"①

　　最近，省委、省政府作出《关于实施扩大内需战略的决定》，提出了一揽子政策措施。在省两会上，《政府工作报告》也明确指出，要"有效扩大消费需求""继续抓好'广货全国行'等活动，构建稳定的内销平台，深度开拓国内市场"。这既是调整我省产业结构，改善过分依赖出口带动的经济增长模式的战略举措，也为"广东制造""广东服务"开拓国内市场提供了历史性机遇。要使我省扩大内需战略更有成效，除了政府的主导作用和企业的市场主体作用外，应当更加充分地发挥行业商会的作用。

　　商会是企业的自组织联合体，特别是行业商会，是以维护共同的利益为目的而自愿组成的企业联盟。随着我省非公有制经济的迅速发展，以民营企业、外资企业为会员主体的各类民间商会组织大量涌现，这些组织主要为会员的经济利益服务。商会熟悉会员企业情况，掌握行业信息和市场动态更加精准，因此对企业的服务更加到位，组织优势十分明显。可以看到，我省许多商会在促进广货走向全国，推进"双转移"战略和行业经济发展中发挥了越来越重要的作用，一个发展商会经济的局面正在形成。

　　从国内市场来看，广东的家具、家电、服装、灯饰、建材、食品等传统优势行业在国内市场有广泛的消费群，但市场占有份额和覆盖面还不够。为此，很有必要在华东、华中、华北、东北和西部一些区域性城市建立一批大型的广东商品销售

---

① 此文为在省政协2010年大会上的提案，载于2010年2月4日《南方日报》。

基地，构建覆盖全国的广货交易大平台。民间行业商会具有信息灵通、渠道畅通、善于沟通的优势，我们完全可以组织以行业商会为单位的"广货全国行"活动。建议由省政府出台一个具体的指引，省工商联牵头统筹，协调行业商会具体参与。省政府可以通过举办广东品牌节，组建商会品牌联盟，更好地打造广东产品的品牌形象。通过发挥商会的作用，一年举办一次，重点推介和嘉奖广东知名企业品牌和品牌企业，宣扬品牌文化，激发企业自主创新和打造品牌的动力。在联盟的基础上，还可以鼓励和支持商会成立行业上中下游产业链品牌联盟，提升品牌影响力和知名度。比如广东家具商会就成立了全国性的家具品牌联盟、家具研究院，有力推动了家具行业转移升级。

不要小看了行业商会的作用。以广东高科技产业商会为例，他们先后在我省河源和河南鹤壁等地设立了科技产业园，商会的企业把总部设在广东，把生产基地向全国转移，降低了经营成本，又拓展了广东企业的市场空间。广东家具商会还计划在粤北、华北、华中等地建设集广东家居品牌的研发设计、生产加工、物流配送、家居文化产业等于一体的国际化现代家居新城。建议省政府将商会在这些方面的服务和作用纳入"双转移"专项资金支持的范围，对商会建设的产业园区，像对待各市的产业转移园区一样，加大扶持力度。省政府可以出台促进广货内销专项基金，一是用于对扩大内需贡献突出的企业和商会进行奖励，其中对企业的奖励应由商会推荐；二是对广货交易平台建设进行必要的启动资金支持；三是作为商会对内销专业人才进行培训的经费。

相对于单个企业，商会作为企业集合体，具有组织信用功能。扩大内需最为关键的是要加强企业的信用体系建设，优化信用环境，避免和防止出现企业间的恶意拖欠现象。近年我省一些商会积极推动成立担保机构和小额贷款公司，有的市总商会与政府、银行合作设立互保金，不仅帮助企业解决了融资难问题，而且减少了企业贷款成本，降低贷款风险，推进了金融创新。省政府不妨进一步发挥商会在创新民间金融、激活民间资本方面的独特作用，加快设立民营金融机构的步伐，支持筹建主要为中小企业服务的粤商银行。

中国东部沿海地区的产业转移①

一、产业梯度转移是一个世界性规律

遵循规律是抓经济工作必须坚持的重要原则，产业转移的实质是生产布局的调整。产业梯度转移是一个世界性规律。从历史上考察，迄今为止世界上完成过三次产业中心的转移：第一次是德国从英国手里接过了制造业中心的地位；第二次是美国形成高附加值的精细化工产业，取代了德国的合成化学时代；第三次发生在20世纪的60年代，以机械电气为代表，包括电子工业在内，世界的制造业中心从美国转到日本。二战以来国际产业三次大转移都曾经先后成就了世界经济发展的奇迹：

第一次：20世纪50年代。美国集中力量发展技术密集型产业，如半导体、通讯、电子计算机、自动化工业设备等，将纺织、日化、钢铁、造船、普通工业机械向欧洲、日本转移。欧洲一些国家和日本则积极承接美国的产业转移，成为世界工业强国。

第二次：20世纪60年代至80年代。美国、欧洲、日本等发达国家向外转移部分劳动密集型产业和部分层级较低的通用技术产业，拉美的巴西、墨西哥、阿根廷以及亚洲四小龙积极承接，在微电子、家用电器、日用工业品、低端汽车、造船等领

---

① 本文为在中山大学向外省公务员培训班的讲座内容。10多年来，作者多次应邀在中山大学、华南理工大学、暨南大学、广东商学院和省委省校向省内外公务员、企业管理者作过专题讲座。

域迅速起。

第三次：20世纪90年代中期开始，受到新技术革命加速发展的影响，发达国家集中核心资源大力发展IT、生化、新材料、新能源、宇航等创造周期短、产业辐射范围大的高科技产业，而将失去比较优势和核心竞争力的重化工业、消费类电子、交通运输设施等带常规技术产业大量向中国、印度及东南亚等新兴国家和地区转移。我国东部沿海省份抓住机遇，积极承接发达国家和港澳台地区第三次产业转移，创造了广东从以农业为主、经济比较落后的省份，一跃成为中国经济第一大省的奇迹。

1978年改革开放后，中国东部沿海地区承接了三波产业转移，在承接世界产业转移过程中发挥了先行作用。

第一波：是20世纪80年代，香港的大部分轻纺、玩具、钟表、消费电子、小家电等轻工和传统加工业抢先登陆珠三角，香港长期以来占内地境外投资总量的1/3左右，从2002年比重才开始下降，由于香港企业是劳动密集型，主要依靠低成本取得竞争优势，在人力成本与土地成本同等的条件下，物流成本便起着决定性的作用，因此，香港资本以香港为物流中心向珠三角扩散，离香港近的珠三角东岸，包括深圳、东莞迅速发展起来，离香港越远，招商引资的效果越差。

第二波：是90年代初，中国台湾地区以及日本、韩国的电子、通讯、计算机产业的低端加工和装配的大规模转移，一部分到了广东，更多的去了江苏。

第三波：从2002年开始直到现在，欧美及日本等发达国家跨国公司汽车、化工等资本技术密集型产业的转移，与香港、台湾资本追求低成本、大进大出的成本指向型企业不同的是，欧美日投资中国所看中的主要是广阔的市场，我们称之为市场指向型外资。

30年改革开放中国吸引的外资，九成集聚在沿海省市。截至2006年年底，进入内地的境外投资累计为6919亿美元，近90%集聚在东部沿海几个省市，其中广东占了近1/4，江苏近20%，上海、福建、山东各占了近10%，浙江、北京与天津相加接近20%。由此可见，我国改革开放30年来，经济全球化浪潮主要集中敲打在东部沿海地区，特别是珠三角、长三角与京津冀三个经济圈，几乎分享了大部分进入我国的国际资本。

二、产业转移是我国东部沿海地区经济发展的必然选择

纵观世界各国发展历史，发展的机遇与成功总是和发展的危机与挑战相伴行的。发展本身就是辩证的对立统一，即成功的发展本身就孕育着失败的危机；因此昨天的成就并不保证明天的成功。早在20年前邓小平同志就颇有预见地说，"现在看来，发展起来以后的问题不比不发展时少"。今天，随着国际、国内形势的变化和经济社会成长阶段的转换，我们也正面临着一系列新的挑战：

一是依赖资源外延开发的增长模式，已经面临资源、环境紧约束的挑战，可能导向不可持续发展危机。改革开放30年来，东部地区的高速工业化，走的是一条依赖比较优势外向带动和低成本资源要素外延开发相结合的发展路子。这种发展模式一方面成就了东部省份30年的辉煌，另一方面又正在走入不可持续发展的困境：在保障可持续发展的限度内，土地资源已趋于枯竭，外延开发已逼近极限，外延扩张增长方式无以为继；随着国民经济发展水平的上升，劳动力成本快速上升，劳动密集型产业将难以为继；以依赖大量物质资源消耗为前提的粗放型加工制造业体系，正在面临全球资源短缺和价格上升的严重冲击；激烈的国际竞争，正在引起西方国家政府干预政策和国际贸易保护主义抬头，对出口导向劳动、资源密集型加工制造业造成很大的国际压力；上述因素加上人民币的持续升值，正在快速消解企业狭小的利润空间，面临企业大规模关闭、外迁的严峻挑战；传统工业化导致的自然生态环境和社会生态环境的急剧恶化引致人们生理健康和精神健康急剧恶化，并已进入爆发期；同时，依赖大规模土地资源开发支撑的外延式扩张，也必然导致农村社会矛盾冲突和城乡矛盾激化。近几年来国家出台的一系列新政策和新制度安排，强烈地表明国内发展格局正进入重大调整转换期，传统外延增长方式正在结束。

二是被动接受国际产业分工，导致产业被挤压于国际产业链低端，面临不可持续危机。我国东部地区快速工业化起飞，除了20世纪80年代国内短缺经济的强力拉动外，最主要的是借助环大西洋经济圈和亚太新兴工业化国家和地区加工制造业国际转移的强大推力，具有强烈的外向带动特征。这种发展方式，一方面成就了东部省市奇迹般的发展，另一方面也留下了很大的遗憾：我们的产业被挤压在国际产业链低端，受制于国际产业链强势环节（特别是跨国公司）的控制，自主度低，国

际依附性强，发展风险大；我们的产业被挤压在国际价值链的低端，付出多，收益低，并大规模消耗自身的短缺资源，破坏生态环境，使经济发展快速陷入资源、环境高约束瓶颈，具有明显的不可持续性；两头在外的外向型经济扎根性低，这种国际候鸟经济正在严重威胁东部省份经济发展的持续性和稳定性（目前已经开始出现港资、台资或韩资企业成规模关闭、外迁等）；同时随着经济的阶梯式成长，东部省份区域发展比较优势被迅速降解，人民币的升值压力，加速了这一进程。事实上广东、浙江、山东等东部省份已经开始直接面对相对晚工业化国家比较成本优势的挑战（据厂商反映，越南的要素成本约相当于珠三角的40%～60%；去年一国际机构的调查结果显示，印度正在成为国际资本投资的首选地），也面对国内相对落后地区比较要素成本优势的挑战。此外，目前在世界经济面临衰退的压力下，国际产业竞争和市场竞争进一步白热化，国际竞争不仅发生在国门之外，也发生在国门之内。2006年，一些跨国公司和国际资本就开始新一轮挺进中国市场的行动，特别是第三产业；他们甚至提出了"行业斩首行动"，即围堵中国行业中的大哥大，采取注资、并购、收购方式把中国行业里的大哥大收入囊中，从而进一步控制中国的相关产业。此外，由于我们的产业被约束在国际产业链低端，必然导致人口结构低端化（如近两千万外地劳动密集型产业劳工聚集在广东特别是珠三角），造成城市化过程中的城市社会低端化情况，各类社会矛盾和社会问题蔓延，对社会管治形成强大的压力，不利于和谐社会构建。

　　三是在区域经济群雄并起大格局下，东部地区的地缘经济优势正在削弱。中国30年来从点到线，从线到面的全方位大开放，形成了区域经济群雄并起、万马奔腾的大格局。以京津融合为龙头华北地区进入新的成长阶段，天津正迅速成为华北地区乃至更广阔区域连接世界经济，对接经济全球化的枢纽和通道。福建配合中央维护台海和平，促进国家统一的大局，加速打造海峡西岸经济带，推动海峡两岸的经济合作和融合，并借此推动福建经济发展进入新阶段。广西、云南紧紧把握中国－东盟（10＋1）自由贸易区2010年全面启动的前效应，配合中央的周边国际战略布局，打通面向东盟开放的大通道，南宁、昆明已经成为中国对东盟合作的桥头堡，并借此为动力推动西部省（区）经济新的腾飞。广西力推泛北部湾经济区，力争使之上升为国家战略，争夺我国大西南出海大通道的战略高位。在成都和重庆，正着力建设城乡区域协调发展的改革试验区；在我国中部的武汉城市圈和长沙、株洲、湘潭城市群，正在打造资源节约型和环境友好型的"双型"社会建设综合试验区。在此格局下，东部省份如果仅仅满足于自我守成，陶醉于GDP的高增长，就有在百舸争流的格局中被边缘化的危机。必须面向全国，放眼国际，把握新机遇，发挥和增创地缘经济新优势，确立新的区域发展战略定位，走向新的发展台阶。

三、东部地区产业转移的战略思路

（一）腾笼换鸟

所谓的东部产业转移，主要是珠三角和长三角的产业向外转移。目前东部地区集中了全国80%左右的加工工业，以电子、信息、汽车及零部件制造为主导的国际产业形成了加速向东部地区转移的新态势。但随着经济高速发展，近年来东部地区开始出现土地匮乏、劳动力成本上升、人民币升值、环保压力增大、商务成本提高等问题，"腾笼换鸟"成为必然，东部地区向中西部地区转移的趋势日益明显。

从目前的趋势来看，东部产业转移呈现这样几个特点：一是产业转移规模越来越大。据测算，到2010年，仅广东、上海、浙江、福建四省市需要转出的产业产值将达到14000亿元左右；二是转移的产业主要以加工制造业为主，尤其是劳动密集型加工工业转移的势头强劲；三是对资源能源依赖较强的上游产业转移趋势明显；四是与东部地区相邻且交通运输条件较好的中西部省区，在吸引产业转移方面明显占优。因此，未来一段时期，低附加值的劳动密集型产业和加工贸易从沿海地区向中西部地区转移的趋势还会进一步加强，转移的产业主要以纺织服装业、农产品加工、化工、家电制造、汽车零部件产业等为主。

就东部转移的产业而言，主要有三类：一类是劳动密集型，这类企业由于受到劳动力、土地等生产要素成本上升，以及人民币升值、出口退税等外部环境的影响，生产成本上升导致企业纷纷迁移或倒闭。由于受到物流成本的限制，迁移的接受地是东西两翼、北部山区，以清远河源为代表。二类是资源依赖型，这类企业由于受到当地资源匮乏的限制，不得不迁移到资源丰富的地区，如江西赣州、湖南郴州等地。三类是环境限制型，近几年来，国家环保政策越来越严厉，尤其是实行节能减排"一票否决制""领导问责制"，这类企业均面临外迁或者倒闭。

（二）筑林引凤

经过十几年的快速发展，曾经支撑东部地区经济发展的劳动力和土地优势正在逐步消失殆尽，产业发展的资源和环境承载能力已经难以支撑地区经济的持续快速发展。当前，珠三角、长三角许多劳动密集型产业的产品的价格竞争优势正在逐步丧失。珠三角、长三角必须将这些劳动密集型产业向有承接能力的欠发达地区转移，腾出空间大力发展技术密集型和资金密集型产业。广东省早在2005年2月就公布了《广东省工业产业结构调整实施方案》明确提出，鼓励服装、鞋、食品、饮料、塑料、皮革、玩具、部分家电产品、劳动密集型和有污染的、规模小的企业迁移。禁止淘汰类产品涉及几百种、明确鼓励转移的共63种。除广东省政府的鼓励与限制外，地方的市县镇和企业也自发形成转移浪潮，其中以珠三角东西两翼和北部山区的产业转移园区最为突出。2005年以来，广东省在东部、西部和北部12个地级市中，与珠三角共建产业转移工业园区24个，投入开发建设资金45.87亿元，已签订合作意向项目483个，意向投资额453亿元，其中开工建设项目260个，投资额138.6亿元。2007年，24个产业转移园区已建成的132个项目实现产值64.7亿元、利税5亿多元。产业转移工业园区已经成为当地工业和经济发展的重要推动力量。

（三）双轮驱动

就是实行产业和劳动力"双转移"。把珠三角低附加值和劳动密集型产业转移出去，把东西两翼和北部山区的富余劳动力转移出来从事制造业和服务业。这是广东省破解科学发展难题的重大战略决策。省委、省政府专门召开了产业和劳动力双转移工作会议，明确要求力争到2012年，全省劳动力资源得到充分开发，劳动力素质整体提升，就业结构整体优化，本省劳动力就业比重提高，农村劳动力在城镇就业以及向二、三产业转移成效显著。新增转移体省劳动力600万人，组织技能等级培训360万人，全社会非农就业比重达80%。珠三用劳动密集型产业比重显著下降，人均生产总值增长率高于生产总值增长率2%左右。

（四）升级集聚

坚持产业转移与产业升级相结合。在珠三角地区实施传统产业转移的同时，要加快产业升级的步伐，腾出空间，一是发展先进制造业，主要是发展处于产业链高端的制造业，发展具有自主知识产权的制造业，发展资源节约和环境友好的制造业。建设现代高科技产业园区，建设总部经济。二是发展现代服务业，包括物流业、金融业、教育产业等。三是用信息化带动工业化，创新商业模式，用信息化的平台，发展高科技、高附加值的高端服务业。

坚持产业转移与产业集聚相结合。创造条件推动产业雁阵转移，并落地生根，发展产业链，培育产业集群。广东省规划，到2012年，东西两翼和北部山区在办好现有产业转移园区的基础上，再规划建设1～2个大型产业转移园，形成一批布局合理、产业特色鲜明、集聚效应明显的产业转移族群。

新商业文明潮头的第六个境界

抱团向洋走世界

2018年11月11日，习近平总书记在民营企业座谈会上的重要讲话，站在民族振兴的民战略高度，要求广大民营企业拓展国际视野，增强创新能力和核心竞争力，形成更多具有全球竞争力的世界一流企业。这是中国民营企业大步走向国际市场和世界经济前台的定向标。

改革开放以来，粤商经历了四次重大转型，每一次均站在了中国经济社会发展大潮的最前沿，每一次均更新塑造着新的企业家精神，引领着时代的发展。第一次转型，是从"草根型"企业到"守法型"企业（1988—1992年）。这是粤商求生存的1.0时代。第二次转型，是从"闯荡下海"到"新技术型"企业兴起（1993—2000年）。这是粤商求创新的2.0时代。第三次转型，是从"自利型"企业到"责任型"企业（2001—2012年）。这是粤商求价值的3.0时代。第四次转型（2013年至今），即从制造型企业到创造型企业、从生产型企业到服务型企业。可称之为粤商全面国际化的4.0时代。以"抱团向洋走世界"的境界推动更多广东民营企业走出去，争夺国际经济话语权，抢占国际市场制高点，这是服务民营经济发展、助推粤商国际化的"高峰体验"。

进入21世纪，广东的民营经济在党的阳光普照和政策雨露滋润下，迎来了一轮波澜壮阔的勃兴发展：各路创业菁英或深耕本土引领风骚，或抱团出海异地称雄；或猛龙过江融入南粤，写下了新时代的春天故事。特别是传承下南洋闯世界的传统，越来越多的广东商人漂洋过海谋发展，在海外建营扎寨，抱团取暖，形成命运共同体，进而催生了国际化商帮的崛起。粤商一直是中国历史上的著名商帮之一，改革开放以来又有潮商、客商、广府商人三大商帮。这些商帮发挥了很好的作用，至今仍然发挥着新的光芒，还有莞商、顺商、雷商、深商，将来可能还会产生更多的城市商帮，星罗棋布，璀璨辉映，使整个商帮文化成燎原之势，产生世界影响。广东还是著名的侨乡，有3000万广东籍的海外华侨，所以世界各地都有粤商。有一句话叫"有潮水的地方就有潮商，有太阳升起的地方就有粤商"。因此，广东民营企业走出去并融入国际市场，具有得天独厚的优势和条件。

十多年来，广东省工商联每年都组团参加省政府在海外举办的招商引资推介活动，组织民营企业赴欧美、日本、韩国、澳洲、东南亚、印度、中东、非洲、南美等国家和地区考察，寻求合作机会。我在组织民营企业家赴世界各地考察的过程中，亲身体验到不同商业文化碰撞交流的必要性，也感受到发挥海外华侨华人组织作用的重要性。尤其对于那些没有海外学习经历的企业家来说，多到外面走一走，看一看，即使未做成生意，也往往能在打开眼界、扩大格局、拓宽思路等方面收获满满，自身素质不断在感受欧风美雨中得到提升。

现代经济是开放型经济，合作是实现快速持续发展的必由之路。随着区域一体化的逐步深入，广东民营经济需要在开放的环境中，整合更多的要素资源，开辟更广泛的市场渠道，搭建更加多元的合作平台。携手共建粤港澳大湾区，加强与港澳台地区和"一带一路"沿线国家的合作，拓展与全球华人华侨社团的交流，是广东民营经济不断做强做大的必然选择。

2019年2月18日，作为习近平总书记亲自谋划、亲自部署、亲自推动的国家战略，粤港澳大湾区发展规划正式颁布实施。按照2022年、2035年、2050年三步走的发展规划，在本世纪中叶，要实现粤港澳大湾区五大战略目标：即充满活力的世界级城市群、具有全球影响力的国际科技创新中心、"一带一路"建设的重要支撑、内地与港澳深度合作区、宜居宜业宜游的优质生活圈。这为广大民营企业提供了千载难逢的发展机遇。我有一个判断：随着粤港澳大湾区战略的实施，将形成一种新的东方商业文明。新的东方商业文明怎么来？第一，它的根本就是正义的人心，是符合人性的商业伦理和"利他"精神，就是人的素质的全面提升。第二，需要创新的理念打造高端的产品，要以高端生产、高端产品为荣，要以做实体经济为荣。第三，要有国际化的视野，加强东西方文明互鉴，充分发挥香港"超级联系人"和澳门葡语系国家的商贸平台的作用以及"一带一路"的重要引擎作用。第四，新的东方商业文明能够促进在不同的制度下，实现人心的融通、产业的沟通、基础设施的联通，然后各种信息资源价值互通。第五，这样一个新的商业文明，它一定是幸福指数、生活水平很高的文明，是宜居宜业宜游的幸福家园，成为全世界向往的一流人文湾区、健康湾区、休闲湾区、优质生活湾区。对民营企业来说，从将要实施六个方面的举措中发现重大商机：推进基础设施互联互通，建设世界级城市群；加快物流航运发展，建立世界级航运群；促进科技创新资源共享，打造国际科技创新中心；推动制造业一体化发展，构建具有国际竞争力的现代产业体系；提升金融业创新发展，建设国际金融枢纽；强化湾区一体化水平，建设宜居宜业宜游优质生活圈。尽管面临诸多问题与挑战，在湾区时代，站在新风口的广东民营企业要把握时代发展的潮流趋势，加快产业链和服务体系的国际合作。

对于今天中国的民营企业而言，在新一轮对外开放中提高把握新的战略机遇和防范颠覆性重大风险的能力尤为重要。中共中央党校原副校长、著名学者郑必坚在《"市场力""创新力"与新战略机遇期》一文中指出：美国挑起的对华贸易战及种种霸凌行径难道能够消磨中国独特的优势吗？恰恰相反，它只能使中国更加警觉，更加清醒，从而牢牢把握从现在到2050年的新"战略机遇期"。那么这是什么样的战略机遇期？这仍将是一个前所未有的特殊战略机遇期：它将是一个引领经济全球化在曲折中发展新走向的战略机遇期；一个引领中国特色社会主义进入新时代的战略机遇期；一个引领世界经济形成新秩序的战略机遇期。这就叫天下大势，这就叫时代潮流。对于中国民营经济来说，紧紧抓住这个特殊的战略机遇期，建设和形成强大的"市场力"和"创新力"，就一定能够跨过"船到中流浪更急"的险境，进入"天高水阔任我行"的坦途。

第七章

打造"航母"：直挂云帆济沧海

中国特色社会主义进入新时代，民营企业承载着新的光荣与梦想，那就是走高质量发展之路，成长出一大批世界级的跨国公司和伟大的企业家群体。粤商作为中国商帮的领航者，无疑要立于新商业文明潮头，打造一个庞大的商业航母编队，乘风破浪，扬帆远航。今天，千万粤商精英，正踏上新的征程，肩负"走在全国前列，创造新的辉煌"的历史使命，面朝沧海，未来已来！

从战略高度打造我国民企"航母"

党的十八届三中全会决定提出："经济改革的核心问题是处理好政府和市场的关系，使市场在资源配置中起决定性作用和更好发挥政府作用。"目前，我国民营经济面临的突出问题是，实体经济缺乏活力，中国制造处于全球产业链低端，品牌企业少，有国际影响的大企业更少，这种状况与我们的大国地位和形象是极不相称的。必须从战略高度着力打造一批大型跨国航母型民营企业。

一、放宽准入限制，让民营企业真正成为平等的市场主体

党的十八届三中全会决定把非公有制经济放到了与公有制经济完全平等的地位，明确"公有制经济和非公有制经济都是社会主义市场经济的重要组成部分，都是我国经济社会发展的重要基础。必须毫不动摇巩固和发展公有制经济，坚持公有制主体地位，发挥国有经济主导作用，不断增强国有经济活力、控制力、影响力。必须毫不动摇鼓励、支持、引导非公有制经济发展，激发非公有制经济活力和创造力"。这对于民营经济的健康发展是一剂"强心针"。

要积极发展混合所有制经济。国有资本、集体资本、非公有资本等交叉持股、相互融合的混合所有制经济，是基本经济制度的重要实现形式，有利于国有资本放大功能、保值增值、提高竞争力，有利于各种所有制资本取长补短、相互促进、共同发展。允许更多国有经济和其他所有制经济发展成为混合所有制经济。国有资本投资项目允许非国有资本参股。允许混合所有制经济实行企业员工持股，形成资本

所有者和劳动者利益共同体。民营企业应是与国有企业处于平等地位的市场经济主体，且民营企业因其投资决策、经营方式都是由创业的企业家自主掌控的，这种产权结构和治理结构，使企业与全球市场经济无缝对接，具有天然的适应市场竞争的基因和动能。这是市场经济条件下企业增强其可持续的国际竞争力的根本前提。

因此，当务之急是真正落实"两个毫不动摇"的方针，在做强做大国有资本和国有经济的同时，放宽对民营企业的市场准入限制。明确哪些是涉及国家安全和国民经济命脉的核心领域必须由国企经营，其余领域全部放开允许民营企业平等进入，实现不同市场主体平等使用生产要素，公平进行市场竞争，同等受到法律保护。特别是要保护私有产权，让民营企业放心经营，并有信心和恒心扩大投资，发展企业。一个现实的选择发展混合所有制经济，缩小清一色的国有经济的存在领域，允许民营资本参股国有企业，真正清除目前对民营资本设置的有形和无形的歧视性障碍。只有这样，才能增强民营经济活力和竞争力。

要从战略高度推动民营大集团加快发展，增强国际竞争力。国家要以目前在国际投资发展取得成功的一批优秀的大型民营企业（如华为、海尔、美的等）为基础，制定民营企业进入世界500强推进计划，分等级培育一批年销售额在100亿美元、300亿~500亿美元、1000亿美元以上的全球一流民营大企业。

二、支持民营企业到海外投资拓展全球市场，争创中国制造的国际品牌

一些民营企业全球拓展的成功道路昭示我们，义无反顾地走出去，开辟一条国际化发展道路，是当今时代中国民营企业成为受世界消费者尊敬企业、创造受全球市场追捧的世界品牌的必由之路和不二法门。一是随着中国资源约束、能源约束、劳动力成本约束、自然环境约束日益加剧，中国企业只有走向国际市场，才能跳出和摆脱这四大约束，开辟更加广阔的发展空间，获得新的市场机会。二是走出去能够更直接、更快捷地了解全球消费者的需求，掌握世界市场动向和发展趋势，为全球化经营决策提供精准的依据。三是走出去能够更清晰地与国际先进水平对标，找准和缩小差距，提高中国制造的品牌知名度。四是走出去能够锻炼队伍，培养国际经营人才，熟悉国际标准和国际市场规则，并最终参与制定甚至引领国际标准和国际市场规则。

党的十八大报告提出，要加快走出去步伐，增强企业国际化经营能力，培育一批世界水平的跨国公司。进入新世纪以来，我国民营企业"走出去"的积极性、主动性不断增强，国际化水平和投资能力不断提高。进入新世纪以来，中国企业到海外投资越来越多，特别是有一批民营企业迈开了走进国际市场的步伐，并取得了骄人的业绩，如华为、联想、海尔、吉利、美的、格兰仕、TCL、比亚迪等。尽管这些企业的国际化之路还处于起步阶段，道路并不平坦，甚至充满磨难，但是其海外拓展的信心从未动摇，反而更加坚定。这正是中国企业国际化的希望所在。从近年跻身世界企业500强的江苏沙钢、华为控股、山东魏桥、浙江吉利等几家中国民营企业的现状中可以看出，这些都是完全市场化经营、真正体现国民经济活力的民营企业。作为后发工业国家和初步进行市场经济国家，在经济制度、经济结构、产品竞争力远远落后于世界上老牌和新兴工业国家的条件下，在21世纪的世界经济贸易大战中，中国企业如果要走出目前四处"挨打"的困境，逐渐缩小与发达国家的差距，并最终赶上或超越微软、苹果、三星、丰田、松下、西门子……就必须打造有国际竞争力和全球知名品牌的超大型民营企业。要做到这一点，需要打造一个健康的、充满朝气活力的、符合国际规则的市场经济体制，改变现有国民经济格局、重点扶持民营经济的成长和发展，特别是国际化发展。同时，我们也要看到，近年来国际贸易保护抬头，各类技术法规、标准、合格评定程序层出不穷，境外投资门槛提高。一些民营企业资金、技术、管理、国际化运营和防范风险能力与境外投资的要求还有差距，加上国际国内经济形势出现的一些新情况、新问题，部分地区和行业境外投资风险有加大的趋势。因此，做好鼓励引导工作、促进民营企业"走出去"是一项长期的艰巨任务。各级政府要充分发挥宏观指导和协调服务作用，加快完善政策支持和服务保障体系，推动完善社会中介服务体系，为民营企业"走出去"营造良好环境。要以更加坚定的态度和有力的举措推动更多民营企业进入国际市场，得到洗礼和成长。

从民营企业自身来讲，要不断提升企业跨国经营管理和风险防范水平，科学定位和选择适合自己的"走出去"模式。中国民营企业要敢于对未来投资，敢于和善于在海外建立自己的生产基地和销售网络。通过开放式经营，从外部引入因素。通过创新发展在核心竞争力上实现新突破，从卖产品到卖标准、卖品牌。既要让中国制造在全球竞争中更鲜明地展现"物美价廉""货真价实"的优势，更要深度整合全产业链的资源，创新驱动品牌国际化。如家电、通信等行业可以率先出击，抱团整合，以开放、合作、共赢的胸怀将中国制造作为共同的名片，打造中国制造在全球消费市场有强大影响力的国际品牌。

三、抢占科技创新制高点，提升中国制造的核心竞争力

华为等民营企业的成功之道，其根本的一点，就是国际化战略的成功。但是，为什么我国那么多制造企业，同样推行国际化战略，却没有能够创造同样的奇迹呢？经过对华为成功之道的分析，可以得出一个结论：打铁还得自身硬。企业实力的差异从根本上说是其产品质量及其品牌价值上的差异，而决定产品品质和价值的关键要素，则是其技术、设计、营销、物流等整个科技创新和商业模式创新的能力，也就是企业的核心竞争力。事实证明，变革创新是成为世界一流企业的决定性基因。

当今时代，正处于第三次工业革命的重要机遇期，以互联网、机器人技术、3D打印、纳米技术、新能源、新材料等为标志的高科技产业和电子商务等新业态迅猛发展，以美国为代表的发达国家正加紧推行再工业化道路，未来制造业所用材料、生产技术、营销方式将跟现在完全不同，被智慧制造、无人机生产、虚拟空间、网络营销等所取代。这些深刻的变化，对中国企业既是挑战，更是机遇。唯有以变革的姿态抢占科技创新的制高点，具有与全球一流企业抗衡的核心竞争力，才有希望跻身国际企业的第一梯队。中国制造要转向中国创造，中国标准要成为世界标准，必须在科技创新上拿出让世界为之瞩目的"独门绝技"。同时，随着中国城镇化进程的加快，内需市场的扩大，国内消费的不断升级，一个"中国制造"（Made in China）和"为中国制造"（Made for China）并行的时代将会到来。因此，中国制造企业要树立以全球客户需求为导向的市场经营理念，瞄准前沿技术，加大实验与科研的投入，增强资源和智力投入的产业效应，增强研发成果的转化运用能力，推动核心技术的升级换代。中国大规模制造、总成本领先的生产力和先进产业技术的结合，必将形成强劲的中国产业竞争力。继续加大对于先进装备业、节能技术、智能技术、新电子技术等领域的投入。高度重视工业设计，提高工业设计的国际化水平。推动企业全球营销网络建设，创新企业营销模式，建立快速反应的客户服务体系，引领消费潮流。具备实力的大型民营企业，可以与大学联合建立研究院的做

法，加强与大学的智力资源整合，合作开展世界领先科技项目的研究开发，有效地实现高水平的产学研结合。

四、优化发展环境，大力促进中小创新型企业的成长

海量的中小企业是市场经济的微观基础，也是实现创业、催生创意、激发创造的前沿基地。没有创新型中小企业的健康生长和发育，就不可能产生世界级的大企业。世界上所有的大企业都是由小企业成长壮大起来的，苹果、谷歌、微软等世界顶尖企业也无一例外。近年来，针对大财团已经强大到足以让中小企业窒息的状况，韩国政府已经开始由注重对企业的监管转向注重与私营机构的合作，并有计划在未来五年重点扶持一批中小企业发展。然而目前我国中小企业的生存和发展环境还有许多不尽人意之处，因此，一是要进一步为中小企业创造更加公平和可持续的发展环境，重点是要真正落实好国家一系列引导和扶持政策。二是鼓励支持创新型中小企业的成长。引导中小企业进入到以高科技、新业态为特征的新兴产业领域，可以借鉴美国硅谷早已实行的成功做法，对中小创新型企业支持的方式，并不是直接的资金支持，而是通过风险投资机构选择合适的企业和项目进行投资。三是随着中国加快进入老龄化社会，中小企业要进入养老产业及其与之相关的医疗、保健服务等领域。四是参与组建中小银行、保险机构等，进入现代金融服务业。五是建立大企业与中小企业、国有企业与民营企业在生产要素、经济资源特别是全产业链的合作共享机制，增强中国企业的整体实力和抗风险能力。

五、汇通东西方先进管理哲学，提高企业文化国际软实力

从世界上许多跨国公司的发展史看，其成长都遵循由单一业务到多元化的成长规律。要经营管理如此巨大体量的商业航母，并使之快速又稳健地航行，靠的是什么？国际上有一个概念叫做"多元化陷阱"，就是不恰当的多元化战略可能给企业带来系统风险、内部协调性风险、资产分散风险和成本风险，如果这些风险不能得到及时有效的化解，就会累积成为经营危机，甚至导致经营失败。我国一些曾经风光一时的大型民营企业，多是因盲目多元化造成资金链断裂而崩垮。因此，多元化（尤其是国际多元化）经营，对企业的战略决策能力、经营管理能力、组织运筹能力、危机处理能力有非常高的要求。

当代企业的竞争从根本上是文化的竞争。结合中国民营企业发展的实际，我认为，推行东西方商业伦理和经营文化混合与配对，是提升文化竞争力的有效途径。这方面，韩国的做法值得借鉴。保持儒家传统与引领现代潮流，是当代韩国文化的现实写照。体现在其国民性上，就是有作为单一民族高度的民族认同感、自尊心、凝聚力，有追求第一、尊尚完美的共同性格特征，有作为地理小国、资源贫国和经济大国的强烈忧患意识、进取精神和宏大理想。成均馆大学是一所有着600年历史的韩国一流大学，一直传承着儒家仁义礼智的校训，有大成殿、明伦堂的孔门建筑，学生们表演"八佾舞"展现出温柔敦厚的人文素养。成均馆大学正以其人文学、儒学、东方学的研究实力再创东方文艺复兴，又以现代基础科学、自然科学的丰硕成果朝着亚洲第一、世界前十的目标奋进。又如，风靡全球的"韩流文化"（韩剧、音乐）和高度发达的整形美容业，以及相伴而受到消费者喜爱的韩国化妆护肤品，就是东方传统美元素与现代简约、时尚美元素结合的典范。三星公司提出的五大核心价值观，正是来源于并且植根于这种独特的民族文化的厚土之中，从而使东西方两种完全不同的经营文化融为一体，迸发出了持久的生命活力和巨大的创新动力。因此，中国企业完全可以挖掘和弘扬传统儒家文化的宝贵资源，并学习借鉴现代西方企业先进管理理念和方法，进行有效的整合，从而创造出具有国际视野、东方特色、中国风格的管理思想和商业文明。

六、大力培养国际化的经营管理技术人才

人的质量决定经营质量，经营质量决定产品质量。对人才的投资就是对企业未来的投资。国际经验表明，凡是重视职业技术教育的国家和企业，其必定能够长盛不衰，立于不败。德国由于长期重视职业技术教育，因而在2008年开始的全球金融危机中受到的冲击远远小于欧洲其他国家。目前，制约中国企业发展的一个重要因素就是技能型人才短缺。这与我们长期片面重视普遍高等教育，相对轻视职业技术教育有很大关系。要按照十八届三中全会要求，加快现代职业教育体系建设，深化产教结合，校企合作，培养高素质劳动者和技能型人才。民营企业完全可以作为职业技术教育的投资者、推进者，并成为职业素质提高的直接受益者。有远大抱负的企业可以与有研究实力的大学展开合作，共同研发新产品，培养技能型人才，合力推动教育变革。具备条件的企业可以建立人才研修院和培训中心，构建现代化、多

元化、分层级的人才教育培训体系。特别是要有世界眼光，为企业的全球化拓展需要培养、引入和储备人才。已经走出去在海外投资发展的企业，要从可持续性的长远目标着眼，培养其国际化经营所需要的本土人才。

七、形成充分发挥企业家精神和才能的土壤，催生世界级的企业家。

伟大的企业一定有伟大的企业家。企业家精神是企业家特殊才能的集合，指企业家组织建立和经营管理企业的综合才能的表述方式。它是一种重要而特殊的无形生产要素。大凡卓越的企业家都有几乎共同的精神品格，如对宏大理想的追求、对创新的偏执和奇思妙想，面对复杂局面的果敢和决断力，对自己和对手的不断超越，对经营风险的高度警觉和对市场风云的灵敏感觉。正如吉姆·柯林斯在《基业长青》一书中总结的：有胆大包天的目标，有对企业文化如宗教般的狂热，对产品技术的完美要求、重视主要从企业内部培养选拔接班人等。企业家才能的核心是提高经济资源效率和防范与应对经营风险的能力。我国许多成功的民营企业在商海中的传奇故事，无不凸显卓越企业家和企业家精神在企业发展过程中不可替代的特殊作用，以及在资源配置和效率方面的能动性和约束力。

中国之所以到目前还较少产生世界超一流民营企业集团，与企业家精神的缺失不无关系。由于我们的社会文化心理没有形成现代市场经济的价值伦理和契约精神，在企业经营者中存在急功近利的浮躁心态，忽视实业的投机心态，粗制滥造的"山寨"心态，走捷径发大财的暴发户心态，不讲诚信、恶性竞争的阴暗心态等，造成不少触犯商业道德、扰乱市场经济秩序甚至违法犯罪行为。这种企业经营者素质状况与市场经济对企业家素质的要求相距甚远。同时，我们的社会也未能形成对尊重创造者、包容失败者的氛围；由于法治不健全，还存在着侵犯私人财产、干扰企业正常生产经营活动以及危及企业家人身安全等与法治精神严重背离的现象，以至于企业家中跑路、移民、甚至轻生现象时有发生。因此，我们要从中华民族伟大复兴的高度来认识造就优秀企业家的极端紧迫性和重要性。由于企业家才能是一种特殊能力和稀缺资源，不是单靠培训教育就能达到的，只能通过法治化的社会环境建设，市场经济的商业伦理及其规则的确立，对创业者的鼓励、支持，对企业家的尊重、包容，对财富创造者人身财产权的保护，来催生卓越的企业家的产生。只有产生了一大批优秀的卓越的企业家，才有可能产生世界级的企业家，从而打造出世界级的企业。这是现代市场经济发展的一条铁律。各级政府应当以积极的行动回应新的时代对伟大企业家的呼唤和期盼，广大民营企业家应自觉担当对民族未来的历史责任，不断超越自己，超越时代，以卓越的道德品格、商业文明素养和经营业绩，使中国制造、中国企业、中国企业家赢得全世界市场和消费者的尊敬。

韩国政府在促进大企业发展中的作用[①]

2013年10月30日至11月8日，我作为中央党校中青年干部赴研修班的学员，赴韩国进行学习交流。通过对三星公司等企业和成均馆大学的参观考察，与韩国外交部东北亚局、产业通商资源部经济政策局和三星集团经济研究所专家进行中韩经济贸易合作发展议题的交流研讨，我们看到，经营规模巨型化的财团型大企业在韩国经济中起着中流砥柱的作用。财团，几乎是韩国经济的全部，伴随了韩国经济腾飞的全过程。当然，财团现象并非韩国所特有，美国就有十大财团：洛克菲勒、摩根、第一花旗银行、杜邦等，日本也有东芝、本田、丰田、住友等大财团。这些财团通常从某一行业起家，经过几十甚至是几百年的市场竞争的洗礼而缓慢发迹。与此相比，韩国财团的形成是私人资本与政府支持高度结合的产物，是韩国政府主导型经济发展模式催生的结果。

据韩国产业通商资源部官员介绍，1953年朝鲜战争结束后，韩国所有基础设施全遭破坏，经济状况可以说是"一无所有"：人均年收入仅为100美元，主要产业是农业、渔业，制造业只占9%，年出口几乎为零（200多万美元），依靠国际社会的援助，50%的电力由美国船舶提供。这种状况在整个50年代都未见改观。自20世纪60年代初朴正熙上台后，政府集中精力促进经济增长，实施了以政府为主导的经济发展战略，兴建了一批高速公路、港口等宏大的基础设施，鼓励和刺激出口，超常规建设基础设施，特别是将国内稀缺的资本集中起来，支持大企业的发展。由此，以

---

① 本文原刊载于2014年1月6日《学习时报》，有改动。

三星、现代为代表的家族财团依靠政府支持的银行贷款迅速崛起和扩张，使韩国这个在20世纪50年代与撒哈拉以南非洲的经济不相上下的蛮荒之地，仅用30年就迅速完成了工业化和现代化，成为世界第15大经济体。到2012年，韩国人均年收入达到23679美元，制造业所占比重为31.2%，服务业58.1%，出口额达5480亿美元，在世界市场处于优势的产品超过100种，进入全球十个人均收入超过两万美元的富裕国家之列。韩国政府支持大企业发展的主要措施有：

一是用政府经济增长计划进行引导。20世纪60年代初至80年代，政府先后制定了五个经济增长五年计划，针对国内需求不足以维持增长的状况，实施出口导向型的不平衡增长战略，专注于轻工业的产品制造和出口，在60年代了经济保持了年均7.2%的高增长。三星集团正是在这个阶段由农产品加工和贸易开始转向电子等轻工行业。

二是重组产业结构，推动企业由轻型化向重型化发展。20世纪70年代，第一次石油危机发生后，由于过度投资造成国内石油化工产能过剩，韩国政府对产业结构进行了重组，重点培育发展造船和汽车制造业。起亚、现代等韩国品牌汽车企业开始起步，三星这时也涉足了造船业。同时，政府通过各种福利计划、指导方针、税务计划以及加强监管等，来引导新的领域作为增长引擎，由此创造了大量工作岗位。国民自身也加大了教育的私人投资，创造了强大的人力资源储备来支持经济增长。

三是推行经济开放政策，倒逼和鼓励企业在全球竞争中做强做大。通过土地、公营公司所有权和公债使用权的重新分配，并通过制定保护财产的法规，创造和鼓励更大的集团公司成长壮大。支持大企业的投资项目和加快全球化进程。在20世纪80年代，韩国政府制定政策支持企业投资半导体，培育储存卡半导体行业，推动了半导体行业的产业升级；加快推进工业化，鼓励国内企业走出去进行早期的全球化经营。据介绍，今天达到世界领先水平的三星半导体储存卡生产基地就是在政府支持下建设起来的。当时三星资金周转困难，又需要投资建设世界最先进的半导体生产线，政府出面帮助其融资3000万美元支持项目投产。充分利用1988年举办奥运会的机会，帮助三星等韩国品牌企业提高国际知名度。在20世纪90年代调整封闭型的经济政策，开放进口和外商投资，让国际产品和企业进入韩国市场，倒逼国内企业提高竞争能力，开拓国际市场。三星、现代等大企业就是在这一背景下发展成为真正的全球企业的。

四是帮助大企业渡过金融危机。1997年亚洲金融危机重创了韩国经济，直到

2000年，其金融体系都处于IMF的监管之下。政府一方面鼓励产业转型，分拆、外包原属于政府经营的项目，出售了大量海外资产，推动公共企业私有化大力推动发展IT业和创意产业，打造首尔创意设计之都。鼓励国民购买本国企业产品，还号召国民捐出金银等宝重物品，帮助企业开拓国际市场。三星、LG、现代、乐天等企业正是在这次危机中得以强身健体，为本世纪第一个十年的腾飞积累了宝贵的经验和力量。2008年从美国开始爆发、2009年蔓延到全球的金融危机，韩国政府支持企业把眼光投向中国、巴西、印度等新兴市场。三星等大企业以其科技领先优势、品牌优势和全球化的组织营销网络，大手笔在新兴国家投资建厂，生产和销售产品，迅速发展壮大成为全球知名企业，跻身全球十大品牌俱乐部。

应该说，韩国政府过去几十年推行的政府主导型经济发展模式是成功的。这一模式是适合韩国面积小、资源不足的国情的，推动实现了韩国经济在较短时期内的快速起飞。特别是在一个只有十万公里国土的弹丸之地，崛起了像三星这样的一批实力强劲的跨国大财团。但是，随着韩国经济实力的增强，世界经济结构调整的加剧以及全球产业竞争格局的变化，这种经济发展模式引起了不少非议，面临着新的挑战，其弊端也日益显现。主要表现在：

一是大企业的霸主地位严重挤压了中小企业的生存空间。韩国经济在某种程度上是大企业、大财团的天下，这使得中小企业生存和发展受到很大制约。据韩国产业通商资源部官员介绍，目前全国有360万家企业，除了3000余家超大型、大型和较大型企业外，99%都是中小企业，其产值占47%，提供就业占80%。由于政府把扶持重点放在大企业身上，中小企业在很长时间没有良好的成长环境。尽管近年政府也采取了一些措施，中小企业整体上仍然未能从困境中摆脱出来，生产性中小企业所创利润由过去占大企业50%降到目前的30%，出口份额也只占30%。每况愈下的中小企业和高涨的社会不满情绪，给近期韩国经济留下了阴影。不同产业的和谐增长，中小企业发展环境问题、员工生活质量、劳工权益保护问题比以往更加备受关注。

二是大企业经营透明度低，且与政府的关系过于暧昧，容易成为滋生腐败的温床。韩国大企业都是家庭控制的财团，透明度低是一个历史性问题，一直饱受诟病。三星作为韩国最大的财团，一方面出现了某种程度的"大企业病"，它那恃强凌弱的高傲姿态和无孔不入的商业触角也带来了各种腐败、机构臃肿、管理不透明，这似乎与其倡导的打造健康廉洁的组织文化背道而驰；另一方面，由于对政府权力影响很大，在韩国经济中的地位又举足轻重，以至于常被当政者"网开一面"。1995年，李健熙曾因涉嫌向前总统卢泰愚行贿遭到起诉，被判两年缓刑，1997年被豁免；2005年，李健熙又因转入贿赂韩国国家党前主席李会昌事件避居海外；2007年11月，曾任三星集团法务主管的律师金勇哲举报三星私设巨额贿赂基金，2008年4月22日，李健熙迫于社会压力引咎辞职。但是，2009年12月，时任总统李明博决定给予李健熙特赦，理由是"韩国要申办2018年冬季奥运会，李健熙是国际奥委会委员，为了整体利益，给予特赦"。可见，即使有腐败，政治因素都可能为三星服务。腐败现象在韩国其他大财团也时有发生。但是，在韩国，由于大财团与政府的特殊关系，其地位是无法撼动的，因一个企业家腐败导致其创办企业倒闭的情况很难发生。如何在大集团家族式管理与现代民主化的公司治理之间找到平衡，以及加强大集团的行为自律，对韩国经济的可持续发展是一大挑战。

三是大企业在国际市场开始产生骄横之气。有一种说法是，三星等大财团"绑架"了韩国经济，定制了百姓生活，它让一个人完全靠一个公司提供的产品、服务生活成为可能。这种影响也许用数据和现成的言语都难以表述。疯狂的扩张也导致了三星在中国出现了一些质量问题。前不久中央电视台曝光了三星手机的"字库门"缺陷问题，维修漫天要价，严重歧视中国消费者。最后不得不迫使其作出改变，道歉并承诺延续保修一年。尽管三星方面解释说是与其有合作协议的维修公司出了问题，但是其扩张过快导致质量问题、因骄横之气而致信誉受损则是不争的事实。

我们在考察调研中注意到，近年来，韩国政府管理和服务企业的方式也开始发生一些新的变化。在2008年为应对全球金融危机的冲击，韩国政府提出了《新成长动力规划和发展战略》，其产业政策已经从过去偏重于支持大集团发展，转向加强政府机构与民间机构的合作，根据市场变化制定产业政策，主动及时地回应私营部门的需求，由监管为主转向服务为主，并协调市场主体之间的利益分歧和冲突，以促进可持续的增长。近年又提出了"创造经济"的执政理念，通过技术创新和人才培养提升整体产业高级化，重点是支持新技术行业增强引领世界市场的能力。针对中小企业发展的瓶颈问题，在中小企业大规模推广产业革新运动，传播与大企业之间共同成长的文化，引导私营机构根据行业未来自发性投资，以创造更多就业机会。今后5年重点扶持10000家中小企业，支持改造生产技术，共享创新成果；培育400家年出口在1亿美元以上的中小企业，帮助拓展海外市场。

百年广九千秋风①

——纪念广九铁路100周年

一、百年沧桑风雨路

百年沧桑，百年伟业。从1911年广九铁路建成通车迄今已经整整一百年了。一百年来的广九铁路历经坎坷，看尽中华起伏，她见证了大清帝国的衰落、古老文明的危机，她目睹了辛亥革命的硝烟、日军的炮火、两种社会制度的隔绝和"一国两制"的伟大创举，她听到了小商贩的叫卖声、中国向世界打开大门的第一声春雷，她经历了改革开放三十多年来的巨大变化，也亲身感受着自身的巨大变化。她的变化，何尝不是百年华夏的变化？

从詹天佑到孙中山，及至邓小平，这是三位对广九铁路有着深刻影响的伟人。三位不同时代的人物，是中国帝制时代、民主革命时期和社会主义市场经济时期的铁路建设引领者，他们在不同的时光里谱写了中国社会变迁和时代进步的生动教科书。

历史指向晚清。作为中国第一位铁路工程师，詹天佑是广九铁路的顾问，他亲自建造了中国早期的数条铁路，而广九铁路，则是其中意义特别非凡的一条。它是晚清修建的最后一条铁路，也是民国迎来的第一条铁路。它目睹了辛亥革命的一声枪响，在封建帝制倒塌中获得新生，中国由此进入民主主义革命时期。

---

① 作为一个在广州铁路集团工作22年的"老铁路"，2011年受广深铁路股份有限公司总经理申毅同志的盛情邀请，为纪念广九铁路建成通车100周年，与时任《南方日报》时政评论员周虎城合作此文。

广九铁路建设从一开始就困难重重。不仅在于这是中英共同建设的铁路，纠葛纷争不断，还因为仅修建铁路拱桥一项就创造了当时世界铁路筑路史之最。铁路全线共修建7座铁路桥，其中石厦桥、东莞桥、石龙桥都是相当复杂的工程，耗费资金、人力巨大。但我国悠久的建桥历史，为修筑这7座铁路桥提供了丰富的经验。广东段铁路仅用了四年时间，便建造完成。其中最为引人瞩目的便是罗湖桥的建设，在詹天佑的坚持下，罗湖桥被建成了铁路桥。60多年后，罗湖桥成为了中国改革开放的标志性建筑。历史总是在看似偶然的决定中成就着必然。

因为铁路，孙中山先生与詹天佑先生并肩走在了一起。民国肇建，孙中山所选择的实业救国路便是兴建铁路。辞去临时大总统之后，他宣称自己"十年不预政治"，专心一意，为国家筑造20万里铁路。他说："今日之世界，非铁道无以立国"，又曰"交通为实业之母，铁路又为交通之母"，"今日修筑铁路实为目前唯一急务，民国之生死存亡系于此举"。对国家独立和强盛的满腔热血，使孙中山和詹天佑通过铁路紧紧联系在一起。辞去临时大总统后，孙中山的第一个职务便是全国铁路督办。1912年5月，孙中山视察粤汉铁路时，詹天佑以粤路公司经理的身份，率领公司成员隆重欢迎孙中山视察，并请他帮助解决工程建设中的困难。这是两位中国近代伟大人物的第一次会面。此后，二人在铁路建设上心心相印，1919年8月，孙中山发表了大气磅礴的宏伟长卷《实业计划》，计划中最精彩的部分是铁路规划，是他多年研究铁路的总结。这其中融有詹天佑的智慧和经验，是他和詹天佑铁路情缘的最高升华。

一切都是为了中华复兴，为了民族强大。也正是由于这样的世纪梦想，广九铁路才不断得以重生。再度聚焦广九铁路的一个关键节点：深圳罗湖桥。这个国家很多富含意味的历史画面，累积在这座桥上。新中国成立以后，相当长一段时间里，这里是意识形态中国的"鼻孔"。1949年10月，广九铁路直通车中断，乘客必须步行过罗湖桥。饶是如此，偌大的中国除了北部与苏联接壤的关口外，也便只有这座与香港相连的小桥，维系着与外部世界的沟通。

新中国铁路建设，离不开邓小平同志。早在新中国成立初期，邓小平同志便以国务院副总理的身份分管铁路。第一个五年计划时期，铁路部门在邓小平同志的直接领导下，铁路建设实现了巨大发展，是新中国成立以来铁路最辉煌的历史时期，小平同志无愧为中国人民铁路的奠基人。1975年，小平同志复出以后，其工作抓手便是铁路整顿。1978年，时任国务院副总理的邓小平同志出访日本。日本新干线的快速高效给他留下了极为深刻的印象。发展快速铁路成为小平同志的夙愿，而广九铁路直通车的再度开启，离不开小平同志的直接关注，而这次开启，不仅仅是内地与香港直接来往的加速，更是改革开放的大幕上演。1992年那个非同凡响的春天，这位世纪伟人正是乘坐火车来到深圳，发出了"发展才是硬道理"的时代强音。自此，中国迎来了社会主义市场经济的蓬勃发展，广九铁路也旧貌换新颜，满载着中国梦川流不息。

川流不息。虽然有过中断，有过屈辱，有过跌宕。但总是饱含着希望，憧憬着美好，迎接属于我们的光荣与骄傲。这是广九铁路的梦，更是中国梦。

百年梦想，于今照进现实。

二、改革开放潮头曲

东方风来，满眼春光。百年来，广九铁路对于沟通粤港，以及香港与内地的联系，起到了极其重要的作用。特别是作为广九铁路重要组成部分的广深铁路，更是居功至伟。如今，当年的蒸汽火车早已变成了高速火车，广深铁路业已为中国铁路改革发展和广东经济发展以及中国的对外开放事业作出了不可替代的贡献。

广深铁路是中国铁路改革的第一号种子。1984年，广深铁路公司成立，在中国铁路领域率先实行现代公司制度；1996年，通过股份制改造，成功在香港联交所和纽约证交所上市，是中国铁路运输企业第一家上市企业，是第一批在境外上市的22家公司之一，后又在A股上市。作为直接联系香港的通道，广九铁路承担着为改革试水的重任。改革，却又让广九铁路始终葆有生机与活力。

广深铁路是"一国两制"和对外开放的重要窗口。1979年4月4日，广九直通车的恢复开行，直接架设了粤港两地人员往来的便捷通道。人便其行，货畅其流，成为广东吸收外来投资、人员的有力支撑。没有广九铁路，就不会有广东经济发展奇迹和经济第一大省的地位；没有广九铁路，就谈不上香港甚至澳门的繁荣发展；没有广九铁路，内地人员到香港的自由行就难以实现，也就不会有成功实践"一国两制"的基础性依托。广九铁路，是经济繁荣的见证，亦富有鲜明的政治意义。这种政治意义，不是简单的经贸往来，而是市场经济制度的就近学习，是市场经济理念的逐渐辐射。之所以广东而不是别的地方成为改革开放的前沿阵地，香港的存在可谓是关键原因。香港是全球自由港，是市场经济最为发达的区域之一，当广九铁路再度重开以后，来自香港的投资者撬动了广东经济体制改革的第一块蛋糕，而广东则在习仲勋、任仲夷、吴南生、袁庚等一大批改革先贤的率领下，向香港学习，向香港要经验，开创了世界发展史上的一个契机。

广深铁路是中国铁路提速战略的试验基地。1994年10月20日，我国第一条准高速铁路广深铁路试车成功，列车最高时速达到174公里，广州到深圳的行车时间由原来的两个多小时缩短为一个小时。第一列和谐号动车组的运行，使中国铁路加快了装备国际化、现代化的步伐。提速，让粤港两地的来往更加高效，也让外界直接感受着中国铁路的发展与变化。如今，高速铁路在中国得到赶超式发展，广九铁路的贡献可谓不可或缺、不可磨灭。广九铁路又是中国铁路运输的黄金通道。147公里的广深铁路，是中国铁路车流密度最高的一段，创造了高于全国铁路平均水平数倍的经济效益，是一条名副其实的黄金通道。效益上的丰收既来源于粤港两地交往的频繁，也获益于铁路系统体制改革的成功。

广深铁路还是中国铁路文明的形象代表。广九列车的优质服务，是中国铁路的文明之师，在国内外广大旅客中赢得了一流的口碑，享有盛誉的服务是广九铁路的品牌。广深客运服务部门始终以做到世界一流水平为标准，制订了"广九列车航空化、广深列车公交化、客运服务人性化"的高位目标。品牌决定影响，品牌决定形象，广九铁路能够做到的，别的铁路也能做到，广九铁路所取得的经验，是中国铁路发展的宝库。正是越来越多广九品牌的出现，提高了中国铁路文明的质量，也提高了中国铁路的美誉度，让每一个铁路人都为之自豪。

广深铁路的文明，早已超越一般的文明范式，这不仅是铁路系统的文明，更是中国社会文明发展的走廊。30余年改革开放，30余年文明发展，广九铁路也伴随着这样的文明发展而逐渐走向成熟，迎来百年之交的辉煌。

广深铁路，由此既是粤港经济大动脉，也是改革开放的大动脉。

三、高铁时代大风歌

雄关漫道，巨龙奔腾。从1911到2011，这条百年铁路，历经百年生涯：她曾长期是一条"华段"与"英段"分割的路。特别是从1937年到1949年的战火动荡时期，她是一条饱受苦难的路。从1949到1979年长达30年的隔绝期，她是一条冷漠的路。只是从1979年起到她才真正成为一条辉煌的路。百年巨变的广九铁路，承载的是历史，昭示的是未来。

历史的车轮已经驶入21世纪的第二个十年。广九铁路如何迈步走向新的百年？如何在新的历史起点上再创新辉煌？如何继续承担中国铁路改革排头兵的历史重任？

伴随着《珠江三角洲改革发展规划纲要》的出台，广东尤其是珠三角地区迎来了新一轮铁路建设高潮。规划纲要提出，要建设世界级的都市群，打造一小时城市圈。珠三角一体化如火如荼，珠三角和港澳地区将逐步形成粤港澳城市集群，从高铁到轻轨，日益拉近的珠三角给广东铁路特别是广九铁路带来了千载难逢的发展机遇。正在崛起的城市文明圈将成为世界上令人瞩目的新兴文明模式，而广九铁路如果能够抓住机遇，为新一轮城市化进程的加速提供铁路保障，那将不仅是珠三角一体化成功的典型，更是广九铁路开启新使命、实现新价值的标志。

中国的高铁时代已经到来。高铁将从根本上打破过去传统的地理概念，极大地改变人们的生活方式。铁路一度被认为是"夕阳产业"，而高铁的出现特别是中国高速铁路的迅猛发展，使世界铁路焕发了青春，开始了新一轮的复兴。广九铁路，必然将因此迎来新的高速革命，粤港两地的空间距离将因飞速发展的高速技术而再度缩短。这是粤港经济发展的需要，又何尝不是广九铁路进行自身改革的诉求？

高铁时代，铁路改革将进入快车道，庞大的硬件更新必然需要庞大的软件更新。中国铁路新一轮体制改革的钟声正在敲响，昔日计划经济时代的管理模式越来越不适应飞速发展的铁路建设需要，铁路必须在实现路网现代化的基础上实现管理现代化、体制现代化。作为连通香港的大动脉，广九铁路的改革总是率先而为，它不仅是现代化的窗口，也是向世界先进管理经验学习的桥头堡，是推动中国铁路转型的试验田。为全国铁路改革探索新路，为中国铁路的新兴提供经验，广九铁路，由此而任重道远，却又更添一分春色。

改革总是需要先行者和开创者，百年来的广九铁路从一路跌宕走向繁荣复兴，改革是中兴之砥柱，而也只有继续改革，才能让广九铁路始终走在发展的最前方。当先行者并不容易，当先行者本身就是一种冒险，但一个时代要进步，一个行业要发展，必须要有大胆试水、大胆探索的先行者。这是中国改革多年来的经验总结，更是广九铁路的使命所在。

　　历史，总是在回旋中前进，在前进中不断获得新的生命力。百年的广九，写尽中华百年来的兴亡与求索，百年的铁路，歌唱着百年来的祈盼与辛劳。今天，中国的铁路水平已经从昔日的输入国变成了输出国，中国已经站在了世界铁路建设的最前沿，中国铁路人正在全世界铺设铁路，为世界之沟通尽中华之伟力。孙中山先生的铁路强国梦不仅已为现实，更实现了巨大超越，当年列强在中国架桥，如今中国为世界铺路，这是中国铁路人的荣光，更是一个民族改革和发展的骄傲。不管承认与否，一个铁路企业现代化和铁路人全面发展、一个中国铁路建设迈向全球的崭新时代已经来临。

　　大风起兮云飞扬，百岁又发少年狂。新的百年，新的广九，新的理想，新的中国梦。唯有快马加鞭，奋力而为，我们才能在新的时代书写光耀千秋的新传奇。

　　路，才刚刚开始。

提升粤商文化，锻造文化粤商[①]

粤商文化是广东文化的重要组成部分，在岭南文化发展进程中处于重要的历史地位。近代以来，在各种因素的相互激荡和影响作用下，粤商文化发展呈现出五个重要特性。一是开放性。粤商文化发端于海上丝绸之路，形成于清朝指定广州作为口岸通商的重要时期。作为当时全国对外经商口岸广州的十三行，在粤商的发展过程中具有十分重要的历史地位。与海外商人较早接触、交易、打交道，即便是在当时封闭时期，粤商就已具备了较广的发展视野，形成了较鲜明的开放特性。二是包容性。岭南文化是中原文化与百越文化的融合产物，作为大量移民涌入的地区，广东并没有产生排斥外来文化的因子。在粤商文化层面上，表现为包容各种商帮文化，取其所长，外省商人同样能在广东发展创业，最终融合为粤商的一分子。比如，在十三行最鼎盛的时期，集中了福建等地的商人，怡和行的伍秉鉴，就是由福建到穗经商，成为当时富甲天下的著名商人，既是闽商也是粤商。时至今天，广东仍然是全国外来人员创业的热土。与此同时，广东商人也走向全国、世界各地，扎根当地，成为推动当地经济和社会发展的重要力量。三是务实性。粤商踏实做事，崇尚实业，不搞噱头，不图虚名，不喜张扬，勤奋务实闯天下，埋头专心做生意，深谙发展才是硬道理的经营思维。四是创新性。创新性是开放性、包容性结合而产生的重要特性，由于毗邻港澳，且粤籍华商众多，特殊的地缘、人缘、亲缘关系，使广东企业家易得风气之先，不受旧的传统束缚，接受新思想新事务较快，具有较

---

①　本文摘要刊载于2010年10月8日《南方日报》，题目为《广东省打造新型文化粤商》。

强的创新意识，在多次重要产业结构调整中占据了先机。五是辐射性。粤商文化由一代一代的粤商传承，也因广东的对外开放、粤籍华商的流动而辐射到各地。无论是远走他乡，将粤商薪火带到海外的老一辈广东商人，还是各地来粤创业兴业的人士，都不同程度受到了粤商文化的感染，认同了粤商文化的价值取向，成为传播、实践粤商文化的中坚力量。

改革开放30多年，是粤商文化飞速发展和空前繁荣的时期，也是新粤商产生和崛起的重要时期。在党的政策春风沐浴下，新粤商勇立改革发展潮头，充当起我国改革开放的急前锋。2008年5月27日，中共中央政治局委员、广东省委书记汪洋在接见参加首届新粤商大会的知名企业家时指出，新粤商是改革造就的新群体，是开放形成的新群体，是老中青结合，以新一代为主的新群体。新粤商表明了广东经商兴业的精神代代相传，本身就是广东竞争力所在、希望所在。新粤时期新粤商精神具有"敢为人先、务实创新、开放兼容、利通五洲、达济天下"五个内涵，这是对新粤商文化准确的提炼和科学的概括。近年来，新粤商文化在社会主义市场经济发展进程中，在社会主义文化建设中进一步丰富其内涵实质，展现出强大的生命力和感染力。

在应对金融危机过程中，新粤商文化显示了较强的抗风险能力。务实干事、机动敏锐的广东企业家，既把握住了我国经济高速发展的世纪机遇，也练就了洞察国际市场重大风险的应对能力。依靠稳健的投资经营策略，新粤商规避了盲目冒进的单纯数量级投资陷阱，主动适应宏观经济环境变化，及时调整经营策略，改变对海外市场的过度依赖，积极扩大内需市场，加大自主创新力度，实施品牌拓展战略，促进了企业的转型发展。经历风雨洗礼过后的新粤商文化，焕发了更强大的新机和活力，在新的起点上，把做优、做强、做久放在了更加重要的地位。

多种外来商帮与粤商文化的交融整合和相互影响，推动了粤商文化的发展。广东是全国、乃至全世界的重要商品贸易集散地。新中国成立后至今，广交会成为我国对外贸易和开放的重要品牌。在广州、深圳、东莞等珠三角城市，来自各地的商人集聚而形成了电子信息、纺织服装、家用电器、精细化工等数之不尽的重要专业市场。即便是欠发达地区的湛江等地，也形成了重要的海产品交易市场，一箱又一箱的对虾、罗非鱼输往全球各地。广东以其开放豁达的胸襟，空前繁荣的市场机会，吸引了全国乃至全世界的人们到粤经商创业致富。近年来，全国各地在广东做生意的商人纷纷抱团组建以乡情为纽带的商会组织，以浙商、闽商、湘商、桂商为代表的一大批异地商会竞相涌现，既加强了与本土粤商的交流与合作，又在不断革新求变中传播普及和提升着粤商文化；同时，原籍的概念逐渐淡化，新粤商成为共同的身份识别码，外来与本土的商业文化融合升华，使新粤商文化成为各地在粤发展的商人共同的文化认同。

在参与应对特大自然灾害、感恩回报行动、光彩事业发展、支持社会慈善中，新粤商文化不断完善充实。在国家遭遇重大自然灾害面前，新粤商主动捐献钱财，承担社会责任，积极投身救灾及重建工作。在汶川、玉树等救灾重建中，广东企业发挥了非常重要的作用，在灾害发生第一时间，组织捐献钱财；灾后重建中，参与灾区经济建设。据不完全统计，在今年我省扶贫济困日活动中，广东民营企业主动参与活动，用各种方式表达对扶贫事业的热心和支持，全省各级工商联共募集善款超过17亿元。越来越多的粤商身体力行，把主动履行社会责任作为企业长期发展战略的重要内容，更加注重在经营中贯彻以人为本的发展理念，成为推动光彩事业、社会慈善事业发展的先锋力量，带动了更多企业家回报社会，感恩人民。

不庸讳言，粤商文化也存在一些明显的短板，阻碍了粤商进一步发展的空间和潜力。不重视研究解决，不寻求革新蜕变，则将严重拖延新粤商未来发展的步伐。一是缺乏远见，眼光短视。以商业贸易发家的粤商，投资项目偏好于回本迅速、风险较小的普通项目，对于影响长期经营的核心技术研发、人才队伍建设、品牌建立运营重视和投入不足。比如在技术来源上，往往以外部购买、模仿抄袭为主，自主创新或者引进再创新的力度明显不足。虽然粤商以开拓世界市场赢得发展先机，顺应了经济大格局的趋势，赢得了较多的外来订单和较长时期的经济发展，但由于短视造成过度的外向依赖，难以应对世界市场冲击。这一点在金融危机过程中得到了充分验证。金融危机过后，世界经济发生了明显的变化，开拓内需战略被摆在更首要的地位，全国统一市场体系建立完善，需要粤商更加注意外内协调发展，加快内生增长机制培养，注重发扬地方传统文化特性与吸收各地先进文化相结合，才能顺应时局的变化。二是大气不足，内敛有余。这一不足突出表现在粤商不重视和擅长经营品牌文化，对外宣传不足，手段和办法不多。广东能做最好的服装、电子商品，却未能将最赚钱的品牌价值、终端物流环节留在广东。在一些关键性的战略产业上，投资步伐迈不大，只停留在原有的投资领域内"画圈圈"，在顾虑等待中，发展路子越走越窄。三是单打独斗，不擅抱团。与浙商等商帮相比，粤商合作意识较淡薄，其中一个外在表现为地区的产业选择雷同。相互间的合作力度不够，"同行即是敌国"的思想在一定程度存在，缺乏诚信合作的制度和文化基础，致使内部竞争过度，内耗了过多的资源。四是小富即安，锐气消减。企业经营也如逆水行舟，不进则退。只有不断保持永不懈怠、永不满足的事业奋斗心，才能继续保持向前。粤商成长到一定阶段，进入一个新的平台时，需要整固蓄势，但是自满自大，则丧失了改革开放赖以崛起的锐气斗志，一点点过往的发展业绩也很容易被时代进步的大潮所湮没遗忘。

文化强省，强在何处？我以为一个重要的体现就是要擦亮粤商品牌，增强粤商文化的世界影响力。其主要途径有二：一是提升粤商文化，二是锻造文化粤商。

提升粤商文化，需要扬长避短，用时代精神赋予其以新的内涵。两年前，省委主要领导期望新粤商要在新起点上创造新辉煌，成为具有自主创新能力、掌握自主品牌的新群体，成为具有世界眼光、能够参与国际竞争的新群体，成为具有强烈的社会责任感、良好的社会形象的新群体。如今，经过世界金融危机洗礼的广东企业家们，对这一寄望的深刻内涵认识得更加真切了。这"三个新群体"的要求既是摆在广大新粤商面前的三大任务，也是每个新粤商在实践中需要为之努力的奋斗目标。时至今天，新粤商群体不仅要产出更加丰富的物质财富，而且要创造更加多彩绚丽的文化财富。更加关注和回应时代的要求，新时代、新眼光、新精神，不断充实其内涵。新粤商要树立和增强世界眼光，学会用全局视角和战略思维观察研判政经大势，成为充分利用国内外两种资源两个市场的高手，成为善于"走出去"与世界各地优秀企业打交道的里手。新粤商树立感恩情怀，主动自觉地用各种方式感恩人民、回报社会，在发展企业的同时更好地履行自己的社会责任。新粤商要树立敬天爱人理念，更加追求企业与自然生态、与社会环境之间的和谐，更加注重人文关怀，打造健康向上的阳光团队，创造更加丰富多彩的精神文化财富。

提高粤商的文化软实力，需要下硬功夫、做实文章，就是要着力锻造立于时代发展潮头的新一代文化粤商。伴随着广东经济的发展和强盛，涌现出一大批敢担当、有责任感、有文化的企业家。他们逐渐成为现代儒商的典型代表、优秀的企业家代表，成为新粤商的标杆和领军人物。新兴文化产业的发展，也孕育着将来的龙头企业。一大批影视、出版、动漫、创意等文化企业和文化品牌出现，广东文化企业的总体实力居全国首位。创意为龙头、内容为核心的文化产业蓬勃发展，崛起了一批文化新粤商，成为新粤商的重要新生力量。当前，贯彻落实科学发展观，加快经济发展方式转变已成为全国上下的首要任务和中心工作。经济与文化从来都是紧密联系、相互影响的。经济转型和实现可持续发展，需要充满活力和生机的文化作支撑，文化的传承和发展又需要有足够的物质条件和经济基础。更重要的是，当今时代，以文化为交易、服务对象的经济活动无所不在，强势文化输出已经成为各种企业进行跨地域、跨国境竞争的重要手段，以往经济与文化明确的界线区别已经变得模糊，相反两者的结合更加普遍和深入，经济活动与文化行为已经成为相互促进的统一体。文化经济、经济文化，产生了不可估量的新商机。要推动经济发展方式的转变，必须提升广东文化的软实力。要提升广东文化软实力，建立文化强省，必须在提升粤商文化的同时，大力培育和造就一代文化新粤商。

一是培育一批文化龙头企业，特别是文化企业品牌和品牌文化企业，形成强大的文化产业。在发展公益性文化事业的同时，要大力推动经营性文化产业的发展。坚持市场化原则，充分调动各种投资主体的积极性，做大文化产业这块"蛋糕"。鼓励、支持和引导文化企业加快发展，形成重大文化工程与龙头文化企业双核推动，文化品牌与品牌文化齐头并进的文化产业发展格局。完善经营性文化产业政策，进一步放宽资本限制和审核条件。在我省初具规模、带动力强、市场效应好的产业，不区分所有制，一视同仁地培育一批高成长的龙头文化企业，打造具有岭南特色、中国气派的广东文化品牌，支持文化企业上市融资，帮助他们做大做强，造就具有国际影响力的广东文化企业界的迪斯尼、时代华纳，全面提升文化产业在社会总产值中的比例。充分发挥广东现有产业发展优势，利用文化产业帮助传统产业转型升级，实现经济结构调整优化。加快不同产业的合作，比如动漫文化与玩具制造的结合，网络游戏与信息产业的结合，文艺演出与会展业、广告业、旅游业等的结合，把核心文化内容与物质载体制造两者的优势结合起来。

二是加快引入民营资本，推动广东文化基础设施建设。引导社会资本参与广东文化事业发展，建立健全经营性文化产业引资机制，形成公有制为主体、多种所有制经济发展的产业格局。在公益文化事业的发展上，首要的责任是政府，但也离不开社会多方面的投入。图书馆建设是我国一项急需加强的工程。目前全世界平均每五万人就拥有一座图书馆的水平，我国46万人才拥有一座图书馆，即使在发展中国家也名列后位。政府要在公立图书馆建设上真正负起责任，加大财政投入。我们也看到，市场已经催生出了书吧、企业图书馆、甚至网络交换图书等。它们有的以经营获利为目的，有的是企业福利待遇、人力资源发展制度的一个重要内容，甚至是一种新兴的社会交往活动。尽管各自的目的有所不同，但都起到了传播文化的最终效果，成为公立图书馆建设、公益文化事业发展的重要补充。应纠正文化事业只能"公办"的意识，处理好基本文化需求与多样化文化需求的关系，加快允许社会资本尤其是民营资本进入，使之成为推动文化事业发展的新动力。目前我省基层社区文化设施建设不足，已经影响到文化事业、文化产业的进一步发展，制约了城乡居民的文化消费。据一般经验，我国每年40万亿人民币的GDP中，文化消费应达4万亿元以上，目前不足1万亿元，不到应有水平的25%，广东的情况也大体如是。应充分发挥社会资本的作用，像当年高速公路建设模式那样，在保证政府当期和以后投入的基础上，采用多种经营方式建设民营文化设施。鼓励和推动大型企业建立相关企业文化设施，参与城镇、乡村文化设施建设与经营，多途径筹措文化建设资金，提高文化设施的经营效率，完善文化服务供给结构，进一步满足人民群众精神文化需求。

三是启动文化企业人才培育工程，扩大粤商文化影响。在文化人才的培养和发展上，广东有过辉煌的历史，也有难言的过失。20世纪90年代，一批本土文化人才如流行歌手放弃广东而集体北上，至今仍令人扼腕。文化人才的集聚是多种因素综合形成的，有地方政府重视与资本投入的影响，有行业发展内部氛围浓厚抑或淡薄的因素，也受市场机会、发展前景的限制，也有地方知名度、生活便利条件的作用。应进一步增强广东对文化人才吸引能力，增强文化人才培养能力，人才提升的发展能力，强化大磁场效应。同时也应该认识到，文化人才又是多层次和多类别的。除了演艺专业人才、动漫制造人才以外，还要培养和引进更多的文化策划人才、经纪人才、经营管理人才、资本运作人才。尤其是大力造就通晓国际化运作的文化企业家、媒体大亨、大师式的文化权威，这是把艺术概念发展成为文化商品和服务的关键因素，也是统筹整合各种文化元素加以传播的重要角色，更是使粤商文化乃至广东文化在国际上产生广泛深远影响的决定性力量。

四是打造新粤商文化系列工程，催生一批文化精品。文化的传播需要合适载体。博物馆、图书、电视剧、电影等文化项目，都可以作为传播新粤商文化的重要形式。千年粤商，源远流长，群星闪耀；新粤商风起云涌，更立潮头。粤商文化的历史之厚重、资源之丰富、题材之广泛，是国内任何商帮难以媲美的。通过建立粤商历史博物馆，组织编辑出版与粤商历史、知名企业家传奇故事的图书，拍摄有关电视剧、电影，借鉴电视剧《乔家大院》《大染坊》和电视历史纪录片《闽商》等方式，运用影视作品传播粤商悠久历史文化；收集粤商历史文化，建设粤商历史文化博物馆等，打造一批新粤商文化工程和精品，并把正确的文化观、价值观和发展观注入创造、推广这些工程和精品中，发挥文化意识引领发展的重要作用，促进新粤商实现健康成长。

五是全面提高企业家的文化素质。加强对企业家的培训工作，做好优秀民营企业的宣传工作，发挥工商联自我管理、自我提升的优势，进一步增强企业家的人文情怀，摒弃发展过程中的功利主义色彩，引导企业家提升文化素质，包括提高知识水平、自觉抵制恶俗、低谷、媚俗的行为，践行社会主义核心价值体系。

六是进一步加大企业文化建设。企业文化是文化建设的重要组成部分。高度重视企业文化对企业发展的重要性。把塑造员工认同、社会认可的企业发展核心价值作为企业文化的中心工作，支持企业建立企业图书馆、编写企业歌曲、举办文体多种企业文化节。

七是大力培育发展文化产业的社会组织，推动文化粤商集聚发展。集聚是产生规模经济的重要途径。以广州文化产业园和基地每年生产动画片17万分钟，网游创258亿元的经济效益，集群化趋势明显，发展的势头也比较好。文化产业的工作方式以工作室、专业团队等组织形式发展为主。文化创造灵感的产生，依靠个人自身感悟，也需要一定的社会氛围。从产业经济发展的现状看，制造成本已经不是产业发展的最重要因素，集聚效应已经超越成本支出，成为吸引人、财、物等汇集的最重要手段。大力发展文化产业的社会组织，包括设计师公会、创意产业商会等，有助于地区文化产业的培育、专业人才的交流，树立共同发展的良好氛围。这些民间社会组织也将发挥凝聚共识、推动发展重要作用。

八是举办广东品牌文化节。文化创新能力强弱的重要标志就是文化品牌的多寡。在我国的动漫行业，日本动漫占了60%、欧美占了29%，原创只有21%。广东品牌文化建设已经到了一个十分关键的重要阶段。建设文化强省，必须做大做强广东品牌。要充分运用中国文化、岭南文化元素，改变文化产业低端的状况。可以省政府的名义，创办广东品牌文化节，支持行业组织举办各行业的品牌文化推广活动，由省政府组团到全国各省、世界各地，推广广东文化品牌、品牌文化。

九是加强与世界各地粤籍华商和国内各大商帮的合作交流。新粤商因合作交流而成名，必须坚持开放包容的特性。努力把新粤商大会办成各地粤商、华商合作交流的重要平台，加强商会与海外商会的合作，进一步充实合作内容，促进粤商文化与不同商业群体文化的学习、融通，推动新粤商"走出去"。

在转型中实现新粤商精神的崛起①

　　一个富强、生动、民主和平等的新广东，一个朝气蓬勃、充满激情的新广东，一个政治文明、物质文明、精神文明和工商文明多轮驱动的新广东，需要新粤商群体广泛参与，扮演更多角色，呈现更多色彩，开拓更多事业。当我们回首粤商历程的时候，能让粤商既闪耀财富之心，也拥有时代之心，人文之心，汇聚成拳拳报国之心，悠悠赤子之情，既对企业发展殚精竭虑，也对社会进步鞠躬尽瘁，使新粤商无愧于这个时代，无愧于祖国，无愧于人民，更无愧于历史。这便是属于新粤商的光荣与梦想。

　　机遇，摆在新粤商的面前。要实现新粤商"绿色崛起""蓝色崛起""红色崛起"，还需要新粤商群体共同努力，机遇在前面，挑战同样存在。

　　历史，就在脚下，就在新粤商的脚下。

一

　　第二届新粤商大会开幕了。回想第一届新粤商大会，总结出了新粤商精神的五个方面：敢为人先，务实创新，开放兼容，利通五洲，达济天下。而今两年过去，新粤商以他们的创举和贡献又为新粤商精神增添了新的内容：和谐感恩。

　　粤商历史绵延千年。从海上丝绸之路的开创到广州十三行的发达，从珠玑巷的

---

　　①　此文是2010年广东省第二届新粤商大会的主题文章，与时任《南方日报》时政评论员周虎城合作完成，载于2010年11月9日《南方日报》。

兴旺到今日珠三角经济圈的崛起，粤商汲巍巍南粤之血脉，承岭南文化之精华，既接中原文明之璀璨，又扬海洋文明之博大，在新的时期逐渐写就新的篇章。这些篇章中既饱含世事沧桑，又有青春激扬，在不同的时代向世界展现出不同的光彩。

明清时期，晋商、浙商、粤商并列三大商帮，十三行的粤商更曾是全球最大商帮。自古以来绵延的商业血脉造就了诸多商业神话，尤其是近代以来，老一辈的粤商领袖搅动香江风云，李嘉诚、霍英东、曾宪梓等人无不写就一时商家之传奇。而伴随着中国内地进入改革开放时期，新一代粤商逐渐崛起。他们领改革风气之先，得开放精神之魂，从一项项政策壁垒中杀将出来，谱写了一曲曲粤商新传奇。如今回望，昔日诸多之举措，不过是市场经济之常识，但在"香一年，臭一年，香香臭臭又一年"的发展环境中，在动辄追问"姓社姓资"的舆论环境中，走出第一步，需要冒险精神，需要在政策的夹缝中生存，殊为不易。比如20世纪80年代，零售业和流通业都是粤商首开商业模式之先河，新大新、广州天河城便是其中代表，却在当时备受争议。而今，商城在全国密布，物流四通八达，已成处处开花、完全竞争之局面。粤商开拓之功，自在历史之中。

朝向市场经济的改革给中国带来了天翻地覆的变化，这变化离不开粤商群体的参与。身处广东这块改革开放的沃土，粤商成为了市场经济的拓荒牛，他们利用毗邻港澳台的地缘优势，重商精神的人文优势以及广布海外的人脉优势，迅速在财富上崛起。粤商的崛起不仅仅是个人的物质崛起，也是社会的精神崛起。于广东而言，粤商以其敢为人先、务实创新、锐意进取，在商业上屡获成功，何享健、任正非、王传福、李东生、马化腾、丁磊、陈丹、苏志刚、张茵、翟美卿、陈凯旋等一批新商业菁英纷纷涌现。他们的出现，给社会所带来的除了财富，更为关键的是整个社会市场意识的觉醒，而伴随着市场意识的觉醒，中产阶级开始涌现，公民社会渐成雏形。

因此，当我们每每忆及"杀出一条血路"的习仲勋、任仲夷、袁庚等改革先贤时，也不能忘记在改革先贤的背后，是广东工商界的大胆实践，是他们在市场上勇力开拓，承受着政策与市场的双重风险，也是他们在广州、深圳等一座座城市里建设起了一片片厂房、一栋栋高楼，更是他们在商海搏杀，为社会创造了大量财富，且解决了70%以上的劳动力就业。民营经济的发生、发育和发达，既是雨后春笋般的苗壮成长，亦是中国历史上"三千年未有之大变局"。

民营经济的壮大带来了市场经济的壮大，进而改变了中国社会发展的基本面，伴随着市场经济逐步走向深入，一个追求开放、民主、法治和平等的中国已是人心所向，改革再难逆转。在这个意义上，粤商的崛起，是改革的崛起，是社会的崛起。

二

时代已经在变化。伴随着中国改革走入深水区，社会在转型，经济在转轨，粤商也在转变。新一代的粤商已经站在了百舸争流、千帆竞发的时代前台。

新粤商一般包括三个方面：一是潮商、客商和广府商人，二是在广东打拼、立业的"舶来"商人，三是从广东走出去在外地发展的商人。他们身处新的时代，洋溢新的精神，呈现新的面孔，打拼新的业绩，从而形成新的工商群体。将三个方面的商人统称为"新粤商"，主要也在于广东文化的包容性和开放性，这里落地即可生根，枝繁必然叶茂。大家沐浴同样的文化，秉持相近的理念，自然心神相同，品性相容，人脉互补，于胜利面前可分享，于困难面前可抱团。浙商、闽商、晋商如此，新粤商不遑多让。可以说，新粤商群体的出现，如学者所言，为中国新商派注入了具有活力的商业血液，并成为现代中国经济前沿的领跑者，成为支撑中国经济增长的动力引擎，成为一张张具有区域特色的商业文化名片。然而，在广东从传统发展模式向科学发展模式的转型中，从产业升级换代的危机与契机中，从世界经济形势波动的不确定性中，新粤商的发展之路并非一路坦途，而是面临着各种发展陷阱。

在新的时代，新粤商已经发生了新的转化。相较于过去的"三来一补"产业，新一代粤商正在进行大转型，怀抱建设高水平的现代产业体系的理想，致力于从"广东制造"向"广东创造"乃至"广东智造"进军。所谓"春江水暖鸭先知"，作为在经济全球化浪潮中成长起来的新粤商，他们具备了一定的国际视野和危机意识，这也使得他们能够积极地应对国际金融危机，利用商会等各种有利因素，战胜困难，度过寒冬。其实，无论是对于粤商还是浙商、闽商、晋商，大家都会面临各种危机，关键的不是危机，而是能够对危机有一个清醒的认知，有一个科学的应对之道，能够未雨绸缪，及时调整。在2008年国际金融海啸时，得益于汪洋书记和省委省政府较早推出的"双转移"战略，新粤商或主动或被动地转移或者升级落后产能，结果在危机中屹立不倒，有的还抢抓机遇，实现了扩张。

当前，经济发展方式的转型已经进入胶着期，这一场转型不是一朝一夕之功，不可能毕其功于一役，在历经了传统发展模式所带来的成就后，无论是地方政府还是企业界都存在一个发展惯性和利益依赖症。打破这种惯性和依赖症不仅需要政府真正转换政绩评价体系，打破唯GDP论，更需要企业家能够从传统发展模式中也"杀出一条血路"来。企业家是企业的主导，企业家转了，经济发展方式才能真正转。从这个意义上而言，领导型企业应率先转，中小企业应主动转，已经转的企业需在高度和深度上转，未及时转的应做好转的准备，如此才能打赢经济转型的这场硬仗。打赢这场硬仗，对于广东的经济环境大变是好事，对于企业发展本身来说也是好事。但企业家怎么转呢？从新粤商的角度，一是应充分发挥主动精神和首创精神，提高自主创新能力，积极占领产业链高端，担负起历史责任，百折不回；二是要把以人为本和企业发展有机结合起来，从提高劳动力待遇、化解劳资矛盾等方面出发，多为员工福利和发展着想，使得劳动力素质和企业家素质共同提高，使劳资双方都能够参与和分享企业发展的成果。从政府的角度，应通过政策配套、税收优惠和提升公共服务品质等措施帮助新粤商转。只有转型成功，广东才可能从根源上当好科学发展的排头兵，才可能在新的全球竞争格局中占据主动地位，为中国的改革开放大局继续引领和试水。

利通五洲，达济天下，如此其是也。

三

改革开放发展到现在，市场经济已经开弓没有回头箭，只能往下走，往前走。其中的至为关键的一条便是工商文明的崛起。

从世界其他市场经济国家的发展经验来看，皆因整个工商业群体的历史崛起，使得现代企业家取代昔日贵族地主，用科学和民主取代愚昧和专制，用工商文明取代"封建文明"，进而实现现代文明的兴起。对于广东乃至中国来说，工商业群体的出现和壮大，是30余年来中国社会变迁的重要因素，也是不可或缺的核心参与者。工商文明成就了其他市场经济国家的繁荣，也正在成就中国的和平崛起，然而摆在我们前面的还有许多路要走，尤其是与其他市场经济国家漫长的工商文明史相比，我们的工商文明不过刚刚起步，征程尚远。

实现广东工商文明的崛起，是新粤商义不容辞的责任与义务，更是一场关乎科学发展的大计，是使广东大变的"新革命"。一是要推动绿色崛起。当前绿色经济在全世界已经成为潮流，日益严重的资源、能源、环境和气候问题，引起了人们对自身生存环境的较大关注。尤其对于中国来说，过去只要经济不要环境的扭曲式发展造成了诸多社会弊病而化解这些弊病的方式便是大力发展绿色经济，化解能源、资源的瓶颈制约，推动绿色崛起，这也是世界经济可持续发展的前进方向。绿色经济是低碳经济、循环经济和生态经济三者的结合，推进绿色经济发展，需要对传统发展方式进行根本性的变革，创建新的生态文明和商业文明。

因此，发展绿色经济，不仅仅是一种社会责任，更是一场新的产业革命。广东发展得早，遭遇传统发展模式危机早，在发展绿色经济、推动绿色崛起方面也应当更早一步。对于政府来说，必须为绿色科技和产业的发展创造有力的环境，提供强大的动力，促转变，调结构；而对于新粤商来说，则应当从关心人类福祉和企业自身发展前途的高度，大力推动产业升级与转型，提升绿色GDP比重，为广东绿色崛起贡献更多经验。目前，王石、叶华能等新粤商群体已经未雨绸缪，通过绿色经济体的建设大力推动企业的转型，为未来发展奠定了坚实基础。

二是要实现蓝色崛起。广东地理位置特殊，既背靠内陆，又地处沿海，是农耕文明与海洋文明的交汇处。同时，广东侨胞众多，广东经济体与海外交流合作量巨大，因此新粤商中相当一部分带有海派商帮的性质。目前，经济全球化格局正在进行深入调整，而全球化的竞争用形象化的表达即是海洋文明的竞争。新粤商作为参与国际经贸的活跃群体，应当抢抓历史机遇，从内陆流淌的溪流积极涌入日夜奔腾的大海，从而抢占全球经贸规则的制订权和谈判权，争取在海洋文明的博弈中占有一席之地，实现蓝色崛起。

三是要促进红色崛起。新粤商是现代文明的代表，应当担负起更多的社会责任与公民义务。财富不仅要取之有道，更需敬天爱人，回馈社会。近年来，新粤商群体积极参与社会公共事务，不仅屡屡在人大、政协会议上提出符合社会诉求的议案和提案，而且在汶川大地震、玉树大地震以及历次赈灾活动中踊跃出钱出力，成就了一批慈善家。比如今年6月30日广东扶贫济困日上，广东非公经济组织捐出善款超过17亿元人民币，用以帮助落后地区发展，纾危解难。在新粤商群体中，迄今为止已表彰了240名优秀的中国特色社会主义事业建设者，他们为社会发展作出了巨大的物质贡献，也正在通过他们的努力作出更多的精神贡献，争当公民典范。现代公民社会需要每一个人的积极参与，而企业家的参与可以带动一大片人的参与，因而显得尤为重要，社会应鼓励更多的企业家站出来，为公民社会增砖添瓦，搭建支柱。简言之，富而践仁，富而有义，富而思进，富而思源，感恩社会，回报社会，这个社会才会消弭更多戾气，化解更多矛盾，增添更多和谐。

新商业文明潮头的第七个境界

直挂云帆济沧海

时间已经来到21世纪的第三个十年，对于我们这一代人来说，未来究竟是一幅怎样的图景？美国经济学家帕拉格·康纳创作了一本经济理论著作，叫《超级版图：全球供应链、超级城市和新商业文明的崛起》，这本书是2016年5月出版的，我每次读都有新的启示。我还推荐给一些企业家阅读。该书在理解当今世界格局下，提出了一种国家竞争和地缘政治的新视角。全球化并未进入深水区，与之相反，全球化正在进入超级全球化阶段，一幅全世界范围内互联互通的超级版图正在形成。何谓互联？传统的国界线表示国与国的隔离，强调国土主权，限制人员、资本、资源、技术的流动，而在互联时代，国家必须选择与其他国家、其他区域连接，连接的力量远远大于政治和军事的力量。如何实现连接？通过修建基础设施，打造供应链，实现资源、生产、服务、消费的连接。21世纪，本质上是一场争夺供应链的角力，新军备竞赛的内容是连接全球各大市场。比起争夺领土，争夺连接本区域与其他区域的输油管道、铁路、公路、隧道、大洋航线、网络电缆和电网更符合各国利益。在这场角逐中，中国领先。中国围绕"一带一路"建设，已启动一大波连接欧亚大陆的基础设施投资。而美国则需要与邻国携手，建立跨北美洲的超级联盟，共享资源和繁荣。超大城市、全球产业链和新商业文明的崛起，我们将进入一个互联与改变的新世界：人际互联，改变生活；万物互联，改变生命。

现在看来，美国经济学家帕拉格·康纳对全球化美好前景的研判过于乐观了，2020年初暴发的新冠肺炎疫情对全球经济社会运行造成了巨大冲击，同时，由美国单方面挑起的中美贸易摩擦未见平息，中美关系面临严重挑战。

2020年9月4日，习近平总书记在中国国际服务贸易交易会全球服务贸易峰会上的致辞指出：当今世界正在经历百年未有之大变局。新冠肺炎疫情全球大流行使这个大变局加速变化，经济全球化遭遇逆流，保护主义、单边主义上升，世界经济低迷，国际贸易和投资大幅萎缩，给人类生产生活带来前所未有的挑战和考验。同时，我们也要看到，近年来，新一轮科技革命和产业变革孕育兴起，带动了数字技术强势崛起，促进了产业深度融合，引领了服务经济蓬勃发展。这次疫情全球大流行期间，远程医疗、在线教育、共享平台、协同办公、跨境电商等服务广泛使用，对促进各国经济稳定、推动国际抗疫合作发挥了重要作用。放眼未来，服务业开放合作正日益成为推动发展的重要力量。习近平总书记的致辞，精辟分析了世界大势，指导我们既要看到严峻挑战，树立底线思维，防范化解重大风险，做好打"持久战"的准备；更要看到新一轮科技革命和产业变革带来的新机遇，善于从危机中育新机，于变局中开新局。只要我们坚持深化改革，扩大对外开放，坚持多边主义，促进国际合作，经济全球化遭受的挫折是暂时的，中国经济必将进入新的发展境界。

2021年，是中国共产党成立100周年，也是"十四五"规划实施的开局之年。从更长期的坐标看"十四五"，我们正处于从第一个百年目标向第二个百年目标"转段"的交汇期，挑战和机遇前所未有，抓住机遇，化危为机，将进一步提高发展的主动权，为第二个百年目标的实现奠定更加坚实的基础。面对两个一百年的战略全局和百年未有之大变局，党的十九届五中全会通过了《关于国民经济和社会发展第十四个五年规划和2035年远景目标的建议》，我国将进入新发展阶段，要全面落实新发展理念，走创新、协调、绿色、开放、共享的发展道路，最关键的战略抉择就是构建以国内大循环为主体，国内国际双循环相互促进的发展新格局。广东要在建设社会主义现代化历史征程中走在全国前列，创造新的辉煌，就必须全方位、全过程、高水平、高站位实现这一总定位，总目标，关键一招是深化供给侧结构性改革加强需求侧管理，继续全力推动新一轮改革开放。对于广东的民营经济来说，粤港澳大湾区建设和深圳建设中国特色社会主义先行示范区这两个重大国家战略，"双区利好叠加"，正以新的力量赋能民营经济高质量发展。

第一种力量：基础设施互联互通。 人类的交通方式已经进入高速公路、大飞机、高铁的时代。目前全世界百分之六十以上的高铁都是在中国。原来我是干铁路出身的，但是我参加工作的时候，我的想象力再强大，也无法想象能有今天的高速铁路，我可以从广州到湖南两个小时就到了自己的家。基础设施互联互通，港珠澳大桥这个举世瞩目的宏伟工程是过去无法想象的。全球通讯的网络体系，这个庞大规模的基础设施，人人链接的世界，我们每个人都是一个节点。这是影响或改变未来的第一大力量，就是链接的超大规模的、互联互通的基础设施。

第二种力量：**超大规模城市群的出现。**我们现在生活的珠江三角洲，就是一个超大规模的城市群。深圳实际人口2000万，这是多少个小国家的人口之和！瑞士40000平方公里的土地才800万人口，是个什么概念？人口只有广州的一半多，广州才2000多平方公里。东莞，很快会超过1000万人口，佛山也是这样超大规模城市。珠江三角洲，包括香港在内的大湾区城市群整个人口已经达7000万，而且是净人口流入的地区，在2030年就有可能达到一个亿，这是海量人口的超大规模城市群。

第三种力量：**科技革命和创新行动加速。**互联网时代，5G、云计算、大数据、人工智能，带来认知科学革命，我们来到了数据经济时代，5G时代，这会催生出新的业态和新模式，如新零售、新物流、新金融等，对企业的传统经营手段和发展方式产生颠覆性影响。未来粤港澳大湾区要建设国际科学中心、科技产业创中心。国家发改委大湾区办，赋予深圳12项改革利好政策，包括建设国家级实验室，打造国家级科学创新中心等。以人工智能为代表的新兴科技力量，既对民营企业加快科技创新提出了紧迫要求，又为民营企业深度对接创新市场带来了巨大机会。

第四种力量：**"改革开放一代"崛起。**民营企业家是与改革开放相伴成长的力量。广东已经有超过1200万的市场经济主体，民营企业数量超过500万，这是广东改革开放40年取得巨大成功的一个重要因素。今天，出生于改革开放时期的新生代企业家正走上前台，成为社会中坚。作为崛起的新生力量，"改革开放一代"必然要超越老一辈企业家，去创造新的伟业和荣光。这一代人面前的任务更艰巨，挑战更严峻，工作更伟大，任重而道远。我们期望在"改革开放一代"中，涌现一大批科技创新的领军人物，具有国际竞争力的伟大商业机构和世界影响的企业家。

第五种力量："双区叠加""双龙推动"的牵引劳动。广东新一轮改革开放的力量就是高水平的国际化和高档次的对外开放。这种对外开放还有个重要的标志，就是样板城市树立和崛起。我个人看法，随着粤港澳大湾区战略的实施，湾区城市超级版面将会重新洗牌，特别是深圳要承担建设中国特色社会主义先行示范区的历史重任，广州要实现老城市新活力，在城市综合实力、综合文化功能、国际化营商环境等方面出新出彩。广州跟深圳双龙并进、优势叠加、珠联璧合，发展成为中国城市现代化的成功范例。一个超越过去的超大经济版图将会展现在我们眼前。我们必须要有全局观、国际观和系统观来思考这个问题。

面对这些未来改变我们的重要力量，我们怎么办？特别是近年美国发起针对中国的贸易战，极力打压华为、中兴的科技战，扼制人民币国际化的金融战，限制高端人才交流的人才战，以及将在中国投资的企业撤回美国，威胁与中国经济全面脱钩等逆全球化的行径，将使中国民营企业的国际化之路受到严重干扰。广东民营企业更是首当其冲。面对逆全球化的血雨腥风，我们必须未雨绸缪，深谋远虑，沉着应对。最关键的举措，就是发挥中国特色社会主义的制度优势和新举国体制优势，营造让民营经济和民营企业家如鱼得水的成长环境，大力弘扬新时代企业家精神，厚植粤商文化，锻造文化粤商，培养造就一大批有全球竞争力的商业航母和璀璨夺目的世界级企业家群体。

2011年8月14日，是九广（九龙至广州）铁路建成并轨通车100周年纪念日，我应广深铁路公司领导之邀，写了一篇纪念文章，题目是《百年九广千秋风》。这条饱经沧桑的世纪之路，是中华民族由贫弱到富强的历史见证，是中国列车从缓慢行进到巨龙高速腾飞的百年回响，也承载着粤港澳大湾区建设世界级城市群和国际一流湾区的千秋梦想。

长风破浪会有时，直挂云帆济沧海！2013年11月，我们在中央党校学习期间，有一个出国学习考察的机会，我被安排赴韩国三星集团实地研修半个月。回来后，我将自己对国际化企业的思考成果进行梳理，撰写了长达两万多字的研究文章，分析了三星集团这一商业航母的成功基因。三星集团由一个名不见经传的家族小公司，经过几十年的努力，发展为一家具有超强实力和国际影响的跨国公司，其成功的秘诀是什么？对我们有哪些借鉴价值？我在组织筹办新粤商大会的经历中，有一种强烈的危机感，就是忧虑于粤商群体大而不强，鲜有实力强大的跨国民营企业（当时的华为还没有今天的规模实力），与三星公司相距甚远，更无法与苹果、谷歌、脸书、亚马逊等国际顶尖企业相比肩。百闻不如一见。通过对三星公司的近距离考察，我认识到，作为同样处于儒家文化圈、同样有强势政府支持的民营企业，只要有好的发展环境，假以时日，中国的民营企业、广东的民企航母，一定能够扬帆远航，称雄全球。

跋：有脚阳春

有脚阳春，典故名。成语典出五代·王仁裕《开元天宝遗事·有脚阳春》。唐朝宰相宋璟爱民恤物，时人称赞他像长满了脚的春天，到处带来了温暖。后遂用"有脚阳春"等称颂官吏的德政，"言所至之处，如阳春煦物也"。

张景《飞丸记》第十九出："有脚阳春司纠听，谩说道官清民靖。"蒲松龄《又呈崑圃黄大宗师》："抚婴拔薤，布有脚之阳春；止水平衡，消长乳之冤气。"也有称作"阳春有脚"的，意思大抵相同。张镃《贺新郎·次辛稼轩韵寄呈》词："东晋风流兼慷慨，公自阳春有脚。妙悟处，不存毫发。"汤显祖《牡丹亭》第八出："阳春有脚，经过百姓人家。"据悉清华大学校园有一石刻，上题"阳春有脚"。

有脚阳春也好，阳春有脚也罢，都是用比兴之法，寓阳光润物，春风化雨之意，激励为政者行走于春天，布施以温暖，慷慨爱民，勤勉尽职，显浩然正气，著时代风流。因此，阳春之名，于我而言，不仅仅是一个符号，而且有强烈的心理暗示和精神激励作用，感召我以阳光心态，用春天脚步，去直面生活，丈量人生。

公元2003年，跨入39岁门槛的我开启了一段崭新的职业生涯——来到广东省工商业联合会工作，现在回头来看，这正是自己最难得的人生际遇：日新月异的发展环境，茁壮成长的企业家群体，不同根脉的商帮，迅猛崛起的民营经济，滋养了我长达十年的激情岁月。在三千多个日子里，"阳春之脚"行走在岭南大地为民营经济服务的广阔天地，广泛接触闯荡市场、搏击商海的企业家，走进他们的活动空间，主动学习请教，走进他们的精神世界。在行走的路上，我既看到了一颗颗璀璨的商业明星腾跃飞升，光芒四射，也目睹了不少商业大厦倒塌，商界人物的跌落……但毋庸置疑的是，这一段渐行渐远的工商联工作足迹，却成了最珍贵最值得回想的人生印记！

有人说，写书就是野心与能力之间的一种妥协。本书所收录的这些文章，乃是沉于箱底多年的"生锈"之作，明知有"江郎才尽"之叹，却经不住"野心"的驱使，历经一年，精细打磨，串珠成链，重见天日。即便难免贻笑大方，姑且作为对"有脚阳春"所追寻足迹的回馈吧！

时光飞逝，日转星移，沧海桑田，未来已来。我深知，只有登高望远，才能行稳致远；只有奔跑追梦，才能梦想成真；只有出新出彩，才能活出精彩。

我一直非常欣赏在网上流传甚广的《论最高处》，并用这样的生命观砥砺前行：

当你珍惜自己的过去，满意自己的现在，乐观自己的未来时，你就站在了生活的最高处；

当你明白了成功不会造就你，失败不会击垮你，平淡不会淹没你时，你就站在了生命的最高处；

当你修炼到足以克服一时不快，看重自身的责任而不是权力，关切他人的不幸而专注于拯救和安慰时，你就站在了精神的最高处；

当你能以无憾之心向后看，以希望之心向前看，以宽厚之心向下看，又以坦然之心向上看时，你就站在了灵魂的最高处。

在本书行将付梓之际，我要向为这本书的写作和出版给予大力支持的领导、专家学者和朋友，真诚地致以衷心谢忱，他们是：为本书作序的暨南大学原校长胡军教授、广东高科技产业商会会长王理宗先生，为本书题字（见首页"沧海思话"）的原兰州军区司令员李乾元上将；为拙作写来推荐词的几位经济学家和院士——第十三届全国政协常委、经济委员会副主任、著名经济学家、北京大学新结构经济学研究院院长林毅夫先生；第十三届全国政协常委、经济委员会委员、著名经济学家、清华大学中国经济思想与实践研究院院长李稻葵先生；中国科学院院士、中国科学院大学副校长徐涛先生；中国科学院院士、美国医学与生物工程学院院士、暨南大学粤港澳中枢神经再生研究院院长苏国辉先生；中国科学院院士、中山大学大气科学学院教授戴永久先生。

最后，我还要感谢我的家人，多年来，正是家人这份爱、这份亲情，像灯光照亮我的书屋，像甘露滋养我的心灵。

2020年12月

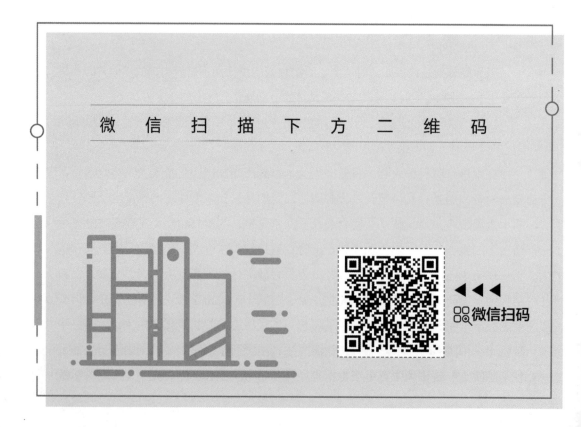

微 信 扫 描 下 方 二 维 码

◀◀◀

微信扫码